KB268685

지역신문 저널리즘의 미래

Journalism Research Series No.1 of Prof. Kyungjin Choi

지역신문 저널리즘의 미래

최경진 지음

이담
Books

지역신문의 발전은 지역분권과 지역경제의 회생, 지역신문의 자생적 노력과 지역신문에 대한 연구 등이 상호 유기적으로 맞물려 이루어져야 한다. 그러나 그 발전 모델의 가장 중요한 핵심적 구동축은 무엇보다 지역신문 그 자체이다. 지역신문의 개혁은 곧 성공적인 지역자치제와 지역분권을 위한 전제조건이다. 21세기는 지역화 시대이다. 건강한 지역화 시대의 아젠다를 창출할 수 있는 지역신문으로 거듭날 수 있도록 이제 지역신문의 발전과 지원을 위한 제2의 도약기로 접어들었다. 지금은 지역신문의 운명을 결정지을 수 있는 결정적인 시기이다.

Future of the Local Newspaper Journalism
(Journalism Studies Series No.1 of Prof. Kyungjin Choi)

신문이 위기라고 한다. 신문 산업이 갈수록 사양길로 빠져들고 신문의 생존이 위협받는 상황으로 몰리고 있다는 우려의 소리가 높다. 실상 신문의 위기는 거의 전 세계적인 현상이다. 21세기 뉴미디어가 양지의 산업으로 계속 뻗어가는 추세와 대조적으로 신문 산업은 음지의 산업으로, 지구촌 곳곳에 어두운 그림자를 드리우고 있다.

신문의 위기가 전 세계적 추세라지만 우리의 경우는 더욱 우려되는 상황이다. 지난 2001년 신문 구독률이 50%선까지 떨어져 신문 위기론이 나온 후 지금은 구독률이 30% 선까지 추락해 신문위기론을 실감케 한다. 아예 신문을 전혀 보지 않는 젊은 층이 갈수록 늘어나 문화위기론이 떠돌 정도다. 유럽, 일본 지역 등 선진국, OECD 국가군에서는 신문위기론이 나오는 가운데서도 구독률이 70%~80%대를 넘는 경우가 많다. 우리가 세계적인 인터넷 강국을 떠벌이는 동안 신문은 더욱 골병이 들면서 고사지경에 빠져들고 있다.

특히 지역신문들이 신문위기의 한복판에 있다. 신문의 위기는 경영 유통 광고 등 경영구조의 위기, 신뢰도 추락에 따른 사회위상의 위기, 뉴미디어 물결에 묻혀버린 미디어 가치의 위기 등 복합적이지만 지역신문의 경우는 중앙 소수 거대신문의 신문시장 독과점현상 속에 신문시장이 크게 뒤틀리면서 생존 자체를 위협받고 있는 실정이다.

　　지역신문의 생존이 위협받고는 올바른 지방자치, 지방화시대를 기대할 수 없다. 지역균형발전을 보장하는 진정한 지방화시대는 지역신문의 건전한 발전기반 없이는 이루어질 수 없다. 그러므로 지역신문의 자생력, 경쟁력 회복과 시장구조개선, 공익성 향상을 위한 지역신문의 지원이 절실하다. 지역신문을 지원하는 것은 바로 지역신문발전지원특별법이 목적하는 여론의 다원화, 민주주의 실현, 지역사회균형발전을 이루는 길이다.

　　이 책은 바로 위기에 처한 지역신문의 전체를 조망하고 지역신문의 오늘과 내일을 진단하는 귀중한 지침서이다. 이 책은 지역신문에 관한 다양한 내용을 총체적으로 소개하고 문제를 전문가적 시각에서 면밀히 분석하고 대안을 모색하고 있다.

　　저자는 이 책 '지역신문 저널리즘의 미래'에서 지역신문에 관한 내용을 폭넓게, 그리고 깊게, 전문적이면서도 대중이 이해하기 쉽도록 풀어가고 있다.

　　저자인 최경진 교수는 명망 있는 미디어 학자로서, 지역신문 지원책임을 맡고 있는 지역신문발전위원회 부위원장으로서, 참 언론을 실천하는 현장의 행동가로서, 이론과 실천을 겸비한 그의 지식과 경험을 이 책에 열정적으로 쏟아 넣고 있다. 지역신문발전을 위한 지원정책의 운용과 지원 사업성과, 그리고 앞으로의 과제와 전망, 외국의 지원 사례 등 지역신문 지원제도에 관한 다양한 내용의 서술 중 상당 부분은 현장 활동의 직접 경험을 동반한 결과물이기도 하다.

이 책은 위기에 처한 지역신문이 지향해야 할 저널리즘의 가치를 일깨우면서 지역신문을 살리기 위한 다양한 명제를 제시하고 있다. 이 책은 지역신문을 통찰하는 본격적인 전문서이자 폭넓은 교양서이기도 하다. 지역신문과 각계의 지역신문 관계자, 미디어 전문가, 언론학도뿐 아니라 일반인들에게도 일독을 권할만 한 책이다.

최 교수의 역저 '지역신문 저널리즘의 미래'는 저자가 앞으로 엮어갈 본격적인 저널리즘 연구 시리즈의 첫 산물이라고 한다. 이 책이 큰 어려움을 겪고 있는 지역신문의 현재를 교훈적으로 조명하면서 지역신문, 나아가 전체 신문의 미래의 좌표를 설정하는 데 큰 도움이 되기를 기대한다.

조성호(지역신문발전위원회 위원장)

　골리앗에 둘러싸인 다윗. 오늘의 지역신문이 처한 현주소다. 지역신문이 싸워야 할 골리앗은 하나가 아니다. 게다가 저 골리앗들은 다윗이 갖고 있지 못한 강력한 무기를 저마다 두 손에 움켜쥐고 있다. 한 손에는 '무차별 경품', 다른 손에는 '무가지 투입'이 그것이다.

　과연 다윗은 무엇으로 싸워야 할까. 아니, 싸워 이길 수 있을까? 대학에서 젊은 지성인들을 가르치면서 신문과 텔레비전을 통해 한국 저널리즘을 날카롭게 비평해온 최경진 교수는 그 물음에 "그렇다"라고 답한다. 그 뿐이 아니다. 다윗이 골리앗과 맞서 싸울 '무기'를 건네고 있다. 그가 내민 '무기'는 무디지 않다. 튼튼한 이론적 기반 때문만은 아니다. 지역 일간신문의 독자위원장을 맡아 지역신문 살리기를 위한 지면 개편에 열정을 다했고, 지역신문발전위원회의 부위원장으로서 정책을 집행하는 과정에 큰 몫을 해온 실천 경험이 고스란히 녹아들어 있기 때문이다.

　한국의 지역신문 상황은 '신문 선진국'인 유럽과 비교하면 참담하다. 가령 이 책이 소개하듯이 독일에서 전국일간신문으로 분류되는 10개 신문사가 매일 163만 부를 발행하는 데 비해, 지역 및 광역단위 규모로 발행되는 신문은 333종으로 매일 1,406만 부에 이른다. 프랑스도 유료신문 시장에서 지역일간신문이 차지하는 비중(36.33%)이 전국 일간지(12.55%)의 3배에 이른다.

　한국의 지역신문들이 자신의 미래를 결코 포기해서는 안 될 명확한 이유다. 더구나 이 책은 독일과 프랑스에서 지역신문을 어떻게 지원하고 있는지에 대한 궁금증도 일러주고 있다.

물론, 이 책은 지역신문을 무조건 옹호만 하지 않는다. 오히려 "과거의 관습대로 지역사회에 영향력을 행사하고 자사의 모 기업에 방패역할을 하면서 운영의 기반을 보장"받으며 "관공서나 기업으로부터 홍보비를 챙기고 다분히 강압적으로 광고수주를 하면" 그 때 지역신문은 더 이상 지역신문이 아니라고 단호하게 선을 긋는다.

지역신문의 발전은 지역자치제의 정착, 지역경제의 활성화, 지역대학의 육성 등 지역발전의 주체적 구성요소들과 유기적으로 함께 맞물려 이루어져야 한다는 게 최 교수의 지론이다.

본디 민주주의의 고갱이가 '민중의 자기통치'에 있다면 지역자치의 온전한 구현이야말로 새로운 사회를 열어가는 길이다. 최 교수가 강조하듯이 "그동안 휴면상태에 있던 지역의 잠재력과 능력을 일으켜 세워 중앙정부와 지역 간의 시너지 창출의 효과를 극대화할 수 있는, 국가발전을 위한 혁신적 전략"이 절실한 상황이다.

절망에 잠긴 지역신문 기자들은 물론, 나날이 커져가는 격차로 분노가 켜켜이 쌓여가는 지역 주민들이 이 책을 읽으며 지역신문과 지역자치에 대한 새로운 지평과 정책적 대안을 함께 나눌 수 있기를 기대한다.

손석춘(새로운사회를여는연구원 원장)

지역신문이라는 매체와 처음 인연을 맺게 된 지는 제법 오래됐다. 독일 뮌스터(Münster) 대학 유학시절 '뮌스터 짜이퉁(Münstersche Zeitung)'과 '베스트팔렌 나흐리히텐(Westfälische Nachrichten)'이라는 지역신문(Lokalzeitung)들을 접했을 때 지역신문에 대한 느낌은 솔직히 '좀 촌스럽다'는 것이었다. 번듯한 지면편집과 비중 있는 기사로 단장된 전국지만을 보아왔던 내 눈에 그 지역신문들은 어쩌면 다소 촌스럽게 비쳤을지도 모르겠다. 하지만 약간 촌스러워 보여도 전국지가 결코 해낼 수 없는 지역의 정보와 뉴스를 충실히 전달하는 것이 바로 지역신문이 갖는 가장 큰 능력이자 매력이라는 것을 알게 된 것도 그 무렵이었다.

그리고 귀국해서 내가 지금 소속돼 있는 대구가톨릭대학교로 부임해온 이후 대구와 경북의 지역신문들을 보기 시작하면서 국내의 지역신문을 본격적으로 접하게 되었다. 종종 대구경북 소재 지역신문들에 칼럼도 기고하고 또 신입기자들을 교육시키면서 지역신문에 대한 애정은 점차 커갔다.

지역신문들을 더욱 가까이 보면서 애정과 함께 애증의 심정 또한 마음속에 들었던 것도 사실이다. 점차 지역신문의 이런 저런 모습들을 상세히 알게 되면서 나름대로 만족도 느꼈지만 또 자주 질타하는 심정도 들었기 때문이다. 모 유력 지역일간신문의 독자위원장을 맡았을 때 나는 가감 없이 칭찬과 아울러 비판의 목소리를 냈던 기억이 있다. 아니 어쩌면 문제점에 대한 지적 일색으로 자문했는지도 모른다.

문화체육관광부 지역신문발전위원회의 부위원장직을 맡기 시작하면서 나는 지역신문들에 대한 현실과 사정을 더욱 적나라하게 알게 되었다. 언론을 연구하는 학자로서는 매우 유익한 기회였고 그 경험은 지역신문과 저널리즘을 이론적으로 탐구하도록 했던 단초가 되기도 했다. 이 책은 바로 그러한 계기로부터 나온 것이다.

본서는 총 4부 8장으로 구성돼 있다. 제1부 지역사회와 지역신문 저널리즘에서는 지역사회와 지역성에 대한 인식을 바탕으로 지역신문 저널리즘이 직면한 위기에 대하여 언급하고 있다. 그리고 지역신문의 역할 중 중요한 화두인 지역혁신과 지역분권을 위해 지역신문 저널리즘이 해야 할 역할에 대해서 언급하고 있다.

제2부는 주로 지역신문 시장과 그 수용자에 대한 분석으로 이루어졌다. 특히 지역신문의 시장과 산업을 고찰하면서 지역신문의 제작과 편집, 소유와 경영, 조직과 인력 그리고 광고와 영업에 대해 서술하고 있다. 아울러 지역신문의 주인이라고 할 수 있는 독자의 이용실태, 독자의 평가, 독자 관리 전략 그리고 신문유통에 대하여 언급하고 있다.

제3부는 지역신문발전지원특별법과 그 지원정책에 관한 연구내용을 주로 담았다. 저자는 '지역언론개혁연대' 구성원들을 중심으

로 '지역신문발전지원특별법안'을 함께 만들었고 이를 법제화하기 위해 많은 노력을 기울였다. 그러나 국회는 여·야간 지리멸렬한 정쟁공방으로 오랫동안 이 법안을 통과시키지 못한 채 장기 계류시켰었다. 그러다가 결국 2004년 초엔 당시 박관용 국회의장까지 방문해 여·야가 모두 합의한 이 법안의 직권상정을 강력하게 요구하기도 했다. 지성이면 감천이듯 마침내 법안은 2004년 3월 22일 6년 한시법으로 국회 본회의를 통과되고 2005년부터 본격적인 지원 사업에 들어갔다.

여기에서는 지역신문발전지원특별법의 제정과 의미, 기금우선지원신문사의 선정과 근거, 지역신문발전기금의 운용과 내용, 지원정책의 성과와 과제 및 그에 대한 전망에 대하여 서술했다. 지역신문발전위원회 제2기 출범 이후 저자가 지역신문발전지원정책의 기획과 지원 사업에 참여하는 과정에서 실무로 경험했던 내용들을 정리해 옮긴 것이다. 이 과정에서 지역신문발전위원회 내외부의 소중한 비공개/공개 자료도 활용했음을 밝혀둔다. 아울러 우리에게 도움이 될 만한 서구 언론 선진국들의 지역신문발전지원정책에 관한 사례들을 소개해 옮겼다.

끝으로 제4부 지역신문 저널리즘의 성찰 부분에서는 지역신문의 개혁과 지역혁신의 문제에 대하여 언급했다. 지역신문이 속한 지역공동체와 지역사회를 개혁하기 위해 먼저 지역신문이 어떠한 자세로 변신해야 하는지 그리고 그 구체적 실천방안으로 지역신문의 기자는 어떠한 윤리의식으로 무장해야 하는지를 서술했다. 이를 위해 지역신문이 결코 포기해서는 안 될 지역의 시민저널리즘의 역할과 기능 그리고 활용방안 등에 대해서도 강조하면서 지역신문의 지속적인 발전을 위한 제언으로 끝을 맺었다.

이 책이 나오기까지 저자는 많은 사람들의 은혜와 도움을 받았다. 지역신문발전위원회 조성호위원장님을 비롯해 모든 위원님들과 전문위원님들 그리고 한국언론재단의 지역신문지원팀원들께 먼저 고마움을 표한다.

그리고 지금은 고인이 되셨지만 경제적으로 어려웠던 유학시절 독일가톨릭 외국인학술교류재단(KAAD)의 지원을 통해 안정적으로 학문할 수 있도록 큰 도움을 주신 고 김수환 추기경님 께 그 고마움으로 이 책을 영전에 바친다.

끝으로 '상업성과는 거리가 멀어도 우리 사회가 꼭 필요로 하는 책은 반드시 출판되어야 한다'는 철학으로 쾌히 출판을 허락하신 한국학술정보(주)의 채종준 사장님께도 심심한 감사의 마음을 표한다.

2009년 늦가을,
교정의 노란 은행잎들이 눈부시도록 아름다운
물빛고을 하양(河陽)의 연구실에서
최경진

CONTENTS

지역사회와 지역신문 저널리즘

제1부

제1장 지역사회와 지역성

국가의 주요 기능들이 지속적으로 서울 및 수도권으로 집중되고 이것이 가속화됨에 따라 지역경제는 물론 지역의 고유정서까지 침체 붕괴되는 이른바 '총체적 지역위기'가 심화되고 있다는 말들이 요즘 어렵지 않게 들린다. 지방자치제가 실시된 지 14년이나 되었지만 지역이 안고 있는 근본적인 문제의 해결은 요원하기만 한 실정이다.

국가의 거의 모든 주요 기능들이 수도권에 집중된 데에는 물론 무엇보다 정치권의 책임이 가장 크다. 한국동란 후 현재까지 과거의 위정자들이 수도권 집중억제 정책에 적극적으로 대처하지 못한 것이 현재의 엄청난 결과를 가져오고 말았고, 이와 같은 기형적 현상은 국가 정책적으로 특단의 개혁적 조치가 없는 한 앞으로도 더욱 심화될 것으로 우려된다.

지역경제 차원에서 볼 때도 국가의 산업정책이 수도권 중심으로

육성 추진되면서 지역경제 지표는 급속하게 하향곡선을 그리면서 피폐해졌다. 지역들의 경우 6-70년대에 번성했던 이른바 각 지역의 주력산업이라고 할 수 있는 분야들만이 간신히 명맥만을 유지하고 있는 실정인데, 이것도 엄밀한 의미에서 보면 실속은 수도권 대기업들에게 돌아가고 지역 기업들은 들러리만 선다는 비판도 있다. 이른바 '빛 좋은 개살구'격인 셈이다. 농·축·수산업 역시 마찬가지이다. 최근 한·미 그리고 한·유럽 자유무역협정(FTA) 협상논의가 급진전됨에 따라 이미 부분적으로도 외국시장 개방이 급속하게 진행되어온 농·어촌의 지역경제는 위기에 처해 있다.

언론, 특히 신문의 경우도 마찬가지이다. 정보통신과 운송수단의 발달로 취재와 송고는 물론 신문제작과 보급에 있어서도 양상은 크게 달라졌다. 신속성이라는 측면에서 과거 지역신문보다 열세에 놓였던 전국지는 이제 이러한 상황을 극복하고 있다. 전국지의 강세와 중앙 집중화 추세 속에 지역 언론의 쇠퇴는 더욱 가속화되고 있으며 급기야는 도산하는 신문사도 발생하는 상황에까지 이르렀다.

이러한 추세로 볼 때 지역신문들이 과연 앞으로 얼마나 더 지탱할 수 있을까 하는 심각한 회의마저 생기기도 한다. 이렇다 보니 삶의 영역에 필요한 정보의 주공급원으로서 지역신문보다는 전국지가 더욱 선호되는 현상이 나타나고 그에 따라 전국지의 지역시장 점유율도 무려 80%에 육박하고 말았다.

이러한 상황에서 지역정서 또한 위축 받지 않을 수 없다. 지역자본이 서울 수도권으로 유출되고 전국지가 지역으로 무차별 침투해오는 실정에서 지역은 그 정체성을 잃을 위기에 놓여 있다. 또한 지역 출신의 대학 졸업생들과 유능한 인력마저 대거 서울 수도권으로 유출되는 현상은 마치 해바라기들이 햇살만을 좇듯이 지역인력도 서울 수도권으로 쏠리고 편중되는 현상을 보이고 있다. 이른바 대한민국은 곧 '해바라기 공화국'이라는 비유도 그다지 지나친 표현이 아닐 듯싶다.

이는 지역 고유의 정서가 어느 정도로 심각한 위기를 맞고 있는지를 상징적으로 대변해주는 것이라고 할 수 있다. 이러한 총체적 위기는 근본적으로 지역의 정보전달 매체와 지역 공론장으로서의 역할을 근본적으로 위협하는 것으로 궁극적으로는 지역의 풀뿌리 민주주의가 고사되는 결과마저 가져올 우려를 낳고 있다.

지역신문은 지역신문으로서의 특수한 역할을 갖고 경쟁력을 키워 지역 선도적 매체로서의 지위를 부여받아 지역발전에 이바지해야 할 책무와 권한을 갖고 있다. 하지만 지금의 지역신문들은 그러한 책임과 권한의 논리보다는 오히려 지역신문에게 주어지는 권한과 특권적 지위를 이용해 지역의 자치단체나 기업으로부터 광고를 수주하고 홍보하는 역할마저 떠맡게 되었다. 바르지만 길게 가야 할 길을 쉽고 빠르게 가려고 택한 위험한 길인 것이다.

그러한 유착관계는 지역의 이익이나 발전의 논의에서 지역주민이나 독자를 외면하는 결과를 가져오고 말았다. 지역 전체의 수호자와 방패가 되어야 할 지역신문이 특정 지역자치단체와 특정 기업의 대변자와 홍보기관이 되는 어처구니없는 현상도 일어나고 있기 때문이다.

지역신문의 사주 역시 이러한 불순하고 위험한 유혹으로부터 빠져나가기 쉽지 않다. 우리나라 대부분의 지역신문 사주들이 신문사 운영 외에도 자신의 개인 기업의 영위를 위해 지역신문을 이용한

다는 지적과 비난이 끊이지 않고 있다. 지역신문의 사주는 자신의 개인 기업을 위해 여론을 부풀리거나 축소하고 또 사실이 아닌 것을 사실인 양 허위 왜곡보도를 일삼는 경우도 일어나고 있다. 지역의 독자를 확대하고 경영을 합리화해서 건실하고 정당한 방법으로 신문을 경영하는 길 대신, 신문사를 운영함으로써 지역사회의 각종 이익이나 이권에 개입하면서 지역 기득권으로서의 위상을 굳히려고 하는 자세를 보이고 있는 것이 작금의 지역신문이라는 지적이 일반적이다.

지역신문은 이렇듯 언론 본연의 책무와 역할보다는 이를 이용해 지역사회의 문화적 사회적 권력을 취득하여 지역사회와 지역주민에 군림하는 존재로 여겨지게 되었다. 이것이 지난 수십 년 동안 그리고 현재까지도 이어져 오는 고질적인 지역신문의 관행이요, 지역사회를 바라보는 지역주민들의 시각이기도 하다.

그렇다면 도대체 지역사회는 우리에게 어떠한 의미를 던지고 있는가. 통상 지역사회라 함은 일정한 공동체적 정서와 특정지역 내에서 공동의 의식과 이해를 지향하면서 서로 유사한 가치체계와 문화적 양식을 공유하고 삶을 영위하는 사회를 뜻한다. 과거와는 달리 요즘은 교통수단도 발달되고 대중매체의 급속한 보급 그리고 여기에 더하여 인터넷으로 연결된 정보통신망의 확산으로 인하여 지역사회는 갈수록 그 시공간적 제한과 한계를 극복하고 있다.

따라서 지역적 정서적 벽도 상당부분 허물어져 지역 간 대립이나 갈등도 많이 해소되기도 했다. 실제로 전국이 하나의 일일생활권으로 전환되면서 지역 간의 소통은 획기적으로 개선되고 개방되었다. 그럼에도 불구하고 다른 한편으로는 여전히 지역 간의 불신과 불필요한 경쟁으로 말미암아 비생산적 경쟁이 병존하고 있는 것도 사실이다.

지금이야 많이 좋아졌다고 하지만 군사독재정권이 남긴 부산물의 하나로 여겨지는 지역 간 불화나 불목 감정은 아직도 불씨로 남아 언제라도 다시 화마로 지펴질 위기도 공존하고 있는 실정이다. 특히 영호남 간의 지역감정은 그 대표적인 사례로 아직도 선거철이나 중요한 사회적 변화가 일어날 때면 어김없이 다시 고개를 들어 고질적인 망국병으로 도지곤 한다. 사실 따지고 보면 영남지역이나 호남지역은 오히려 그러한 지역감정의 희생양이지 원인을 제공한 주체가 아님을 우리는 알고 있다. 그와 같은 지역감정은 지난 군사독재정권 시절 그들의 정치적 기반과 정권 유지를 위한 방편으로 악의적으로 이용되었던 정치적 병폐현상의 하나였던 것이다.

많은 세월이 지나고 군사독재의 망령도 이제 역사의 뒤안길로 서서히 접어들면서 한국사회는 새로운 부흥의 전기를 맞았다. 문민정권이 들어서고 세계화와 글로벌화의 키워드들이 과거의 바람직하지 못했던 정신문화와 역사를 청산하고 새로운 세계에 대한 조망과 전략을 준비하기 시작했다. 우리나라도 새로운 기조의 세계로 나아가는 조류에 동참하면서 지역과 서울 수도권, 지역과 지역 그리고 지역과 세계에 대한 새로운 구상을 준비하기에 이르렀다.

지역 간의 균형적인 발전을 계획하기 시작했고 서울 수도권과 지역 간의 관계정립을 새롭게 하려는 시도들이 정치권에서나 시민사회 단체들 사이에서도 활발하게 일어나고 있는 추세에 있다. 특히 이 가운데 지역의 언론은 새로운 미래로의 개척과 전망이라는 희망찬 화두 속에서 지역사회에서의 그 역할과 기능이 더욱 막중

해졌을 뿐 아니라 그 활동영역도 과거에 비해 더욱 확대되고 있다.

본서는 지역사회와 지역신문의 현실 그리고 지역신문의 시장과 경영이 어떠한 여건과 현실에 처해 있는지를 살펴보고 해외에서는 어떻게 지역신문이 지원되고 있는지 그 지원정책을 중심으로 살펴봄으로써 우리나라의 지역신문의 지원 현실을 조명하고자 한다. 또한 우리나라의 지역신문이 성찰하고 개선해야 할 과제와 미래전략에 대하여 논의함으로써 향후 지역사회 발전에 중추적이고 견인차적인 역할을 담당해야 할 지역신문과 그 (시민)저널리즘의 미래에 대하여 고찰하고자 한다.

2. 지역성과 지역 정체성

지역성이란 일반적으로 어느 특정한 지역적 공간에서 형성되는 그 지역 고유의 특성을 의미한다. 따라서 지역성은 지역사회의 성격이자 정신 그리고 그 지역을 대변하는 유무형의 정체성을 뜻한다. 또한 지역성은 더 나아가 그 지역사회가 여타 지역과 구분되는 독특한 차별적 특성이라고 할 수 있다. 즉 각 지역사회에는 다양한 사회제도나 전통 그리고 문화가 존재하는데 이를 일반화하여 규정한 성격을 바로 지역성이라고 할 수 있다. 또한 지역성은 지역의 의사소통 방식과 말길(言路) 구조와 매우 깊은 연관성을 갖는다.

지역사회의 언론은 지역성을 형성케 하는 지역사회의 매우 중요한 의사소통 도구로서 그 지역 주민들의 여론을 형성하고 전달하는 통로로 인식되고 있다.

지역성은 기본적으로 어느 일정한 지역에 제한된 공간적 개념에 근거하고 있으며 공동의 의식을 가지면서 공동의 이익을 추구하는 비교적 동질성이 강한 주민들의 집단이다. 또한 지리적으로 인접한 지역에 기반을 두기 때문에 지리적 근접성이 우선적으로 중요한 기준이라고 할 수 있다(정상윤, 2009).

따라서 지역성은 공간의 개념과 분리해서 생각할 수 없는 성격의 것으로서, 현대적 의미로 볼 때 이는 행정적 구분 단위에 직접적으로 편제되는 개념과도 같다. 이처럼 행정편의상 일정한 기준을 두고 분리해 놓은 구역을 우리는 흔히 지역이라고 지칭한다. 그러나 무엇보다 중요한 것은 이러한 단순한 분할로서의 지역 개념이 아니라 그 지역에 내재된 공동의 정신과 정체성이 곧 그 지역을 특별하게 구분 짓게 하는 성격이라고 할 수 있다.

지역성 또는 지역정체성의 개념은 현재와 같이 교통수단이 발달하고 통신을 비롯한 각종 대중매체의 발달 등 커뮤니케이션 환경이 급속히 변모하면서 그 의미도 상당히 퇴색하고 있다. 지난 수십 년 동안 가속화된 중앙집권주의나 서울 수도권을 중심으로 한 차별적 성장정책으로 인하여 지역과 도심권의 격차는 현격하게 벌어지게 되었고 지역의 독자적인 문화나 전통도 지역과 도시의 불균형한 발달로 인하여 그 고유한 정체성이 심각하게 훼손되고 있다.

지역성을 논할 때면 흔히 '지방'과 '지역'이라는 두 개의 유사한 개념이 양립하곤 한다. 지방이란 오랜 중앙집권적 정치 전통에 의

해서 중앙에 대한 변방이라는 의미로서 설명될 때 이용되는 개념으로서, 다분히 중앙에 비해 부수적이고 보조적이며 또 주변적인 성격을 띠고 있다. 우리나라의 행정체계의 편제는 비로 이러한 의미로서 지방으로 규정하고 있으며, 결국 중앙에 대한 종속적인 의미로서 이해되어 매우 소극적이며 부정적인 의미로서 각인되어 왔다. 정치적으로 보면 중앙으로부터 지방으로 하향적임을 뜻하는 개념이며 경제적으로 볼 때는 중앙으로부터 부분적으로 다시 이양되는 부속적인 의미로 인식되어 왔다(김세철, 1997).

이에 비하여 지역은 국가 전체를 구성하는 모든 지역들 간의 대등한 관계를 의미하는 단위로서 이해될 수 있다. 서울도 하나의 지역이라고 볼 수 있고 대구나 광주도 동일한 개념의 지역이라고 부를 수 있다. 뿐만 아니라 행정편제 단위상 이 지역들보다 규모가 작은 충북 옥천이나 강원도 횡성 역시 각각의 지역이라고 할 수 있다. 즉 지역은 큰 공간지역에 대한 작은 공간지역을 의미하는 것이 아니라 규모가 다르더라도 대등하고 평등한 관계로서의 공간적 개념으로 이해될 수 있다.

중요한 것은 규모가 아니라 그 지역이 갖는 고유한 정신적 문화적 다양성과 독자성인 것이다. 큰 것에 대한 작은 것의 종속이 아니라 하나의 문화에 대한 또 다른 고유문화를 인정하는 자세인 것이다. 흔히 각 지역 나름대로의 고유한 문화적 역사적 전통을 중시하는 시각은 바로 어느 특정 지역의 독자성과 유일성 그리고 정체성의 소중함을 인식하는 것으로부터 비롯된다고 할 수 있다.

오랜 지방분권체제를 정치 제도로 운용해오고 있는 서구 유럽의 나라들의 경우 지역적 규모에 관계없이 각 지역의 정체성을 정작 더욱 중시해오는 것은 바로 평등과 균형 속에서 지역이 소중하고 중요하다는 것을 의미하는 것이라 할 수 있다. 지방분권체제를 운용하고 있는 연방국가의 기본적 정책들이 해당지역의 고유한 특성과 차별성을 고려해 시행되는 것도 바로 이 때문이다.

그러나 우리나라의 현실에 비추어 볼 때 지방과 지역을 명확하게 구분 짓기는 쉽지 않다. 행정구역 편제상의 개념으로 볼 때는 여전히 지방이라는 개념이 적용되고 있지만 실질적인 의미에서의 각 지역 간 문화적 특성과 역사적 전통 등을 균형 잡힌 틀에서 고려할 때는 지방보다는 지역이라는 개념이 흔히 사용되고 있기 때문이다. 최근 지역 간 균형발전을 도모하는 국가정책의 이념을 중시한다는 차원에서는 지방보다 지역이라는 개념이 더욱 설득력 있게 적용되고 있는 것도 이 때문이다.

〈그림 1〉 중앙-지방-지역 관계의 개념도

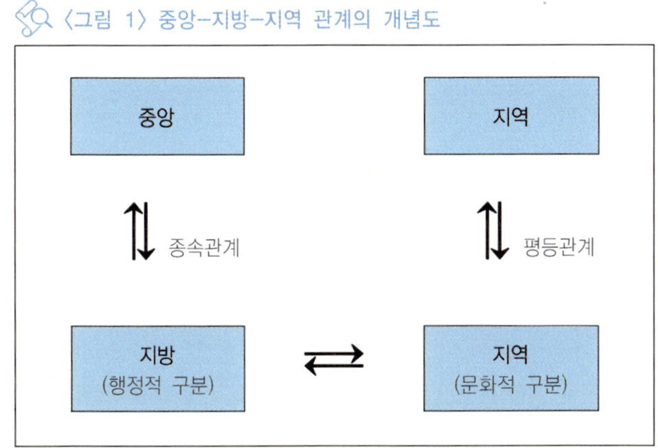

한편 갈수록 급속도로 변화하는 통신기술의 발전으로 지역 간의 공간적 의미는 점차 그 본질적 성격을 잃어가는 추세에 있다. 오히

려 각 지역에 내재한 다양한 지역적 독창성이나 독자성이 각 지역의 정체성을 나타낼 수 있는 개념으로 강조되고 있다.

과거의 지역적 전통과 지리적인 인접성을 중요한 잣대로 고려한 개념이었던 "지역성(spatially oriented conceptualization)"은 점차 그 의미가 약화되고 있고 지역과 지역주민들의 자발적 의사결정과정이나 지역 고유의 독자적 문화와 사회적 특성을 고려하는 "사회적 측면의 지역성 개념(socially oriented conceptualization)"은 점차 그 의미를 더해가고 있다(Napoli, 2001: 203-224쪽; 정상윤, 2009: 181쪽에서 재인용). 비록 현실적으로는 용어나 개념적인 차원에서 볼 때 '지방'과 '지역'의 개념이 혼재되어있기는 하지만 이는 어디까지나 다분히 외적인 조건만을 고려하여 구분된 것이다. 오히려 정작 중요한 것은 그러한 외적인 구분보다는 내적인 가치 차원에서의 '지역'이라는 개념이 국가의 균형적 발전을 위해서도 더 의미가 크다고 할 수 있다.[1]

3. 지역신문 저널리즘의 위기

신문이나 방송 등 언론을 언급할 때에도 비슷한 고민은 반복된

---

1) 중앙에 대한 지방은 종속관계의 개념으로서 행정적으로 구분할 때 쓰이고, 지역은 개념상 문화적으로 구분할 때 쓰이며 지역과 지역은 상호 간 평등관계를 유지한다. 따라서 서울은 중앙이 아니라 하나의 서울지역이며 대전이나 옥천도 각각 지역으로 지칭된다.

다. 즉 '지역신문'이 맞는 것이냐 혹은 '지방신문'이 맞는 것이냐의 의문이 제기되기 때문이다. 지금까지 이 두 개념은 특별한 기준이나 제한 없이 많은 경우에 있어서 자의적으로 쓰였던 것이 사실이다. 지방이 외적인 통일성을 고려한 개념이 반면에 주민 자치의 정신과 자율적 정신이 강조된 개념인 지역이 지금도 공존해오고 있는 것은 바로 이 두 개념의 양면성에 기인하는 이유도 있다.

다만 1995년부터 지방자치제가 본격적으로 실시되면서부터 행정구역상 기존의 각 지방에서 발행되던 지방신문들과는 달리 시·도가 아닌 군·면 단위에서 지역자치의 정신이 강조되면서부터 자연스럽게 지역신문들이 등장하기 시작했다. 대부분 주간으로 발행되고 있는 이들 지역신문들은 편집이나 발행 그리고 배포에 따라서 일간으로 발행되는 지방일간지와는 구분된다. 이렇듯 지방신문과 지역신문이라는 개념이 공존하는 것은 그들이 구성하고 있는 신문 유관단체의 이름만 보더라도 서로 달라 지금까지도 뚜렷한 이유나 근거 없이 두 가지 종류의 신문 개념이 양립하고 있는 실정이다.

예를 들어 한국지방신문협회(한신협)를 구성하는 이른바 과거의 지방춘추신문사들이 지방지라는 명칭을 고수하고 있는 반면 전국지역신문협의회(전신협)를 중심으로는 지역신문이라는 명칭을 강조하는 신문사들이 병존하고 있는 것을 볼 수 있다. 한걸음 더 나아가 최근에는 이 두 협회를 하나로 통합하여 지역신문의 일치된 모습과 결의를 보이자는 의미에서 지역신문협회로 통일하여 사용하기도 한다. 김세철은 이러한 혼란을 피하기 위해 구체적으로 발행주기와 배포지역에 따라 일간지를 지방신문으로 그리고 주간신문을 지역신문으로 하자는 의견을 제시하고 있다(1997).

그러나 2004년 지역신문발전지원특별법이 국회를 통과해 최종 입법되고 시행됨에 따라 지역신문발전위원회가 문화관광부 산하의 공식적인 국가 공공위원회로 발족되면서부터 이러한 두 개념은 지역신문 또는 지역지로 통일돼 쓰이고 있다. 즉 지역신문을 지역일간지와 지역주간지라는 두 가지로 구분하여 자연스럽게 지방지 또는 지방신문이라는 개념을 공식화하여 사용하지 않음으로써 지방이라는 개념은 그 의미가 크게 약화되었다. 따라서 본서에서도 지방신문이라는 용어 대신 지역신문 또는 지역지로 통일하여 사용하고자 한다.[2]

지역신문에 대한 용어나 개념의 차이만큼이나 혼돈과 위기에 처한 문제가 바로 지역신문 저널리즘이다. 지역신문의 사정이 열악하다는 사실은 물론 어제 오늘의 문제가 아니다. 지역신문들이 등장한 이후로 줄곧 경영, 구독시장, 광고, 인력 등 신문 산업 전반에 걸쳐 어느 하나 순조롭게 해결되었던 분야가 없기 때문이다. 물론 이 문제는 지역신문시장에만 해당되는 문제는 아니다. 지역신문은 물론 전국일간신문의 경우도 사정은 크게 다르지 않다. 더 나아가

---

2) 흔히 지방종합지는 시군단위를 중심으로 발행되는 신문으로 '지방신문'으로 쓰고 있으며 시군단위를 중심으로 발행되는 주간신문을 '지역신문'이라고 지칭해왔다. 하지만 '지방'이라는 단어는 정치 경제 사회 문화적으로 그 의미상 위계질서의 의미를 내포하는 종적구조의 뜻을 담고 있기 때문에, 본질적으로 독립된 지위로서 그 어떤 조직이나 단체에 구속을 받지 않아야 할 언론사에 적용시킨다는 것은 그 의미나 이치상 적절치 않다. 예를 들어 정부조직이나 경찰 또는 공공조직과 같이 조직 구조상 종적 위계질서를 준수해야 할 경우 우리는 흔히 지방정부, 지방경찰청처럼 지방이라는 개념으로 규정한다. 이와는 달리 지역은 종적인 구조에 구속받지 않고 단순한 공간상의 의미를 뜻하는 지리적 개념이므로 '지방신문'이 아닌 '지역신문'으로 지칭하는 것이 맞는다. 따라서 본서에서는 지역에서 발행되는 신문은 모두 지역신문으로 통일하되 지역의 일간종합지 성격을 띤 경우는 '지역일간지' 또는 '지역일간신문'으로, 주간으로 발행되는 지역신문은 '지역주간지' 또는 '지역주간신문'으로 자칭하고자 한자. 물론 서울도 하나의 지역이므로 서울 또는 수도권에서 발행되는 신문들도 '지역신문'의 범주에 해당된다.

이러한 현상은 우리나라는 물론 외국의 경우에도 마찬가지다.

전 세계적으로도 지역신문의 상황은 악화일로를 걷고 있고 서구 언론 선진국들의 경우를 보더라도 지역신문은 지난 수십 년 전부터 줄곧 하향곡선을 그리고 있는 실정이다. 미국의 경우 2009년 상반기에만 무려 약 백여 개의 신문이 발행을 중단한 사실은 신문의 위기를 단적으로 말해주는 것이라 할 수 있다. 인터넷 신문인 『비즈니스인사이더』에 따르면 1만 명 이상의 신문 산업 종사자들이 실직했고 2009년 1분기 신문광고는 무려 약 30%나 줄어들었다. 상위 25개 신문사 가운데 23개가 올해 들어 7-20%까지 매출이 감소했다고 밝혔다. 이러 추세로 가다가는 1-2년 사이에 대부분의 신문들이 폐간할 것이라는 전망까지 나오고 있는 상황이다.[3]

우리나라의 지역신문들도 경영상의 어려움 때문에 신문사 운영을 중단하는 것이 가장 큰 이유로 나타나고 있지만 이는 어디까지나 경영 경제적인 측면에서의 원인일 뿐이지 정작 지역에서는 지역신문을 그럴수록 활성화해야 한다는 여론이 확산되고 있다. 현재 지역신문이 직면한 현실을 외면해버린다면 지역신문은 갈수록 어려운 상황을 맞을 수밖에 없으며 그 미래는 결코 낙관적일 수 없다.

현재 대부분의 지역신문들은 극히 일부를 제외하고 독자적인 힘만으로는 정상적인 기능을 수행하기 불가능 할 정도로 이미 그 자생력을 상실하고 말았다(김영호, 2002a). 이 중에는 지역신문사 그 자체의 건전한 경영에도 불구하고 주변 환경적 요소들로 인하여 구조적으로 자생적 기반에 위기를 맞는 경우도 있는가 하면, 언론

---

3) 이정환(2009.07.06). "올해 들어 미국 신문 105개 문 닫았다". 『미디어오늘』.
   http://www.mediatoday.co.kr/news/articleView.html?idxno=81085

본연의 위상을 벗어난 파행적 행위나 도덕적 해이로 인하여 스스로 신뢰성을 잃는 경우도 상당수 있다. 지역 기득권층 및 토호세력과의 유착이라든가 또는 계도지 등을 통한 관언 유착 문제 그리고 특히 기초지역자치단체 주재기자들의 일탈적 행위 등은 그 대표적인 병폐들이라고 할 수 있다.

지역신문이 원만히 활성화되느냐 또는 구조적 문제들을 극복하지 못하고 정체 또는 심각한 경우 폐간 상황까지 가느냐 하는 문제는 언론개혁에 대한 관심과 성과가 얼마만큼 결실을 보이는가하는 데에도 달려 있다. 또한 지역신문의 성공여부는 지역분권의 정상화 여부에 달려있다고 해도 과언이 아닐 것이다.

진정한 지역분권의 실현은 지역자치제의 정착, 지역경제의 활성화 그리고 지역대학의 육성 등 지역발전의 주체적 구성요소들과 유기적으로 함께 맞물려 이루어져야 하며, 그 통합 기능의 중요한 축으로 중요하게 작용하는 것이 바로 지역신문이기 때문이다(최경진, 2003). 만일 지역 활성화 논의에서 지역신문이 소홀히 다루어진다면 지역의 미래는 여전히 어두울 수밖에 없다. 이 같은 위기를 극복하기 위해서 지역신문 육성문제가 구체적인 대안과 함께 근본적으로 마련되어야 할 필요성이 있는 것이다.

지역신문이 처한 저널리즘의 위기상황은 지역독자와의 관계에서도 드러난다. 지역독자들은 갈수록 지역의 신문들을 외면하고 전국일간지로 신문을 바꾸는 추세에 있다. 일부 재력을 갖춘 전국일간지들이 무차별적인 시장공세로 지역까지 침투한 결과 지역 독자들은 소위 재벌신문들의 경품 공세에 현혹돼 구독신문들을 바꾸는 사례가 다반사로 일어나고 있다.

　그나마 관공서나 회사 그리고 상가 등에서나 지역신문들을 구독할 뿐 일반가정에서 지역신문을 구독하는 경우는 쉽게 찾아보기 어렵다. 따라서 지역신문의 구독률은 그 열독률에 비해서 상당히 낮다고 보아도 틀림이 없을 것이다. 최근에는 지역 곳곳까지 파고든 전국일간지에 끼어 이른바 '끼워 팔기'의 한 수단으로 전락하고 말았다.

　이처럼 지역신문들이 지역주민들로부터 외면을 받는 이유는 근본적으로 신문이 지역의 중요 현안과 관심사를 외면하고 있기 때문이다. 지역의 민감한 현안문제들은 지역의 여론을 반영하는 현상과 함께 궁극적으로 지역이 해당 현안문제에 대하여 어떻게 대처하고 또 어떠한 방향으로 해결해 가야 할지에 대하여 심도 있고 현실적인 다양한 대안들을 모색하는 데에 주력하는 것이 중요하다.

　즉 지역현안 문제들의 해결을 위한 하나의 공론장이 되어야 할 지역신문이 제 역할을 다하고 있지 못하기 때문인 것으로 분석된다. 또 각종 선거철만 되면 지역신문들은 지역자치단체나 지역의 각종 이해단체들의 여론몰이 전략에 영향을 받아 언론으로서의 지역신문이 제 역할을 다하지 못하는 상황들도 나타나고 있다.

　사실을 사실대로 보도하지 못하고 경우에 따라 균형감을 갖춰 보도해야 할 사안을 균형 있게 보도하지 못하기 때문에 지역사회는 지역의 신문들을 외면하는 것이다. 지역의 신문들도 마찬가지이다. 과거와는 달리 지역도 지역분권사회의 기조에 맞춰 지역을 위해 새로운 자세로 새롭게 태어나야 할 필요가 있다.

　과거의 중앙집권적 권력에 길들여진 모습으로 안주한 채 급속도로 전개하는 지역 변화에 능동적으로 변화하고 대처하는 모습을

보이지 못한다면 지역신문의 미래는 결코 밝지 못하다. 신문경영이 갈수록 어려워지는 현실에서 지역자치단체나 공공기관 그리고 기업과 유착을 보이는 행태는 정론 언론으로서 가야 할 길이 아니다. 당장 눈앞의 이익에 매몰되다 보면 결국 지역을 발전시키고 살려야 할 지역 언론이 오히려 지역을 위기로 몰아넣을 위험이 있다(장호순, 2006).

예컨대 지역 내 다른 많은 중요한 현안문제들이 있음에도 불구하고 어느 특정 사안에만 편중된 보도를 한다든지 또는 동일한 사안일지라도 찬반 양쪽의 여론을 공정하게 다루지 못하고 신문사 사주의 이념이나 이데올로기에 따라 편향된 보도를 하는 경우들이 비일비재한데 이는 결국 지역신문들이 현재와 같은 저널리즘의 위기를 자초한 것이라고 볼 수 있다.

제2장 지역발전과 지역신문 저널리즘의 역할

1. 지역혁신과 지역분권

　지역신문의 존재기반은 바로 다름 아닌 지역사회다. 그런데 우리 나라의 현실을 보면 현재 지역의 정치 경제 사회 문화 예술 할 것 없이 모든 분야에 있어서 서울수도권에 비하여 비교할 수 없이 낙후된 모습을 보이고 있다. 이 원인이 어디에 있는지는 두말할 나위 없이 정치권의 잘못된 정치에 있다고 해도 과언이 아니다. 지난 수십 년 동안 정치인들은 그들의 정치적 기반과 권력을 한 군데에 집중시켜 자신의 정치적 기반을 확고히 하려는 데에만 혈안이 되었었다. 조선시대 오백년의 중앙집권적 권위를 현대 정치현실에도 그대로 적용시켜왔던 셈이다.

　불행히도 우리나라는 지난 한 세기 동안 온갖 역경을 겪은 어두운 현대사를 갖고 있다. 일제의 점령기와 한국동란 그리고 그 이후 간단없는 크고 작은 정치 사회적 어려움들이 우리의 현실을 어렵

게 만든 원인도 되고 있지만 무엇보다 지역의 존재가치를 인정하지 않고 오로지 정치적 입지만을 고려한 위정자들의 편향되고 왜곡된 판단이 오늘의 결과를 만들었다고 할 수 있다.

그 결과 오늘의 정치 사회적 현실은 말 그대로 서울과 지역 간이 완전히 불균형한 형국으로 되고 말았다. 정부의 거의 모든 부처가 서울수도권에 몰려있고 대기업과 대학 그리고 문화 관련 기관이나 조직들도 대부분 이른바 중앙이라는 서울 수도권에 집중되어 있다. 1991년 지방의회가 부활되었고 1995년부터 지방자치단체가 출범했지만 본격적인 지역분권은 아직도 요원한 현실에 있다(김중석, 2004: 33).

여전히 중앙정부는 지방교부세를 빌미로 지역에 대한 정치적 입김과 영향력을 행사하고 있고 지역도 이에 발 묶여 중앙정부의 눈치를 보지 않을 수 없는 사정에 처해 있다. 오죽하면 지역자치단체장 선거에서 출마하는 후보자들이 너나 할 것 없이 자신이 중앙정부에 연줄과 인맥이 많다면서 한 표를 호소하는 웃지 못 할 현실이 벌어진다. 얼마나 지역이 중앙에 엮여 지역의 입지가 좁은지를 알 수 있다.

정부는 지역의 행정을 지원한다는 명목 하에 각종 특별지방행정기관들을 설치하여 지역의 행정을 사실상 직접 통제하는 형식으로 지역에 대한 영향력을 강력하게 행사하고 있다. 도청이나 시청의 순수한 지역의 행정 업무는 물론 서울과 서울 외 지역의 공동업무 영역에서도 특별지방행정기관들을 설치하여 지역의 행정에 깊이 관여하고 있는 실정이다. 특별지방행정기관들이 갈수로 늘어나다 보니 지역자치의 정신은 오히려 퇴보하는 현상이 일어나고 있다.

실제로 80년대 말에 비해 현재 그 기관들의 수가 크게 증가하여 지역자치의 현실이 오히려 역행한다는 비난이 일어나고 있다. 한 예로 강원도의 경우 90년대의 어느 한 해에만 특별지방행정기관의 기관장이 세 명이나 교체되는 일도 벌어져 업무의 효율성과 안정성이 떨어진다는 비난을 사기도 한 적이 있었다(김중석, 2004: 34)

서울을 중심으로 하는 수도권 집중현상이 뚜렷하게 나타나고 있는 가운데 간혹 정부의 수도권집중억제정책이라도 거론되면 사실상의 중앙지역의 혜택을 누리고 있는 경기도의 경우 오히려 역차별을 받는다는 주장도 제기돼 서울과 서울 이외의 지역들 그리고 지역에서도 지역자치단체들 간의 갈등이 불거져 지역 간 불신과 대립의 정도가 극심하게 나타나고 있다. 대학과 인력의 문제도 심각하다. 지역의 실력 있는 유능한 인재는 각종 혜택과 권한이 주어진 서울과 수도권으로 이동하려는 생각을 갖게 되고, 자신이 나고 자란 지역의 발전을 위한 기대와 희망은 여지없이 무너지는 현실에서 좌절과 심적 갈등을 느낄 수밖에 없다.

문화적 여건과 자원 역시 대동소이하다. 외국과는 달리 우리나라에서는 문화적 향유의 기회나 혜택이 서울수도권이라는 특정 지역에만 거의 독점적으로 집중되어 있다. 지역의 다양한 문화적 지원과 전통을 잘 살려 지역 고유의 문화기반을 보존 창출하고 이를 지원하는 공공기관들도 지역에 두어 지역주민들에게 문화적 공급의 기회와 여건을 만들면 지역문화 인프라도 구축될 뿐만 아니라 지역의 문화자원을 관리하는 인력도 양성하는 일석삼조 이상의 효과를 얻을 수 있는데도, 지역문화 창달이라는 말은 여전히 메아리처럼 돌고 도는 빈껍데기 구호에 불과한 실정이다.

해방 이후 무능하고 부패한 정권이 무너지고 절대권위적 군사정권이 들어서면서부터 비로소 국가발전에 대한 관심과 의욕도 함께 고조되었다. 하지만 6-70년대 박정희 군사정권은 국가발전 전략을 서울을 중심으로 하는 실질적 정치권력 소재지에 국한시키는 우를 범했다. 물론 국가기간 사업의 일환으로 도로와 산업을 지역에도 안배하는 정책을 펼쳤으나 호남지역과 영남지역 간의 현격한 차별화 정책은 오늘날 불균형한 지역발전의 주된 원인이 되었으며 모처럼 지역에 산업을 유치하고 부흥시켰을 때는 그 이면에 특정 재벌기업들에게 특혜를 주었다는 의혹과 비난을 사기도 했다.

서울에 모든 정치 사회 문화 권력을 집중시키고만 박정희 정권시대는 결국 지역 이탈, 서울집중화 현상, 지역의 공동화와 정체현상이라는 사회적 위기마저 야기 시키고 말았다. 전 세계적으로 보더라도 결코 크지도 않은 한반도의 반쪽을 그나마도 지역 간 불균형의 지형으로 전락시킨 이후에 등장했던 사회적 불안과 소요는 결국 그러한 정책을 주도했던 정권에게 부메랑이 되어 비극의 말로를 맞게 되는 형국으로까지 이어지고 말았다.

지역의 균형적 발전과 지역분권을 위한 희망과 주장은 비록 때가 너무 늦은 감이 있기는 하지만 우리나라가 절실하게 필요로 하는 시대적 명제가 되기 시작했다. 지역분권의 핵심은 권한의 균형적 이전과 분산이다. 그동안 지나치게 서울로 치중된 모든 정치적 경제적 사회적 문화적 교육적 권한들을 과감하게 지역으로 골고루 분산시키고 지역의 발전을 유도하는 정책이 시급하다.

세계는 현재 갈수록 글로벌화를 강력하게 추진하고 있는 추세에 있고 우리나라도 하나의 지구촌, 지역의 글로벌화, 온 세계를 포괄하고 있는 지식정보화 세계의 추세에 맞추어 지역분권화를 강력하게 추진해야만 한다. 지역분권은 중앙정부의 몰락과 쇠퇴를 의미하는 게 아니라 지역에 권한을 이양함으로써 지역의 발전을 유도하는 국가적 전략이다. 지역분권은 곧 그동안 휴면상태에 있던 지역의 잠재력과 능력을 일으켜 세워 중앙정부와 지역 간의 시너지 창출의 효과를 극대화 할 수 있는, 국가발전을 위한 혁신적 전략이다.

지역분권은 지역의 혁신을 불러일으키는 매우 중요한 국가운영 방식이다. 세계의 많은 선진외국을 보더라도 지역분권을 실시하지 않는 나라는 없다. 분권의 역사를 오랫동안 유지하고 있는 연방국가의 경우는 물론이요, 비록 대통령제 국가라고 하더라도 지역 분권을 펼치는 나라치고 지역혁신의 효과를 거두지 않은 나라는 없을 정도이다. 우리나라도 예외가 아니다. 그동안 지역 간 상생의 벽을 쌓고 심리적 대립마저 야기했던 중앙집권적 통치방식과 폐쇄적 사회운영방식은 이제 지역 분권적 통치방식과 개방적 사회 운영의 형태로 대전환을 꾀해야 한다.

2. 지역신문 저널리즘의 역할

지역혁신은 지역의 언론과도 상당히 밀접한 관계에 있다. 지역 언론은 지역의 혁신 체제(RIS: Regional Innovation System)를 위한

구동의 중요한 하나의 축이며 각 주체들 간의 유기적 연계를 가능케 하는 역할을 가지면서 지역발전과 혁신을 위한 조정자의 역할을 담당하기도 한다. 지역 언론은 지역 내 정치뿐만 아니라 경제의 주체, 사회적 지도층, 문화적 역량 등 제반 주체들의 잠재력을 역동적으로 가시화 할 수 있도록 상호 간에 연계하고 여론을 형성하며 궁극적으로 지역의 총체적 발전과 혁신을 창출할 수 있는 특수한 존재다.[4]

특히 최근 경제 위기 시대에 직면하여 언론은 지역 내 각 혁신체제의 구성주체들 간의 협력과 협조를 이끌어내고 상호 유기적인 연계를 이루게 해 난국을 극복하기 위한 다양한 노력들을 펼치고 있다. 특히 지역신문들은 충분한 지면을 할애하여 지역 경제의 문제점과 현상 그리고 대안을 마련하기 위한 공론장을 제시하고 있다.

지역신문들은 지역의 전문가들에게 의견과 주장의 지면을 제공하고 이에 대한 심층적인 토론을 유도하고 대안을 마련하는 역할을 해야 한다. 이를 통해 지역신문은 지역통합을 꾀할 수 있으며 지역경제 발전을 위한 의제설정과 정보창출의 역할을 발휘해야 한다.

예컨대 "지역의 新대동맥 OO-OO 간 고속도로", "OO 통과 고속철, 교통과 산업경제 혁명 예고", "신 성장동력 산학협력체제 출범", "일등 브랜드 성공담", "지역 산업의 미래전략", "소기업 명장 스토리" 등은 지역산업발전의 원동력과 지역경제의 풀뿌리를 발굴해내고 보도하는 지역신문들의 다양한 지역 관련 의제들이다. 환경 감시가 언론의 고유한 역할이라고 할 때 이처럼 사회적 환경의 발전 가능성을 예고하고 진단하는 역할 또한 사회적 통합을 위한 언

---

4) 최경진(2004.01.26). "추락 지역경제 탈출 해법 찾자-언론의 역할". 매일신문. 9면.

론의 중요한 역할이 아닐 수 없다. 지역경제와 더불어 지역발전을 위한 언론의 역할은 많이 있겠으나 대략 다음과 같은 몇 가지로 요약할 수 있다.

첫째, 조정자로서의 지역신문이 지역 통합의 역할을 수행하는 것이다. 최근 지역분권운동과 함께 지역혁신체제에 대한 논의가 활발히 일어나고 있다. 지역발전 전략과 구상은 그 지역 구성원인 지역민들에게 공유되어야 하고 또 그를 통해서 지역통합을 이룰 수 있는데 이를 위해서는 특히 언론의 역할이 대단히 중요하기 때문이다.

구체적으로 신문은 지역혁신과 지역발전을 위하여 지역의 언론을 포함한 지역대학과 연구기관, 지역기업과 지방정부, 정치권 그리고 지역민 등 다양한 혁신주체 요소들을 하나의 유기적인 네트워크체제로 묶어야 한다. 뿐만 아니라 언론은 이러한 시스템을 구성하는 요소들을 상호 연결하는 조정자(coordinator)로서의 역할을 수행한다는 점에서 매우 중요한 위상을 갖는다. 지역 혁신과 발전을 위해 지역신문이 담당하는 가장 중요한 역할은 무엇보다 이처럼 지역혁신체제를 구성하는 행위주체들을 유기적으로 연계하면서 지역사회를 발전적으로 통합하는 데에 있다.

둘째, 지역경제를 살리기 위한 혁신적 의사소통 구조의 마련이다. 지역경제 발전과 관련된 커뮤니케이션 메커니즘이 과거 중앙에 집중되었거나 또는 중앙과의 역학관계에 지나치게 치우쳤음을 부인할 수 없다. 그러나 향후 지역혁신 체제 하에서의 지역경제 발전을 위한 의사소통구조와 메커니즘은 중앙과의 관계도 중요하겠지만 지역 내의 혁신체제를 구성하는 행위주체들 간의 유기적이고도 역동적인 관계에 더욱 초점을 두어야 할 것이다.

구조적으로나 제도적으로 지역분권체제를 갖추어 나갈수록 지역신문의 위상과 역할은 기존의 중앙 중심 내지 집권적 의사소통구조로부터 탈피하여 지역 중심 내지 분권적 의사소통구조라는 패러다임으로 점차 전환될 것이다. 지역신문의 이와 같은 패러다임 전환은 지역혁신을 위한 중심적 수행주체로서의 위상제고에 도움이 될 뿐 아니라 지역신문 스스로의 정체성 강화에도 유익할 것이다.

셋째, 지역현안에 대한 의제설정과 그 논의의 장을 제공하는 것이다. 언론은 정보를 전달하는 단순한 기계적 매개체이기도 하지만 기존의 정보를 가공하기도 하며 나아가 새로운 형태로 창출하기도 하는 정보의 생산적 주체이기도 하다. 따라서 지역혁신과 지역경제 발전을 위한 지역적 의제설정(RAS: Regional Agenda Setting) 기능은 각 수행주체들이나 그들의 행위를 단순히 전달하는 데에 그치는 것이 아니라 그러한 것들을 유기적이고 역동적으로 연계시키는 중추적 역할로 이해될 수 있다.

최근 지역의 언론보도들에 의하면 각종 산학연구기관 등의 설립과 관련하여 지역경제권의 첨단기술 창출과 자원의 운영에 대한 논의가 자주 소개되면서 여론화되고 있다. 그러나 국가 전체적 차원의 전략상 그와 같은 대단위 종합연구기관들이 현실적으로 지역에서도 유지 가능한 것인지 또 기능적 측면에서 국가적으로 효율성을 담보할 수 있을 것인지 등에 대해 냉철한 시각과 더불어 비판적으로 문제제기를 하는 전문가들의 견해를 다양하게 다루는 언론은 흔치 않다.

대규모 연구기관을 지역에서 성공적으로 운영하기 위해서는 일차적으로 국가차원의 대대적 투자가 전제되어야겠지만 동시에 중요한 것은 이와 더불어 그와 같은 연구기관이 지역에 기반을 두고 있는 대기업들의 첨단산업과 반드시 유기적으로 연계되어야만 한다는 점이다. 그렇지 않을 경우 연구기관으로서의 미래가 불확실하기 때문이다. 이에 대한 현실적 논의와 그 가능성 타진을 위한 논의의 장을 신문을 비롯한 지역의 언론들이 능동적으로 제공하는 것이 중요하다.

언급한 바처럼 언론은 정보를 단순히 전달하는 도구이기도 하지만 정보를 스스로 창출하거나 정보창출을 위해 적절한 논의의 장을 마련하는 포럼의 역할도 갖고 있기 때문이다. 지역신문의 현실적 여건상 지역경제 현안에 대한 전망과 분석을 스스로 수행할 사정이 못되면 이를 위한 외부 전문가 집단의 다양한 조언과 견해를 기획취재 및 특집 지면 등 다양한 공론장의 형식을 통해 담아내야 한다. 그럴 때에 신문은 비로소 지역혁신과 경제발전을 위한 조정자의 역할을 수행해낼 수 있을 것이다.

넷째, 지역여론 지도자층과의 개방적이고 수평적 관계의 의사소통구조 설정이다. 지역경제와 지역사회발전을 위한 언론의 환경감시 역할은 지역사회의 여론 지도자층과 밀접한 관계를 맺고 있다. 지역의 여론 지도자층은 곧 지역의 기득권층과 상당부분 일치하고 있다. 지역사회에 대한 언론의 환경감시가 제대로 이루어지려면 지역 기득권층과의 건강한 긴장관계가 요청된다.

오랜 세월 동안 지역 언론은 그 지역의 여론을 형성하는 데 있어 주도적 역할을 담당해왔다. 그리고 그 배경에는 지역 여론 지도자들의 영향력이 늘 암묵적으로 병존해왔다는 것을 부인할 수 없다. 그리고 여기서 발생하는 이른바 관언 유착은 그 병폐현상의 하

나라고 할 수 있다. 특히 폐쇄적이고도 상향적 의사소통구조의 지배 하에서 풀뿌리 민주주의의 근간을 이루는 지역민들의 이해와 관심은 소외되어 왔다. 싫든 좋든 중앙과의 관계에서 싹튼 철저한 권력 중심적 커뮤니케이션 메커니즘의 폐해가 지역 내에 관행적으로 누적된 결과라고 볼 수 있다.

지역발전에 걸림돌이 되는 왜곡된 의사소통구조는 정부나 정치권과의 유착관계에서 비롯되고 있다. 소위 지역발전이라는 명분으로 지역의 소수 여론지도자들이 정부와 은밀히 통했던 폐쇄적 의사소통구조의 틀 안에서의 커뮤니케이션 행위는 이제 지양되어야 한다. 지역신문은 앞으로 비효율적 의사소통방식을 과감히 타파하고 개방적이고 수평적으로 확장될 수 있는 공론장을 지면을 통해 제공하는 데에 힘써야 할 것이다.

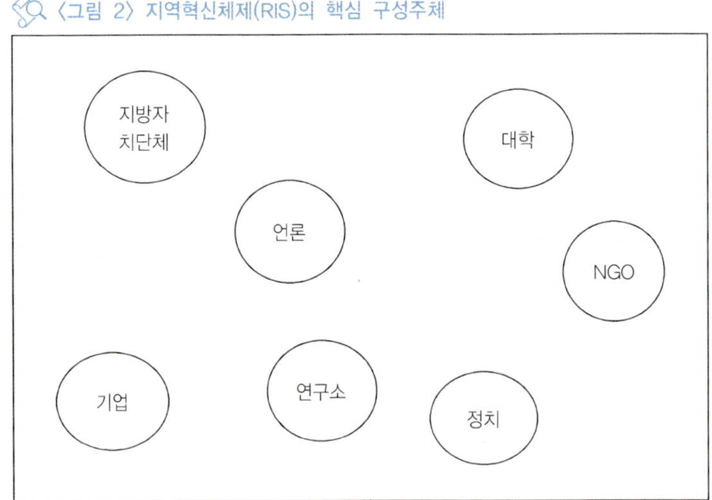

〈그림 2〉 지역혁신체제(RIS)의 핵심 구성주체

지역여론의 다양성과 지역경제 혁신은 상호 불가분의 관계에 있다. 효율적인 지역경제 혁신을 이루기 위해서는 지역 내 여론의 다양성이 전제되어야 한다. 수직적 구조는 물론 수평적 구조에서도 형성된 다양한 여론이 지역혁신 과제수행을 위한 의사결정 과정에 적절히 반영될 때 여론은 비로소 그 생명력을 갖는다고 할 수 있다.

지역여론의 다양성이란 지역의 신문들이 추구하는 이념이나 철학의 다양한 스펙트럼으로도 이해될 수 있으며 그러한 가운데 신문도 스스로 상호 견제·감시할 수 있는 기반이 조성될 수 있다. 혁신과 개혁을 위한 지역공동체의 각 수행주체들은 필연적으로 서로 다른 주장과 이해를 추구할 수 있으며, 언론은 바로 이러한 다양한 견해를 균형 있게 전달하면서 통합으로 유도할 수 있는 공론장이 되어야 한다.

지난 2004년 지방분권 관련 3대 특별법이 제정됨으로써 지역분권의 실현 가능성이 더욱 구체화되었다. 지역발전을 위한 법제도적 장치가 마련되었지만 정작 그 수혜대상이 될 지역민들 중 상당수는 아직 그 법적 근거의 의미에 대해 피상적으로만 알고 있는 듯하다. 지역민들이 누리게 될 실제적이고도 현실적인 혜택이 무엇이며 그것이 갖는 지역 사회적 의미가 무엇인지 구체적으로 주지시키고 계몽하는 것 또한 지역신문이 지면을 통해 전달해야 할 일이다.

지역신문의 문제점에 대한 논의는 이미 오래 전부터 지속되어 왔다. 특히 최근 들어 지역신문의 건전한 육성과 활성화에 대하여 특별한 관심이 모아지고 있는 것은 균형 있는 국가발전과 지역발전 그리고 더 나아가 언론발전의 필요성을 인식해온 지역신문들과 관계자들에게 하나의 가능성을 제시한다는 점에서 매우 바람직한 현상이라고 할 수 있다.

특히 지역신문의 건전한 육성 논의가 지역분권과 지역화 시대를 위한 논의와 더불어 활발히 진전되고 있음은 국가의 균형발전이라는 차원에서도 적지 않게 도움이 되는 현상이라고 할 수 있다(김중석, 2004: 46-48쪽).

본격적인 지역화 시대의 도래와 함께 지역분권과 국가 균형발전은 지역신문을 위해서도 중요한 의미를 갖는다. 지역이 발전해야 국가가 전체적으로 균형 있게 발전할 수 있기 때문이다. 신문도 마찬가지이다. 현재 우리나라 국가기관 및 조직의 대부분이 수도권 전국에 집중되어 있는 상황에서 지역이 정상적으로 발전할 수 없음은 누누이 지적되어온 사실이다.

지역신문의 고사 위기마저 거론되고 있는 것은 지역공동체의 공론장과 공공 저널리즘이 그 기능을 잃고 있다는 의미이기도 하다(문종대, 2004: 32-35쪽). 지역발전의 불균형과 지역신문 시스템의 낙후 그리고 지역공동체적 공론장 기능의 위축 등과 같은 구조적 문제들은 지역화 시대를 지향하고자하는 우리 사회가 개선해야 할 중요한 문제들이다.

종종 지역분권과 지역신문 활성화 방안에 있어서 지역민들의 연대의식 강화라든가 공동체적 단결만을 지나치게 강조한 나머지 정작 중요하다고 할 수 있는 현실적 문제, 예컨대 지역신문의 지역 토호세력과의 유착문제 근절이라든지 지역 문화산업진흥을 위한 중앙정부의 현실적 지원 등과 같은 문제에 소홀히 하는 경우가 없지 않다.

이러한 문제를 해결하고 지역 활성화 방안을 논의하기 위해서는 근본적으로 지역사회의 인프라 구조부터 먼저 고려해야 한다. 여기서 의미하는 인프라 구조는 포괄적인 개념으로서의 지역발전을 위한 근본적이고도 중장기적인 인적 물적 투자를 의미한다.

우리의 지역 현실을 논의하면서 종종 선진외국에서 잘 운영되고 있는 지역분권과 자치제를 모범적 사례로 언급하는 경우가 많다. 그러나 그 나라들이 지역분권화에 성공하게 된 배경에는 먼저 지역에 대한 경제, 문화, 교육 등 다양한 인프라 구조들이 정책과 법 제도를 통해 체계적으로 논의되고 그 방안들이 마련되었기 때문이다.

예컨대 이미 유럽 여러 나라들의 경우 그 전제조건으로서 지역자치단체는 물론 중앙(또는 연방)정부로부터도 적극적인 지원이 있었다는 것은 우리에게 좋은 사례로 인식되고 있다(이사벨 페르난데스 알론소 외, 2007). 그러한 기본적 조건들이 충족되고 있기 때문에 그 지역민들도 자신들이 몸담고 있는 지역에 나름대로 자긍심과 함께 지역에 대한 애착을 가지고 가치를 부여할 수 있었고 그 결과 지역의 점진적인 발전을 유도해낼 수 있었던 것이다.

지역민이 갖는 이러한 다양한 사회적 만족감은 지역신문의 역할과도 매우 밀접한 관계가 있다. 지역이 발전함에 따라 기본적으로 지역사회의 다양한 문화적 인프라 구조가 형성되고 이는 또한 궁극적으로 지역민들에 대한 다양한 문화와 정보제공 차원에서 지역신문의 서비스와 질이 향상된다는 것을 의미하기 때문이다.

21세기 지역의 위상은 과거의 그것과는 비교하기 어려울 정도로 그 환경과 여건이 급속히 변화하고 있다. 지역의 성공과 지역 간 균형발전의 성공여부는 지역신문을 비롯한 지역 언론의 역할에 달려있다고 해도 과언이 아닐 만큼 지역 언론의 중요성은 그 어느 때

보다 강조되고 있다. 지역 언론이 제 역할을 다할 때 비로소 지역과 나라가 바로 설 수 있다는 말은 이런 점에서 의미심장하다고 하겠다.

제2부

지역신문의 시장과 수용자

제3장 지역신문 시장과 산업

1. 지역신문 시장의 현황과 현실

지역신문은 한마디로 시장의 위기를 맞고 있다. 전국의 지역일간지 단 몇 회사를 제외하고 나면 나머지 대부분의 신문들은 극심한 경영의 어려움을 겪고 있는 것이 작금의 현실이다. 물론 신문의 시장상황은 비단 우리나라뿐만 아니라 전 세계적으로도 마찬가지로 많이 어려운 실정이다.

특히 인터넷의 급속한 보급으로 인하여 전통적 대중매체로서의 위상은 크게 추락했고 독자들도 점차 그 주 구독대상을 종이신문으로부터 전자매체로 옮겨가면서 시장에서 신문의 위상은 크게 떨어졌다.

우선 종이나 잉크 등 신문제작에 가장 기본적으로 필요한 물자의 가격이 지속적으로 상승했으며 윤전기와 생산시설 그리고 배포 등에 소요되는 비용이 엄청나게 상승했다. 여기에 뉴스를 제공하는 인터넷 포털이 막강한 시장적 지위를 기반으로 네티즌들에게 세상

의 뉴스를 신속하고 광범위하게 제공한데다가 인터넷 신문들도 우후죽순식으로 등장함에 따라 독자들은 구태여 돈을 지불하고 유료로 종이신문을 구독할 필요를 느끼지 못하게 되었다.

과거 라디오 전성시대와 신문의 강력했던 위상이 텔레비전이라는 새로운 매체의 출현으로 급격히 떨어진 것을 잘 학습했듯이 신문제작의 기술적 환경변화와 인터넷을 비롯한 정보통신시스템의 혁신으로 인하여 재래식 종이신문이 타격을 받을 것이라는 전망은 예상대로 크게 빗나가지 않았다.

〈표 1〉 현재 살고 있는 시/군/구 관련 정보 습득 경로

	지역 TV	지역 일간지	인터넷	전국 TV	주위 사람	케이블 TV	지역 라디오	지역 주간/월 간지	전국 일간지	행정 기관 소식지
서울	0.7	0.2	16.2	8.1	23.2	19.8	–	7.4	4.3	15.8
인천/경기	13.8	3.7	16.9	7.8	25.1	14.0	0.5	7.2	3.8	4.0
대구/경북	28.7	12.0	10.0	8.2	19.9	6.5	2.2	5.0	1.2	3.5
부/울/경남	23.0	12.6	11.2	10.2	19.3	6.0	1.5	8.5	1.3	3.5
광주/전남	27.7	9.8	12.9	10.0	19.4	3.9	2.9	6.8	1.1	3.4
대전/충남	26.9	5.5	12.2	11.1	21.7	7.0	1.4	7.9	1.1	3.6
전북	38.3	5.3	10.5	12.1	17.5	5.6	1.6	3.7	1.9	1.2
충북	46.0	3.4	8.7	10.6	17.1	4.3	1.7	4.1	1.0	1.3
강원	44.8	9.2	8.6	8.9	15.3	5.4	0.9	3.1	0.9	1.2
제주	40.0	16.8	12.9	10.4	7.9	6.1	1.9	1.4	0.9	0.2
전체	19.4	6.3	13.6	9.0	21.5	10.9	1.1	7.2	2.5	5.9

* 출처: 지역신문발전위원회(2005). 『지역신문구독자 조사』.

여기에 더하여 우리나라의 경우는 특히 지역과 수도권 사이의 격심한 차별적 육성과 지원정책으로 총체적인 지역의 위기를 불러왔고 이와 더불어 지역신문 역시 경제적 난관으로 사세의 확장은

고사하고 오히려 문을 닫지 않고 간신히 신문을 발행하는 것만으로 만족해야 하는 상황까지로 오게 되었다.

문화관광부의 정기간행물 등록 현황 자료에 의하면 2006년 12월 현재 전국의 지역일간신문은 103개 그리고 지역주간신문은 820개로 집계되었다(한국언론재단, 2007b). 지역일간신문의 경우 경기지역에 분포된 신문수가 21개로 가장 많고 서울과 충남지역은 전무한 것으로 나타났다. 단일 광역시로는 대전이 13개로 가장 많고 그 다음이 광주로 12개인 것으로 집계되었다. 지역주간신문을 살펴보면 경기지역이 190개로 가장 많았고 그 다음이 서울지역의 150개였다.

가장 적은 지역은 한 개의 지역신문이 등록돼 있는 제주지역이었으며 광주광역시는 일간신문의 수 12개보다 훨씬 적은 4개의 지역주간신문이 등록되었다. 지역일간신문과 지역주간신문을 모두 합계한 전체수를 살펴보면 경기지역이 211개로 가장 많고 그 다음이 서울지역으로 150개 그리고 전남지역이 89개, 경남지역이 85개로 등록되어 있다. 지역적 특수성을 갖고 있는 제주지역은 모두 5개로 등록되어 있다.

〈표 2〉 전국 시·도별 지역신문 등록 현황

(단위: 개)

지 역	일간신문		주간신문		전 체	
	신문사	비율	신문사	비율	사례수	비율
강원	3	2.9	23	2.8	26	2.8
경기	21	20.4	190	23.2	211	22.9
경남	5	4.9	80	9.8	85	9.2
경북	6	5.8	66	8.0	72	7.8
광주	12	11.7	4	0.5	16	1.7
대구	5	4.9	20	2.4	25	2.7

지 역	일간신문		주간신문		전 체	
	신문사	비율	신문사	비율	사례수	비율
대전	13	12.6	5	0.6	18	2.0
부산	2	1.9	8	1.0	10	1.1
서울	0	0.0	150	18.3	150	16.3
울산	5	4.9	8	1.0	13	1.4
인천	7	6.8	52	6.3	59	6.4
전남	2	1.9	87	10.6	89	9.6
전북	11	10.7	33	4.0	44	4.8
제주	4	3.9	1	0.1	5	0.5
충남	0	0.0	53	6.5	53	5.7
충북	7	6.8	40	4.9	47	5.1
총합계	103	100.0	820	100.0	923	100.0

* 출처: 한국언론재단(2007). 『지역신문 경영실태 조사』. 30쪽.

등록된 지역신문 자료를 근거로 지역신문발전지원특별법에서 개념적으로 규정하고 있는 '지역신문'이 실제로 발행되고 있는지의 여부를 조사한 결과 82개의 일간신문과 473개의 주간신문이 발행되고 있는 것으로 조사되었다. 즉 총 666개의 지역일간 및 주간신문이 발행되는 것으로 나타났는데 이는 전체 등록된 지역신문의 60.1%에 해당되는 수치이다.

〈표 3〉 전국 시·도별 지역신문 발행 현황

(단위: 개)

지 역	일간신문		주간신문		전 체	
	신문사	비율	신문사	비율	사례수	비율
강원	2	2.4	14	3.0	16	2.9
경기	15	18.3	102	21.6	117	21.1
경남	4	4.9	44	9.3	48	8.6
경북	3	3.7	46	9.7	49	8.8
광주	11	13.4	2	0.4	13	2.3
대구	5	6.1	9	1.9	14	2.5

지 역	일간신문		주간신문		전 체	
	신문사	비율	신문사	비율	사례수	비율
대전	11	13.4	2	0.4	13	2.3
부산	2	2.4	2	0.4	4	0.7
서울	0	0.0	102	21.6	102	18.4
울산	2	2.4	3	0.6	5	0.9
인천	6	7.3	9	1.9	15	2.7
전남	2	2.4	54	11.4	56	10.1
전북	9	11.0	22	4.7	31	5.6
제주	4	4.9	1	0.2	5	0.9
충남	0	0.0	37	7.8	37	6.7
충북	6	7.3	24	5.1	30	5.4
총합계	82	100.0	473	100.0	555	100.0

* 출처: 한국언론재단(2007). 『지역신문 경영실태 조사』. 31쪽.

　일부 비교적 규모가 크고 안정적이라고 알려진 지역의 몇몇 오래된 일간신문들은 그나마 사정이 좋은 것으로 알려져 있지만 실상은 그렇지 않은 것으로 나타나고 있다. 예를 들어 지역 내 인구나 구독자수에 있어서 우위적 지위를 누리고 있다고 알려진 부산일보나 대구 소재의 매일신문 등은 여타 다른 지역신문들에 비하여 상대적으로(!) 사정이 좋을 수는 있을지 몰라도 객관적인 시각으로 살펴보면 그 신문사들도 상당히 어려운 경영을 유지하고 있는 실정이다.

　IMF로 대변되는 국제금융위기 시대는 두말할 나위 없고 최근에 이르러서도 이들과 같은 지역의 대표신문들도 또다시 구조조정의 위기를 겪고 있는 것으로 알려졌다. 일부 신문들의 경우는 경영상의 어려움으로 오랫동안 위기를 겪어오다가 새로운 사주가 신문을 인수한 후 다소 안정을 되찾는 듯 했으나 궁극적으로 시장의 구조

적 어려움을 극복하지 못하고 여전히 고사의 위기에 겪고 있다.

(단위: %)

지역	일간신문		주간신문		전체	
	사례수	비율	사례수	비율	사례수	비율
전체	82	100.0	473	100.0	555	100.0
서울	0	0.0	102	21.6	102	18.4
인천경기	21	25.6	111	23.5	132	23.8
충북	6	7.3	24	5.1	30	5.4
대전충남	11	13.4	39	8.2	50	9.0
전북	9	11.0	22	4.7	31	5.6
광주전남	13	15.9	56	11.8	69	12.4
대구경북	8	9.8	55	11.6	63	11.4
부산울산경남	8	9.8	49	10.4	57	10.3
강원	2	2.4	14	3.0	16	2.9
제주	4	4.9	1	0.2	5	0.9

* 자료: 한국언론재단(2007b). 『지역신문 경영실태 조사』. 32쪽.

경영상의 어려움은 물론 지역 경제의 피폐에 그 일차적인 원인이 있다고 할 수 있다. 하지만 경영상의 어려움이 반드시 신문사 외적 원인에만 있다고는 말할 수 없다. 지역신문들도 자사를 살리고 혁신적으로 발전시키겠다는 점에서 의지가 부족하거나 열의가 떨어진다는 지적도 있다. 또한 지역 경제의 위축이나 몰락에 대처하는 회생의 노력이나 혁신적 대안 마련에 있어서도 안이했다는 것이 문제점으로 지적되고 있다.

예를 들어 재력이 있는 전국지들이 지역에까지도 구석구석 무차별적 공세로 침투해 들어오기까지 도대체 지역의 신문들은 어떤 대안으로 사태를 수습하고 대처하려고 노력했는지 알 수 없다. 그나마 지역에서 존재기반을 가지고 있다는 비교적 대규모 지역신문들도 이러한 곤경에 처해 있을 정도니 그보다 못한 신문들이야 구체적으로 들여다보지 않아도 그 사정을 짐작할 수 있다. 그래도 지역을 대표한다는 신문들이 지역독자들로부터 지지와 신뢰를 받고 있을 때, 물량적 공세로 사세를 확장하려는 전국지들에 맞서 중장기적인 차원의 전략과 대안을 세우고 대처했어야 했다. 무차별 경품과 끼워넣기식 무가지 공세에 지역의 독자가 구독 신문을 바꾸었다는 현실에 한숨 쉴 게 아니라 근본적인 전략으로 꾸준히 전국지들에 대항해 갔어야 했다는 지적이 많다. 양질의 콘텐츠와 정론지 자세로 승부하기보다는 독자를 빼앗기지 않으려는 근시안적 사고와 전략의 부재가 결국은 전국지들에게 시장을 내어준 결과로 이어지게 된 것이다.

〈그림 3〉 지역신문사의 일반적 악순환 고리

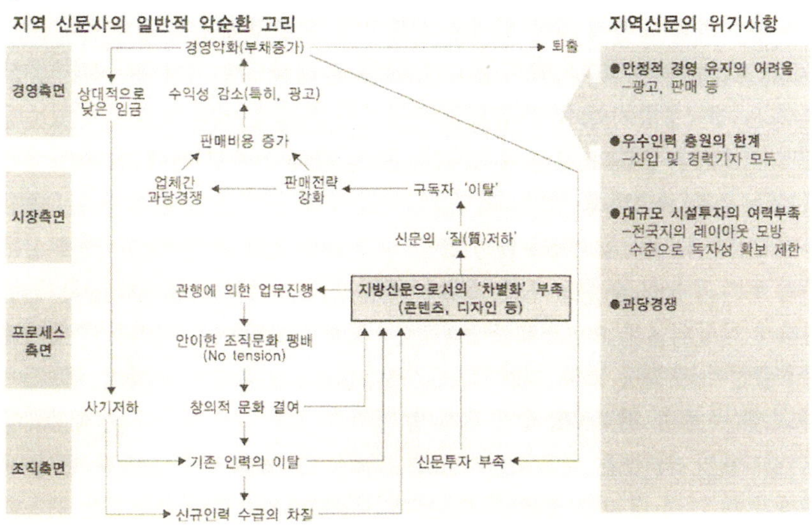

* 출처: 최정수(2007).

지역신문이 안고 있는 어려움은 경쟁사의 판촉 전략이나 독자 배가 공략에만 있는 것은 아니다. 시대가 개방화를 구가하는 시대인 만큼 경쟁사들 이외에도 신문의 편집과 경영 등에 시민사회를 중심으로 능동적 독자들의 감시와 요구사항들이 적극적으로 개진되고 있다. 신문의 투명성과 건전성을 요구하는 신문사 내외적 요구들이 갈수록 구체화되고 혁신될 때 비로소 문제해결의 실마리와 함께 경영의 호전을 기대하는 대안이 제시될 수 있을 것이다.

우리나라의 지역신문시장은 한마디로 실패했다. 지역신문 저널리즘의 공공성도 이제 더 이상 기대하기 힘든 현실이 되었으며 시장에서 살아남기 위한 기업으로서의 영리성과 상업성이 어느덧 최우선적으로 추구하는 가치가 되고 말았다. 경품이나 무가지를 앞세워 무리하게 시장을 교란시키고 있고 시장 확장을 위한 무리한 침탈행위들도 서슴지 않게 되었다.

신문협회에 있었던 불공정거래행위 단속권한이 2003년 7월부터 공정거래위원회로 이양됨에 따라 신문사들의 불공정 판촉행위는 사라지는 듯 했더니 이것도 잠깐일 뿐, 경쟁이 다소 느긋해지기만 하면 여지없이 등장하는 것이 바로 경품과 상품권 심지어는 현금까지 동원된 독자 확보이다.

최근에는 유명무실하게 된 공정거래위원회 기능과 관련하여 신문고시를 폐지시키느니 존속시키느니 하는 찬반양론도 있었다. 결국 논란 끝에 존치하는 것으로 합의되었지만 그 역할과 기능에 대해서는 문제의 소지가 적지 않을 것으로 보인다.

신문	지국수 (개)	신문고시위반						신문고시위반 지국수 (개)	무가지 4-12개월 경품비용	신문고시위반 비율 (%)
		무가지 3개월	무가지 4개월 이상	무가지 2개월+경품	무가지 3개월+경품	무가지 4-12개월+경품	기타			
동아	30	3	14	0	0	10	3	30	33.3	100
조선	30	2	11	0	0	19	0	30	63.3	100
중앙	30	0	13	0	0	40	2	29	40.0	96.7
한겨레	30	9	3	0	0	0	0	12	0	40.0

* 출처: 민주언론시민연합(2005), 기간: 2005년 4월 12일~14일/5월 3일, 11일
  대상: 서울·경기지역 3개 신문 300개 지국.

재력을 갖춘 일부 전국지들이 지역신문시장으로까지 들어와 애초 경쟁이 되지도 않을 지역신문 영역을 무자비하게 잠식하며 시장을 확보해가는 상황은 과거 군사정권 시절 재벌위주의 정책으로 기업의 문어발식 확장을 가능케 했던 모습을 떠올리게 한다.

사회적 비용과 폐해가 심하게 드러난 만큼 신문시장에 대한 적절한 규제의 필요성이 요청되지만, 탈규제와 친기업적·친시장적 정책만을 기본 국정운영기조로 삼고 있는 이명박 정부 하에서 이를 기대하기란 어렵다. 특히 기업과 사회의 기득권층은 물론 정치적으로도 보수성이 강한 조선 중앙 동아와 같은 주류 신문들이 이명박 정부와 집권여당인 한나라당과 정치적 정서를 공유한다는 점에서는 더욱 그러하다.

　지역신문의 질(quality)에 대한 논의에서 흔히 등장하는 주장이 '지역신문은 볼 것이 없다'라는 것이다. 사실 지역신문은 전국일간지에 비해 제작과 편집 등의 측면에서 그 수준이 좀 떨어진다. 우선 외향적으로 볼 때 디자인 등 편집에서 전국일간지에 비해 다소 뒤떨어진다. 내용이나 논조에 있어서도 전국일간지에 비해 충실도에 있어서 약간 미흡한 것이 사실이다. 읽을거리가 없다는 일부의 지적은 바로 이런 연유에서 일 것이다.

　지역의 언론은 신문이든 방송이든 우선 서울의 그것들에 비하여 조직적 규모나 재정적 규모 차원에서 열악할 뿐 아니라 기사나 뉴스의 내용에 있어서도 다양하지 못한 것이 사실이다. 그렇다 보니 다양한 정보와 기사를 서울의 전국일간지들로부터 그대로 중계하거나 모방한다는 지적도 받아 왔다. 뿐만 아니라 지역의 신문들은 지역이기주의나 지역감정 등과 같은 선정적인 기사로 지역독자들의 정서에 따라 보도의 방향을 맞추는 성향도 있다고 질책한다(김영호, 강준만, 1995).

　지역신문은 심층기획취재나 탐사보도를 통한 기사가 미흡하다는 지적도 나온다. 그리고 지역의 주민들에게 친밀함을 주는 보도에도 인색하다고 한다. 더욱 문제되는 것은 언론으로서의 사명에 따라 정론직필을 하는 공정한 모습을 보이지 않는다는 데에 있다(김중석, 2004: 115쪽). 그 결과 지역신문이 지역의 독자들에게 신뢰감을 주지 못하고 있다는 지적을 받는 것이다.

물론 전국일간신문과 주간지역신문을 직접적으로 비교의 대상으로 놓고 평가한다는 것은 곤란하다. 두 신문의 규모나 독자층 그리고 인적 조직적 여건이나 광고와 경영의 차이를 모두 무시한 채 외형과 결과만을 놓고 비교한다는 것은 합당하지 못하다.

그러나 전국일간지들과 지역신문들의 지면만을 비교해보면 사실 외형상으로 큰 차이를 발견하지 못한다. 물론 지면의 수에 있어서는 곧바로 구별이 되지만 각 면의 주제나 배치 그리고 구성을 보면 지역신문은 전국일간지의 지면과 크게 다를 바 없다. 그렇기 때문에 지역신문으로서의 정체성이 드러나지 않는다는 지적이 나올 수는 있다.

하지만 지역신문에 대한 지역주민독자들의 평가는 의외로 단순하다. 전국일간지처럼 기사도 좀 거창하고 빅뉴스이기를 바라며 지면의 수도 전국일간지처럼 많기를 은근히 바라고 있다. 그러나 그러한 바람은 지역의 고유한 문화를 우선적으로 다루어야 하는 이른바 지역밀착형 보도에 충실해야 하는 지역신문의 속성을 이해하지 못하는 데서 나온다고 본다.

지난 수십 년 동안 지역에 대한 차별과 차등 그리고 편견과 왜곡의 정서를 전혀 고려하지 않은 채 지역신문의 모습만을 평가한다는 것은 큰 잘못이다. 그리고 지역과 전국을 차별화하여 보도하는 지역신문과 전국일간지의 역할과 속성을 이해하지 못하는 지역독자들의 단순한 평가에도 문제가 없다고는 볼 수 없다.

예컨대 지역신문은 그 규모가 작아 전국취재망이 취약해 통신사의 기사를 공급받아 싣는 경우가 많다. 실제 한 연구에 따르면 전국일간지가 통신사 기사를 이용하는 비율(3.6%)보다 지역신문의 그

것은 훨씬 높아 무려 은 21.7%에 이른다는 조사결과도 있다(한국
언론재단, 2001: 117쪽).

  지역신문의 경영난과 장비 시설 그리고 인력마저 열악한 상황에
서 신문의 질을 전국일간지처럼 제작한다는 것은 정말 힘에 부치
는 일이다. 아니 어쩌면 도저히 현실적으로 가능하지 않은 것일 수
도 있다. 어정쩡하게 전국일간지의 겉모습을 따라가다 보면 오히려
지역신문은 지역신문으로서 최우선의 가치를 두어야 할 지역정보
제공의 역할을 하지 못하고 결국 주민독자들도 자신의 지역소식에
대해 잘 알지 못하는 일이 벌어지는 것이다.

〈표 6〉 지역민의 시/군/구 관련 정보 인지 정도

(단위: %)

구분	많이+어느 정도 안다	별로+전혀 모른다
전체	34.4	65.6
서울	25.6	74.4
부산	39.2	60.8
대구	33.7	66.3
인천	23.8	76.2
광주	36.6	63.4
대전	29.7	70.3
울산	28.6	71.4
경기	33.4	66.6
강원	48.0	52.0
충북	43.8	56.2
충남	40.9	59.1
전북	40.8	59.2
전남	41.1	58.9
경북	49.0	51.0
경남	35.1	64.9
제주	49.8	50.2

* 출처: 지역신문발전위원회(2005). 『지역신문구독자 조사』.

장호순은 그의 저서 『작은 언론이 희망이다』에서 지역신문이 나아가야 할 길을 제시하면서 지역독자들의 신뢰를 얻기 위해서는 "신문의 유용성(utility)과 신뢰성(credibility), 그리고 가독성(readability)"의 중요성을 강조하고 있다(2001: 168쪽). 신문의 내용에 있어서도 모든 뉴스를 다 다루기보다는 특정 지역 뉴스들에 밀착하여 승부를 걸어야 한다.

정보의 과잉시대에 많은 뉴스를 접하기 위해서 이제 수용자들은 인터넷에 접속하는 것을 더 선호하고 있다. 인터넷에서 제공하지 못하는 지역 뉴스, 전국일간지들이 다루지 않는 지역 뉴스를 심층적으로 취재 보도하는 것이야말로 지역신문이 생존할 수 있는 중요한 전략이다.

강원도민일보는 지난 2004년 4월부터 전국의 지역일간신문들로서는 최초로 지면 모두를 지역 뉴스로 꾸미는 이른바 전 지면의 로컬화를 시도하여, 지역분권시대에 맞는 지역신문으로 야심차게 개혁했다는 시도로 좋은 평가받고 있다.

지역신문은 기존의 자사 신문 구독자는 물론 비구독자들도 조사해서 그들이 원하고 기대하는 뉴스란 무엇인지 조사할 필요가 있다. 물론 이 역시 지역 뉴스라는 틀 안에서 짜여야 한다. 철저한 지역밀착형 보도만이 지역신문을 지역신문답게 만들고 독자로부터도 인정받을 수 있는 전략이기 때문이다.

지역신문이 지면의 특성화와 차별화를 시도함으로써 지역주민들도 지역신문과 전국일간지의 병독 가능성이 커질 수 있다. 지역주민은 지역에 거주하기 때문에 필연적으로 지역의 뉴스를 궁금히 여기고 또 찾는다. 삶의 기반과 직업적 근거가 바로 자신이 거주하

는 지역에 있게 때문에 지역 뉴스에 대한 접촉과 인지는 반드시 필요한 것이다. 그럴 때 병독의 욕구와 필요성이 커질 것이며 지역신문의 활로도 개선될 수 있을 것이다.

지역신문발전지원특별법이 시행된 이후 지역신문발전기금의 지원을 받은 신문들은 이러한 인식하에 지면 개편에도 다양한 시도를 추진해왔고 또 그 결과에 대한 평가도 긍정적인 것으로 나타났다. 우선 지면의 변화가 다양하게 이루어졌다는 점이다. 지면 구성이 다양해졌으며 과거에 미진했던 기획기사도 크게 증가된 것으로 분석됐다.

〈표 7〉 지원 전후 지역신문에 대한 느낌의 변화[5]

항목	구분	빈도(명)	비율(%)
호감도	크게 감소함	0	0.0
	조금 감소함	0	0.0
	변화 없음	3	14.3
	조금 증가함	14	66.7
	크게 증가함	4	19.0
만족도	크게 감소함	0	0.0
	조금 감소함	1	4.8
	변화 없음	6	28.6
	조금 증가함	11	52.4
	크게 증가함	3	14.3
신뢰도	크게 감소함	0	0.0
	조금 감소함	0	0.0
	변화 없음	4	19.0
	조금 증가함	12	57.1
	크게 증가함	5	23.8
합계		21	100.0

* 출처: 한국언론재단(2007c: 73쪽).

5) 지역신문발전위원회의 우선지원대상사인 경인지역의 세 신문사(인천일보, 경인일보, 경기일보)

사실 지역신문이 기획기사를 싣는다는 것은 현실적으로 볼 때 여러 가지로 제법 버거운 일이었다. 우선 경영이 열악한 신문으로서 기획 취재 보도에 소요되는 비용과 시간을 감당하기 어려웠기 때문이다. 그렇다보니 기획기사를 시도하려는 기회도 적었고 그 결과 기획기사에 필요한 취재보도의 기법이나 수준도 점차 떨어지면서 신문의 질적 저하를 가져올 수밖에 없었다.

그리고 과거 정보원의 불투명성으로 기사의 신뢰도에 부정적으로 작용했던 취재원 문제에서도 지역신문발전기금을 지원받은 신문사들이 지원을 받지 않은 신문들에 비해 그 활용도가 높은 것으로 나타났다(한국언론재단, 2007c: 137-139쪽).

지역신문에 대한 독자의 평가 조사 결과에서도 전반적으로 호감도와 만족도 그리고 신뢰도에서 각각 그 정도가 증가한 것으로 나타났다(<표 7> 참조).

3. 지역신문사 소유와 경영

지역신문의 경영적인 측면에서 무엇보다 중요한 것은 과연 누가 그 신문을 소유하고 경영하는가의 문제에 달려 있다. 환언하자면

의 독자 21명(남 16, 여 5)을 대상으로 2007년 6월 27일부터 7월 3일까지 실시된 심층 인터뷰 조사결과.

이는 소유주 또는 경영자에 따라 그 신문의 경영이 좌우될 수 있다는 것을 의미한다.

김영호는 지역신문의 발행주체를 대략 다음과 같은 여섯 부류로 나누었다. 1. 지역에서 중소규모의 기업을 경영하는 기업인들, 2. 중앙지나 지방일간지의 지국장 또는 지사장, 3. 재야단체 등의 비판적 성향의 그룹, 4. 정치지망생 또는 정당인, 5. 인쇄업자, 6. 전직 언론인, 대학 학보나 신문방송학과 출신으로 언론활동에 관심이 있는 사람들이 그것이다(1997: 217쪽).

이 중에서 가장 우려될 만한 경우는 정치지망생이나 정당인이 지역신문을 소유하거나 경영에 참여하는 것인데 두말할 여지없이 그러할 경우 신문의 성격이 특정 정치 이념으로 편중될 수 있기 때문에 매우 위험하다. 이외에도 지역에서 기업을 경영하는 기업이 동시에 신문을 소유할 경우 자사의 신문을 이용하여 특정사업이나 비즈니스에 관련된 지역사회 이슈를 자사에 유리한 방향으로 편향되게 할 수 있다는 점에서 역시 그다지 바람직하지는 못하다고 볼 수 있다.

이와는 달리 지역주민들이 개별 소액주주로 참여하여 특정 기업이나 정당에 연루되지 않으면서 오로지 지역사회 발전만을 위해 공동체 형식의 지역주민 주주형 신문으로 운영되는 경우도 생각해 볼 수 있다. 전남지역의 <해남신문>이나 충남지역의 <주간 홍성> 같은 신문들은 그 대표적 사례에 해당한다.

지역신문의 소유구조를 조사 분석한 한 연구결과(한국언론재단, 2007b: 359쪽)에 따르면 지역일간신문은 개인소유, 주식(유한)회사, 법인, 단체, 사원주주형 신문 등 다양한 소유형태를 띠고 있었다.

지역주간신문의 경우는 거의 개인 1인 소유의 형태로 운영되고 있었다. 지역일간신문의 최대주주는 신문경영 외에도 다른 사회 활동이나 기업 활동을 하고 있었지만 지역주간신문의 경우 사주는 오로지 신문발행에만 전념하는 것으로 나타났다.

또한 최대주주의 평균 지분율은 32% 정도이며 지역일간신문의 최대주주 지분율이 주간신문의 경우보다 약간 높은 것으로 나타났다. 일부 지역신문들의 경우는 대주주들이 다른 개인 명의로 주식 지분에 참여하고 있지만 그 대주주들이 가족이나 친인척 구성원이어서 사실상의 개인소유 신문이나 다름없는 경우도 있다.

일반적으로 언론사 사주는 대주주라는 지위를 이용하여 편집권 독립 여부에도 영향력을 미칠 수 있다. 그 영향력은 공동체적 성격이 강하고 지역의 이해관계가 매우 밀접하게 연계된 지역사회의 특성을 고려할 때에 어떠한 문제를 야기할 것인지는 명약관화하다.

물론 흔히 소유구조가 신문의 편집방향이나 사내 의사 결정 과정에서 중요한 변수로 작동하기는 하지만 반드시 결정적인 변수는 아닌 경우도 예외적으로 있을 수 있다. 정작 중요한 것은 대주주이든 소액주주이든 얼마나 애향심과 지역공동체를 위하는 자세로 신문을 만드는가에 달려 있다고 할 수 있다.

지역신문사의 경영을 보면 일간신문의 경우 신문 산업은 최근 2~3년의 상황만 보더라도 그 사정이 더욱 악화되었음을 알 수 있다. 미디어경영연구소가 2008년 6월 내놓은 조사결과에 따르면 2007년부터 2008년 사이의 신문 산업의 건강지수는 전체적으로 더욱 부실해진 것으로 집계되었기 때문이다.[6]

---

6) 미디어인포(2008.06.16). 2007년 신문 산업 건강지수 종합평가. 189호.

구분	신문사	부실지수	우량 2.99이상	보통 1.81-2.98	부실 0-1.80	위험 마이너스
지역신문 (13개사)	A	2.0067		○		
	B	−1.5405				○
	C	−1.0616				○
	D	2.8059		○		
	E	1.8066		○		
	F	−7.4960				○
	G	1.8548		○		
	H	1.4305			○	
	I	1.0925			○	
	J	−0.9883				○
	K	0.0666			○	
	L	−1.3658				○
	M	−2.3772				○
	평균	−0.1581	0	4	3	6
총 평균	30개사	0.56	2	6	11	11

* 출처: 미디어인포(2008.06.16). 2007년 신문산업 건강지수 종합평가. 189호.

이는 종별로 분류했을 때 스포츠지, 경제지, 전국지에 이어 가장 부실한 것인데, 2007년도 대비 34.4% 더 악화된 수치로서 평균 부실율의 두 배가 넘는 수치(15.6%)이다. 특별한 상황이 아니라면 2009년에도 이보다 더 악화됐으면 됐지 호전될 것으로 예측하기는 어려울 정도로 여러 가지 경제상황이 심상치 않다.

신문의 건강지수를 살펴보면 그 신문의 경영 상태는 물론 어느 등급에 분류되느냐에 따라 신문 시장에서의 퇴출까지도 가늠하는 것이 가능하다. 미디어경영연구소가 지난 2008년 내놓은 신문의 건강지수 조사결과를 보면 그 예측이 가능하다.

신문 건강지수는 "주식회사 외부감사에 관한 법률"에 따라 외부

감사를 받는 자산규모가 70억 원 이상인 전국 30개 신문사에 대하여 신문용지대의 인상을 전제로 조사된 것으로, 이 중 지역일간신문은 강원도민일보, 강원일보, 경남신문, 경인일보, 국제신문, 광주일보, 대전일보, 매일신문, 부산일보, 영남일보, 인천일보, 전남일보, 제주일보(이상 가나다 순, 표의 알파벳순과 무관) 등 13개 신문사가 그 대상이 됐다.

조사결과는 우려할 만한 수준이었다. 우량, 보통, 부실, 위험 등 네 개로 분류된 등급 중에서 지역신문 13개 가운데 4개가 보통등급을 받았지만 부실등급이 3개, 위험등급은 무려 6개로 집계되었기 때문이다. 우량등급을 받은 신문사는 단 한 곳도 없었다.

위험등급을 받았다는 것은 곧 파산의 위험이 높다는 것을 의미하는 것으로서 언론기관이 아닌 일반기업 같으면 이미 도산되었을지도 모를 아주 심각한 상황인 것이다. 물론 전국지라고 해서 모두 우량등급을 받은 것은 아니다. 조사대상이 된 세 전국지 중 한 신문(조선)만을 제외하고 나머지 두 신문(중앙, 동아)이 부실등급을 받았기 때문이다.

조사 대상이 된 13개의 지역일간신문을 영남, 호남, 중부권으로 나누어 살펴봤을 때 그나마 상대적으로 사정이 좋다고 하는 곳은 영남권 신문들이다. 영남지역 신문들은 부실그룹에 속하기는 하지만 마이너스 경영은 아니며 경영호전까지는 아니라 하더라도 비교적 정상적 경영이 이루어지는 신문들이다.

이와는 대조적으로 전남, 제주를 포함한 호남지역은 더 이상 경영호전이 이루어지지 않는 위험그룹에 속한 신문들인 것으로 나타났다. 한편 강원, 경기, 충청지역을 포함하는 중부권 신문들은 경영이 크게 악화되어 부실그룹에서 위험그룹으로 하락하기도 했다.

(단위: 백만원)

구분	규모 및 성장성					
	매출액			당기순이익		
	2005년	2006년	매출액 증가율(%)	2005년	2006년	당기순이익 증가율(%)
강원도민	10,882	12,662	16.36	125	133	6.81
강원일보	15,338	16,727	9.06	44	82	87.61
경남신문	9,352	9,248	−1.11	844	−594	적자전환
경인일보	17,150	17,653	2.93	332	502	51.24
광주일보	18,135	20,825	14.83	110	952	768.97
국제신문	24,072	22,876	−4.97	−4,886	−6,176	적자증가
대전일보	8,726	9,991	14.50	116	−1,438	적자전환
매일신문	50,122	47,380	−5.47	332	40	−88.07
부산일보	62,412	57,989	−7.09	−3,935	−8,078	적자증가
영남일보	21,724	22,080	1.64	23,751	838	−96.47
인천일보	7,560	6,119	−19.1	−2,138	−2,239	적자증가
전남일보	10,214	9,675	−5.28	−1,730	−869	적자감소
제주일보	10,902	10,688	−1.96	−1,297	−1,615	적자증가
합계	266,589	263,913	−1.0	11,668	−18,462	적자전환

* 출처: 미디어인포(2008.04.14). 2007년 신문 산업 건강지수 종합평가. 189호.
* 금융감독원 2006년도 감사보고서 재구성 (전년대비 감사보고서 미제출 2개사−경남도민, 제민일보 − 제외, 인천일보는 수정재무제표 적용).

매출액 및 영업이익 측면에서 본 지역신문의 경영 현황을 살펴보면 이 역시 앞서 언급한 위기적 상황을 벗어나지 못하는 것으로 나타난다. 미디어경영연구소 자료(2008년 4월 14일)에 따르면 2007년 기업공시를 통해 재무현황을 공개한 상기 13개 지역일간신문의 매출액은 약 2천 4백 41억 원으로 전년 대비 약 198억 원의 감소(-6.4%)를 보여 그 영업이익은 큰 폭의 적자를 기록하고 있다(〈표 9〉참조).

13개 지역신문 중 4개 신문만이 증가했고 나머지 9개 신문은 감소하여 그 영업이익 적자는 더욱 크게 늘어났다. 지역신문은 IMF

금융구제위기 이후 2003년만을 제외한 모든 해에서 영업적자를 보여 왔다. 특히 그 적자폭 합계는 최근 몇 년의 경우 매년 평균 약 100억 원을 훨씬 웃도는 수준을 보여 경영악화가 여전히 심각한 것으로 나타났다.

신문 발행에 큰 규모로 지출되는 재정 부분의 하나가 바로 신문용지대인데, 이 신문용지대의 가격인상 문제가 신문경영에 있어 태풍의 눈으로 작용하고 있다. 현재 신문협회 등 관련기관들에 의한 조정의 여지가 있기는 하지만 신문용지대도 톤당 약 19만 원이나 급등했고 기타 동반상승하는 신문제작용 원자재 가격도 주원인인 것으로 분석되고 있다.

만일 이것이 현실화되면 가장 큰 타격을 입는 것은 두말할 나위 없이 지역신문이다. 신문용지는 경영사정이 상대적으로 좋아 기업 이익을 비축해놓은 우량 신문사든 경영의 악순환으로 어려움을 면치 못하는 지역의 작은 신문사든 마찬가지로 신문발행에 공히 사용해야 하는 자재이기 때문이다. 경영사정이 어려운 지역신문이라고 하여 터무니없이 저질의 신문용지를 사용할 수는 없는 노릇이기 때문이다(최경진, 2009: 33-34쪽).

지역일간신문들의 경영평가를 시기적으로 좀 더 거슬러 올라가 1999년부터 2006년까지의 자료를 분석해보면 그 경영상의 특징은 매출과 이익의 감소 그리고 신문사의 전반적인 안정성이 약화되었다는 것으로 요약할 수 있다.[7] 지역일간신문들은 경영상 워낙 그 편차가 크게 나타나고 있어 일괄적으로 설명하기란 쉽지 않다. 우

---

7) 지역일간신문들에 대한 경영 평가는 2007년 미디어경영연구소의 자료를 토대로 지역신문의 경영구조를 분석한 이은주(2007)의 분석을 참고했으며 그 대상 신문사들은 전국의 13개 신문사이다.

선 부산일보, 매일신문, 국제신문 그리고 영남일보 등 지역일간신문
들 중 상대적으로 안정적인 기반을 갖고 있는 신문들(상위 그룹)의
경우를 보면, 규모나 경영구조에 있어서 가장 안정적인 신문으로 평
가받는 부산일보가 대체로 매출액이 떨어지고 있는 것으로 나타나
고 있고, 반면에 동종직군의 업계 2위로 평가받는 매일신문은 IMF
시대라는 국제금융위기를 극복한 이후 비록 완만하지만 전반적으로
는 꾸준한 성장을 보여 왔다. 이에 비해 국제신문과 영남일보는 경
영의 어려움과 함께 전반적으로 하향곡선을 그어오고 있다.

〈그림 4〉 지역일간신문(상위그룹) 매출액 추이

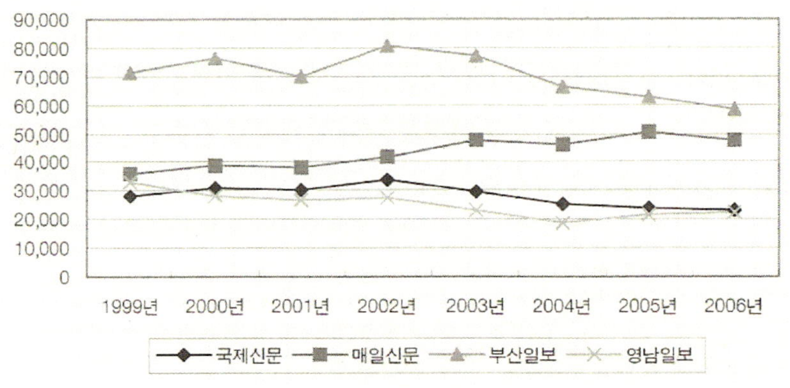

* 출처: 이은주(2007). 지역신문의 경영구조 개선방안. 24쪽.

　　매출액을 기준으로 상대적으로 경영의 안정성을 보이고 있는 위
의 4개 신문들을 제외한 나머지 신문들(하위 그룹) 9개사의 경영상
황을 보면 신문사들 간의 사정은 대체로 대동소이함을 알 수 있다.
특히 이 중 경인일보는 꾸준히 매출액의 완만한 상승을 나타내고

있는 반면 인천일보는 내부의 여러 가지 경영상의 난조로 저조한 매출의 어려움을 탈피하지 못하고 있는 것으로 나타났다. 이들은 대체로 연간 50-150억 원대의 매출액을 보이고 있으며 200-600억 원대의 매출액을 올리고 있는 상위 그룹의 신문들에 비하면 여러 가지 측면에서 매우 열악한 수준을 보이고 있다.

〈그림 5〉 지역일간신문(하위그룹) 매출액 추이

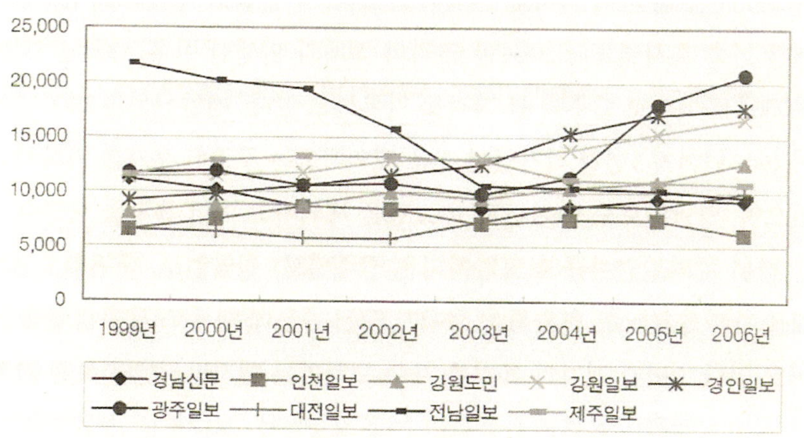

* 출처: 이은주(2007). 지역신문의 경영구조 개선방안. 25쪽.

기업의 실질적인 이익이라고 할 수 있는 영업이익 측면을 살펴보면 개별 신문들마다 몇 가지 특징적인 점을 발견할 수 있다. 우선 지역일간신문 중 최대 신문사라고 평가받는 부산일보의 경우 영업이익 손실의 굴곡이 크다가 2004년부터는 급격한 마이너스를 기록하면서 현재 큰 위기에 직면하고 있다는 점이다.

오히려 규모와 경영의 측면에서 부산일보에 이어 두 번째로 평가받는 매일신문은 2004년부터 영업이익의 호조를 보이면서 현재 지역일간신문들 중 가장 많은 영업이익을 내는 신문으로 자리 잡고 있다. 영남일보는 오랜 경영의 어려움을 털고 새 사주를 만난 이후부터 불안정하기는 하나 플러스의 영업이익을 내고 있지만 그 굴곡의 폭이 워낙 커 결코 안정적인 경영이라고는 할 수 없는 사정에 있다.

지역일간신문들 가운데 하위 그룹으로 분류된 신문들 중 광주일보는 2005년 급격한 성장을 보였는데 이는 골프장 인수로 인한 경영 외 부대사업 수익에 기인했던 것으로 나타났다.

이외에도 2006년 시점을 기준으로 볼 때 경인일보, 강원도민일보, 강원일보 그리고 전남일보만이 플러스를 기록하고 있을 뿐 나머지 신문사들은 여전히 마이너스의 영역을 탈피하지 못하고 있는 것으로 나타났다.

〈표 10〉 상 · 하위그룹 지역일간신문 영업이익 추이

	신문사	2003년	2004년	2005년	2006년	누계액
상위 그룹	국제신문	−302	−2,281	−4,273	−5,327	−14,206
	매일신문	8,051	3,017	2,828	2,685	9,935
	부산일보	2,865	−5,480	−7,735	−8,897	−12,363
	영남일보	2,080	220	3,837	884	3,265
	합계	12,694	−4,524	−5,343	−10,655	−13,369
하위 그룹	경남신문	173	−543	754	416	−876
	인천일보	−849	−962	−1,843	−2,009	−5,428
	강원도민	−81	231	218	353	1,274
	강원일보	205	52	380	205	1,313
	경인일보	−1,077	−391	37	120	−10,468
	광주일보	−3,333	−4,872	−1,458	2,308	−14,841
	대전일보	133	683	517	−225	2,142
	전남일보	−212	−983	−1,731	−869	−5,298
	제주일보	−782	−572	179	−225	−5,613
	합계	−5,823	−7,357	−2,947	74	−37,795

* 출처: 미디어경영연구소(2007). 『2006 신문경영 종합분석(지방신문)』. 10쪽 재구성.

부채비율을 살펴보면 지역신문의 경영이 얼마나 위험한 상황에 있는지를 확연히 알 수 있다. 통상 기업의 부채비율이 200~300% 정도만 하더라도 경영구조가 그다지 나쁘지 않다는 인식이 일반적이라고 가정한다면 부산일보, 경남신문, 강원도민일보, 강원일보, 경인일보 등은 개별신문사에 따라 약간의 편차는 있으나 그다지 심각한 수준은 아니라고도 할 수 있다. 그러나 300% 이상 심지어 천 %가 상회하거나 자본잠식의 상태를 기록하는 신문사들의 경우는 매우 심각한 경영구조를 갖고 있다고 할 수 있다.[8]

현재 자본잠식의 상태에 있는 신문으로는 국제신문과 매일신문을 비롯하여 인천일보, 광주일보, 전남일보, 제주일보이며 2006년 현재 분석된 13개 신문사 전체 평균 부채율은 무려 3천 8백%를 웃돌고 있어 우리나라 지역신문 경영구조의 실상을 단적으로 알 수 있다.

〈표 11〉 상 · 하위그룹 지역일간신문 부채비율 추이

	신문사	2003년	2004년	2005년	2006년
상위 그룹	국제신문	1004.2%	자본잠식	자본잠식	자본잠식
	매일신문	자본잠식	자본잠식	자본잠식	자본잠식
	부산일보	63.6%	63.5%	53.0%	47.9%
	영남일보	자본잠식	자본잠식	101.2%	69.9%
하위 그룹	경남신문	55.4%	47.9%	35.4%	43.1%
	인천일보	63.7%	자본잠식	자본잠식	자본잠식
	강원도민	126.6%	113.9%	120.4%	139.2%
	강원일보	211.7%	233.0%	240.2%	231.5%
	경인일보	207.1%	176.1%	195.5%	195.6%
	광주일보	자본잠식	자본잠식	자본잠식	자본잠식

8) 기업의 자본은 납입자본금과 보유하고 있는 잉여금으로 구성되는데, 회사의 적자폭이 커져 잉여금이 고갈되고 납입자본금까지 잠식하기 시작하면 이러한 상태를 자본잠식 혹은 부분잠식이라고 한다. 완전자본잠식상태란 이러한 상태가 계속 악화돼 납입자본금 전액을 잠식한 상태를 의미한다.

	신문사	2003년	2004년	2005년	2006년
하위 그룹	대전일보	686.6%	658.8%	620.7%	1837.7
	전남일보	자본잠식	자본잠식	자본잠식	자본잠식
	제주일보	자본잠식	자본잠식	자본잠식	자본잠식
13개사 평균		987.4%	3004.2%	3731.0%	3840.3%

* 자료: 미디어경영연구소(2007). 『2006 신문경영 종합분석(지방신문)』. 18쪽 재구성.

지역주간신문의 경우는 지역일간신문에 비하면 도저히 비교의 대상이 되지 않을 만큼 신문사의 재정적·인적 규모가 열악해, 신문을 발행한다는 사실 그 자체만으로도 만족해야 하는 실정이다. 적게는 서너 명에서 많아도 열 명이 채 안 되는 인력규모도 그렇거니와 낮은 수준의 인건비 그리고 얼마 되지도 않는 광고수입 등으로 신문을 운영한다는 것은 지역공동체를 위한 풀뿌리 언론으로서 일종의 사명감 같은 것 없이는 도저히 신문을 발행하기 매우 어려운 상황이다. 이러한 사정을 고려할 때 지역주간신문에 지원되는 지역신문발전지원금은 비록 그 규모는 크지 않더라도 건실한 신문을 만드는데 적지 않은 도움이 되고 있다(최경진, 2009: 34쪽).

지역신문의 경영상황은 주지하듯 총체적인 어려움을 겪고 있다. 경영의 성과를 증대하기 위해 나름대로 여러 가지 노력을 기울이고 있지만 그 성과는 여전히 미진한 상태에 있다. 지역신문 현업에 종사하는 현업인들을 대상으로 조사한 설문 결과에 따르면 지역신문이 경영성과를 증대하기 위해서 최우선으로 고려해야 할 사항이 지역일간지의 경우 광고단가를 인상하고 부대사업이나 이벤트 행사 같은 것을 확대하는 것이라고 생각하고 있다.

하지만 현재 경제침체현상을 고려할 때에 광고단가를 인상한다

는 것은 그다지 현실적인 방안이 되지 못할 뿐 아니라 부대사업이
나 이벤트 행사라는 것도 그 실질적 성과가 크지 않다는 점에서 결
정적인 대안은 되지 못한다고 판단된다(한국언론재단, 2007c: 70-71
쪽). 지역주간지의 경우는 발행부수를 확대하는 것이 급선무라고
생각하고 있지만 이를 위해서는 실제 구독자의 확대 가능성이 전
제되어야 하는데 이 역시 그다지 간단한 문제가 아닌 것이고 보면
발행부수의 확대는 신중하게 고려해야 할 문제라고 판단된다.

4. 지역신문의 조직과 인력

　지역신문의 조직은 전반적으로 전국지의 그것에 비해 상당히 열
악하고 낙후된 상태에 있다. 물론 부산일보나 매일신문 등과 같이
규모가 상당히 큰 신문사를 비롯해서 지역에서 제법 규모가 큰 부
류에 속하는, 소위 상위 그룹의 신문들은 서울 수도권의 웬만한 신
문들과 비교해서도 크게 떨어지지 않는 위상을 갖추고 있다.

　하지만 이러한 소수의 신문들을 제외하면 대부분의 지역신문들
은 조직과 인력의 측면에서 매우 영세한 수준을 벗어나지 못하고
있는 것이 현실이다. 그래도 지역일간지는 지역주간지에 비하여 그
나마 사정이 좋은 편이다. 지역주간지는 작은 신문사의 경우 고작 손
으로 꼽을 정도의 몇 명 되지 않는 아주 작은 규모로부터 시작해서

잘해야 십 명 안팎 규모의 인력으로 신문을 꾸려가고 있는 실정이다.

한국언론재단이 조사한 지역신문의 경영실태를 살펴보면 우선 종사자 규모를 보았을 때 일간신문은 평균 86.6명, 주간신문은 6.1명의 구성원을 이루고 있는 것으로 나타났다(2007b: 60-61쪽).

최근에는 침체된 경제와 그에 따른 경영 악화로 많은 신문사들이 강도 높은 인위적 구조조정을 단행하고 있어 신문의 조직은 외형적으로나 구성원들의 심리적으로 적지 않게 흔들리고 있는 상황에 처해 있다.

오랜 전통을 갖고 있는 대구의 매일신문사는 2008년 말 2009년 초를 전후하여 약 50여 명이라는 초고강도의 인위적 구조조정을 단행한 바 있는데, 이는 지역신문의 심각한 상황을 단적으로 보여주는 대표적인 사례라고 할 수 있다.

일부 신문사들의 경우는 매년 기수별로 기자를 선발하는 신문사 특유의 관례적 인사를 이어가지 못하고 격년마다 기자를 채용하거나 또는 매우 심각한 경우에는 몇 년씩 기자를 새로 고용하지 못하고 있는 신문사들도 있는 것으로 알려졌다.

〈표 12〉 지난 1년간 지역신문사 평균 채용 인원과 퇴직 인원

(단위: 명)

	채용인원(A)	퇴직인원(B)	차(B-A)
	평균	평균	
전　　체	4.3	4.1	−0.2
일간신문	10.8	12.1	1.3
주간신문	2.0	1.3	−0.7

* 출처: 한국언론재단(2007b). 『지역신문 경영실태 조사』. 62쪽.

2007년 기자 채용의 상황을 보면 지난 1년 동안 지역신문 전체의 평균 채용 인원이 4.3명에 평균 퇴직 인원이 4.1명으로 실질적인 고용 규모의 증가가 0.2명 정도에만 머무르고 있음을 알 수 있다. 구체적으로 일간신문의 경우를 보면 채용(10.8명) 대비 퇴직(12.1명)의 수가 더 커 기자의 실질적 채용 실적은 평균 마이너스 1.3명을 기록하고 있음을 알 수 있다.

〈표 13〉 신문제작 인력

(단위: %)

	사례수	부족한 편이다	적정하다	많은 편이다	계
전 체	139	69.1	29.5	1.4	100.0
일간신문	36	44.4	52.8	2.8	100.0
주간신문	103	77.7	21.4	1.0	100.0

* 출처: 한국언론재단(2007b). 『지역신문 경영실태 조사』. 62쪽.

이에 비해 주간신문은 오히려 채용(2.0명) 대비 퇴직(1.3명)에서 오히려 채용이 근소하게 증가한 것으로 나타났다. 현재 국내 지역신문 제작 인력은 전체적으로 부족한 상황이다. 필요 인력을 적절히 충족할 수 없는 상태에서 신문을 제작한다는 것은 곧 경영 여건이 어려워졌음을 의미한다.

또한 기자의 역할에 대한 조사에 있어서도 지역신문 기자의 열 명 중 약 네 명은 취재나 편집과 같은 기자 본연의 직무 외에 광고 영업 활동도 하는 것으로 알려졌다. 특히 주간신문의 경우를 보면 기자 둘 중의 약 한 명 정도(47.6%)는 취재 편집 외에 광고 판매도 병행하는 것으로 나타나 일간신문의 광고 판매 병행 비율(13.9%)에

비해 광고영업 의존도가 훨씬 높다고 볼 수 있다(한국언론재단, 앞의 책: 62-63쪽). 취재 편집의 직무와 광고 판매 행위가 혼재될 경우 신문에 대한 광고주의 영향력과 불공정보도의 문제가 나타날 수 있어 지역신문 저널리즘의 위기를 부추기는 주요 요인으로 작용하고 있다.

인력수급의 정체, 또는 채용하더라도 극히 제한된 인력만을 채용함에 따라 일어날 수 있는 향후 사내 인력구조의 불균형 현상은 우리나라 지역신문들이 안고 있는 공통적 어려움의 하나로 지적되고 있다. 물론 이러한 현상에 대한 원인은 일반적으로 신문에 대한 수용자들의 관심이 저조하기 때문일 것이다.

게다가 지역의 인구 규모나 수용 가능한 시장의 적정 규모를 넘어서 과다하게 신문들이 난립하고 있다는 데에도 그 원인이 있다고 할 수 있다. 예를 들어 광주지역의 경우를 보면 지역인구 규모 대비 발행신문들의 수가 훨씬 많아 일부 신문의 경우는 경영 악화로 발행을 중단하고 폐간하는 하는 경우도 발생하고 또 새로운 신문이 시장에 진입함으로써 빈곤의 악순환을 반복케 하는 현실에 있다.

지역신문들이 난립함으로써 야기되는 문제점들은 무엇보다 우선 지나치게 경쟁적인 판매와 부수 확장이라고 할 수 있다. 그 결과 지역 내 정상적인 경쟁 질서를 무너뜨리고 건전한 언론문화를 훼손하게 되어 결국 지역의 언론구조를 파행으로 치닫게 할 수 있다. 게다가 지역신문의 기자들도 낮은 보수와 열악한 환경에서 근무해야만 하는 여건에 처하게 되고 일부 기자들은 이러한 스트레스를 이기지 못하고 이직을 결심하는 일까지도 벌어지곤 한다(김선남, 2006: 30-31쪽).

지역신문의 현실에 대해 언급할 때 가장 민감한 부분으로 지적되는 것 중의 하나가 바로 급여 문제다. 전체적으로 볼 때 전국일간지 또는 서울수도권 지역주간지에 비하여 지역의 일간 또는 주간신문의 급여는 매우 열악한 수준이다. 물론 지역의 다른 군소 신문들에 비하여 상대적으로 여유가 있다고 하는, 이른바 상위 그룹의 지역일간신문들의 경우는 급여에 대한 기자들의 만족도가 높다.

상위 그룹에 해당되는 일부 지역일간신문들의 급여가 서울 소재의 웬만한 전국일간신문들의 급여에 비해 그다지 떨어지지 않거나 또는 오히려 웃도는 수준이기 때문이다. 하지만 지역일간신문의 월평균 급여가 122만원, 주간신문의 경우 월 평균 101만원(한국언론재단, 2007b: 57쪽)이라는 현실은 기자 지망생들로 하여금 지역의 신문을 기피하게 하는 가장 큰 원인으로 분석된다.

〈표 14〉 일간신문의 직급별 월평균 초임 비교

연도	평기자		차장급		부장급		국장급	
	2004년	2007년	2004년	2007년	2004년	2007년	2004년	2007년
초임	109.3	121.7	151	158.9	181.1	192.3	226.9	239.7

* 출처: 한국언론재단(2007b). 『지역신문 경영실태 조사』. 58쪽.

지역신문의 제반여건이 체계를 갖추지 못하고 악순환을 거듭하다 보니 기자에 대한 재교육이나 전문성 제고를 위한 회사 차원에서의 지원 역시 미흡할 수밖에 없다. 서울에 기반을 두고 있는 서울 지역의 지역신문들을 제외하면 우리나라의 거의 모든 지역신문들은 그 특성상 서울 이외의 지역에 흩어져 활동하기 때문에 주로 서울 수도권에서 시행되는 언론인 양성 및 교육 그리고 재교육의

기회를 제대로 받지 못하는 어려움이 따른다.

교육 프로그램을 제공하는 언론유관단체나 공공교육기관이 주로 서울에 위치하는 이유로 지역신문 기자들의 참여도가 떨어질 수밖에 없는 것이다. 물론 한국언론재단처럼 다행히 지역에 사무소를 두고 지역을 거점으로 교육이나 연수를 진행하는 경우는 다르다.

하지만 지역이 아닌 서울 수도권에서만 교육이 진행될 경우 가뜩이나 부족한 인력으로 취재 편집하는데도 여념이 없는 사정에서 교육과 연수를 이유로 기자들을 몇 명씩 서울로 출장을 보낸다는 것은 지역신문으로는 현실적으로 매우 부담스러운 아닐 수 없다. 그렇다보니 지역신문 기자들에게 교육이나 연수의 기회가 제대로 잘 돌아가지 못하는 문제가 발생하는데, 이 역시 지역신문이 안고 있는 어려운 현실적 문제의 하나라고 할 수 있다.

5. 지역신문의 광고와 영업

신문의 총매출액 중 광고수입은 신문사를 운영해가는 데 있어 가장 중요한 수입원이라는 점에서 신문경영의 핵심적 사안이라고 할 수 있다. 한국언론재단(2007b)이 조사한 바에 따르면 우리나라 지역신문의 광고수입은 일간지의 경우 전체 매출액의 65.2%를 차지했고 20.0%가 신문판매 수입이었다.

그리고 나머지는 기타수입(14.4%)과 외간출판수입(9.0%)으로 조사되었다. 주간지는 일간지보다 광고수입의 비율이 다소 떨어졌지만(55.0%) 신문판매수입에서는 오히려 일간지보다 더 높은 것으로 나타났다(32.2%).

지역주간지의 기타수입과 외간출판수입 비율은 지역일간지와 대동소이하다. 그 결과 경영상의 흑자를 냈다는 신문은 지역일간과 지역주간 공히 약 네 개의 신문 중 하나 꼴로 매우 적은 편이었으며, 나머지 약 세 개의 신문들은 적자의 어려움을 면치 못한 것으로 집계되었다(66-69쪽).

〈표 15〉 매출액 중 광고수입 비율

	사례수	1-30	31-50	51-70	71-90	91-100	모름/무응답	계	평균
전 체	139	17.3	23.7	30.9	20.9	5.0	2.2	100.0	57.5
일간신문	36	8.3	13.9	33.3	25.0	11.1	8.3	100.0	65.2
주간신문	103	20.4	27.2	30.1	19.4	2.9	0.0	100.0	55.0

* 출처: 한국언론재단(2007b). 『지역신문 경영실태 조사』. 58쪽.

신문 매출액의 가장 큰 부분을 차지하는 것이 광고이지만 지속적인 국내외 경기 하락과 최근에는 국제금융위기까지 더해 침체된 실물경제로 신문 산업이 받는 충격은 매우 크다. 우리나라처럼 경제의 대동맥이 서울 수도권에 집중돼 있는 상황에서 지역의 경기 악화와 불황은 상대적으로 더욱 극심한 상태이다. 특히 부동산 경기의 침체로 도산하는 건설업체가 속출하면서 전통적으로 중요한 광고주의 하나인 건설업계 광고도 대폭 줄어든 실정이다. 설상가상으로 서민경제가 위축됨에 따라 그나마 힘들게 유지해왔던 구독수

입도 점차 절독의 증가로 수입 감소를 감내해야만 하는 사정에 있
다(최경진, 2009: 34쪽).

지역신문의 광고는 그 비중으로 보았을 때 일간지의 경우 기사
량 대비 광고량이 훨씬 적게(30.8%) 나타났는데 이는 전국일간지의
광고 비중이 50.9%인 것에 비하면 무려 20% 정도나 더 떨어지는
것이다. 주간지의 광고 비중은 31.8%로 일간지와 유사하게 분석되
었다(한국언론재단, 2007a: 22쪽). 지역신문의 전체 광고 수입을 그
매출액 순서로 살펴보면 가장 큰 부분을 차지하는 것은 정부광고
나 지방자치단체 그리고 공기업 등에 의한 광고(일간 35.9, 주간
21.8%)로 조사되었다.

일간신문의 경우 2004년의 25.1%에서 2007년에는 35.9%로 늘
었고, 주간신문의 경우는 각각 같은 해에 16.5%에서 21.8%로 증가
하여 정부나 지자체 그리고 공기업에 의한 광고의존도가 커진 것
으로 나타났다(한국언론재단, 2007b: 75-77쪽).

신문사의 입장에서 보면 광고수입의 증가는 분명 환영할 만한
일이지만 언론사가 정부나 지자체, 공기업으로부터 광고를 많이 받
는다면 환경감시 차원에서 그 조직들에 대한 언론 본연의 비판적
기능을 다 할 수 있을지 의문을 갖지 않을 수 없다. 예를 들어 이
명박 정부 집권 이후 친정부 성향의 보수신문들의 정부광고 수주
가 대폭 증가한데 비해 진보신문들이나 지역신문들의 정부광고는
오히려 크게 줄어든 것으로 나타났는데9), 이는 신문의 비판적 성향
이나 태도 여하에 따라 정부 광고도 줄고 늘어날 수 있다는 의혹을

---

9) 안경숙, 최훈길(2009.04.22). "기금은 깎고 정부광고는 전국지에 몰아줘". 『미디어오늘』.
   http://www.mediatoday.co.kr/news/articleView.html?idxno=79108

받을 만한 것이다.

　그렇지 않아도 각 지방정부나 지자체로 들어가는 계도지의 역기능에 대한 사회적 비판 때문에 정부 또는 지자체와 언론사 간의 유착관계를 의심받기도 하는데, 여기에 정부 광고 수주의 증가로 인해 정부가 신문의 보도내용에 영향을 미칠 수 있다는 의혹을 받기까지 한다면 관언 간의 건강한 긴장관계가 훼손되지는 않을지 우려되는 바도 없지 않다.

　지역신문의 판매와 유통은 우선 그 배달방식에 있어 '가정배달', '우편배달', '가판배달', '기타배달'로 나누어지는데 일간지는 79.4%가 가정배달로 유통되는 반면에 우편배달방식은 9.3%에 그쳤다. 이와는 대조적으로 주간지는 65.6%가 우편으로 배달되었으며 가정배달 방식은 27.6%였다(같은 책: 79-80쪽). 아파트나 주택이 밀집된 중대도시의 경우는 보급망이 발달된 일간지 지국을 통해 각 가정으로 배달되고 있으며, 광역시나 중대도시 이외에도 각 도내 기초자치단체를 중심으로 많이 보급되는 주간지의 경우는 가정배달 방식보다는 오히려 우편배달 방식이 더 경제적이며 효율적인 것이기 때문인 것으로 판단된다.

〈표 16〉 지역신문의 유통방식

(단위: %)

	가정배달	우편배달	가판배달	기타배달	계	평균
평균	53.5	37.5	15.9	23.6	100.0	57.5
일간신문	79.4	9.3	5.9	24.0	100.0	65.2
주간신문	27.6	65.6	25.8	23.2	100.0	55.0

* 출처: 한국언론재단(2007b). 『지역신문 경영실태 조사』. 80쪽.

지역의 광고시장은 지속적으로 침체된 경기와 구조적으로 낙후된 지역경제로 인하여 매우 어려운 국면에 처해 있다. 이러한 국면을 극복하기 위해서는 우선 신문사의 외적 환경으로서 국가의 적극적 개입을 통한 구조적인 경제회생 정책을 펼쳐나가야 할 것이다. 각 지역의 특성을 살린 지역특화사업을 진흥한다든지 또는 인위적인 세제혜택 등의 지원정책을 통하여 지역경제를 재건시킬 수 있는 중추적 사업 활성화 정책을 도모해야 한다.

신문사도 내적으로는 경영타개책의 일환으로 적정한 범위의 인력 구조조정을 단행하도록 해야 하며 필요시 지역 내 동종 또는 이종 경쟁매체 간의 전략적 협업을 강구해야만 한다. 이는 기업 간 합병도 될 수 있으며 굳이 합병하지 않더라도 콘텐츠 교류라든지 제작협력 등을 통하여 상생의 길을 모색해야 한다.

지역은 서울과 달리 지역 나름대로 갖는 이점을 살려야 한다. 예컨대 서울에 비해 저렴한 비용으로 광고효과를 볼 수 있다는 점을 객관적으로 검증된 과학적 실증 데이터를 제시하여 광고주들을 합리적으로 설득하는 것이 중요하다. 지역 공동체 특유의 인적 네트워크나 지역 연고에 의존한 접근은 한계가 있을 수밖에 없다.

환언하자면 신문이 추구하는 모든 노력도 신문 매체의 자체적인 경쟁력 강화가 전제되지 않고서는 성과를 거두기 어렵다. 즉 신문이 경쟁력을 가지면 매체에 대한 수용자의 신뢰는 결국 독자의 확장과 광고수주의 증대로 이어지기 때문이다.

최근 몇 년 동안 지역신문들로서는 그 어느 때보다 힘든 시기를 맞고 있다. 광고수입 격감, 고유가, 신문 용지대 인상, 지원제도를 둘러싼 정부의 정책적 압박, 국내외 금융위기 등 여러 가지로 어려운 현실에 직면하면서 경영과 광고영업은 위기의 국면에 직면해 있다. 특히 그동안 점차 가시적 성과를 보였던 지역신문발전지원금 정책이 언론지원기구들의 통폐합으로 물거품이 되지 않을까 하는 깊은 우려심도 든다. 그럴 경우 지역의 부실 신문사가 더 늘어나는 것은 불 보듯 자명한 일이다.

현재의 상황은 오히려 지역신문발전기금 예산을 늘려 현실적인 지원이 이루어질 수 있도록 적극적인 정책을 통해 지역신문을 살려야 할 때이다. 지역신문을 살리고 진흥시키는 일은 곧 지역사회의 다양한 여론형성을 가능하게 할 뿐만 아니라 새로운 지역분권시대에 맞는 지역주민들의 더욱 나은 삶의 질과 복지를 위하는 길이며 궁극적으로 지역의 고유한 문화진흥과 발전 그리고 혁신을 이룰 수 있는 방안이기 때문이다(김중석, 2004: 301쪽).

지역신문들도 광고 지원정책에만 의존해서는 안 된다. 신문 스스로 지역공동체에서 갖는 공적기능을 주장하는 것도 중요하지만 신문도 이제는 일정 부분 기업으로서의 조직임을 분명히 인식하고, 안정적 경영체제를 운영할 수 있도록 지혜를 모으면서 각고의 노력과 더불어 강도 높은 자구책을 강구해야 할 것이다.

제4장 지역신문의 수용자와 관리

1. 지역신문 독자의 이용실태

지역신문이 위기에 처해 있다는 것은 무엇보다 지역의 독자층이 급격하게 적어지고 있다는 것을 의미한다. 90년대 중반 우리나라 가정의 신문구독률은 70% 안팎이었는데 2008년에는 구독률이 무려 40%도 되지 않는다고 하니 이런 추세로 가다가는 약 400년의 역사를 이어온 종이신문은 금세기 안으로 그 자취를 완전히 감출지도 모른다는 우려의 목소리도 나오고 있다.

신문의 구독률을 떨어뜨리는 원인은 또한 미디어의 디지털화에도 있다. 미디어 환경이 급변하여 독자가 원하는 정보를 종이신문뿐만 아니라 인터넷을 통해 손쉽게 얻을 수 있다 보니 구태여 오프라인에서 종이신문을 손에 잡으려 하지 않고 있다. 게다가 인터넷 포털을 중심으로 각종 인터넷 매체들은 단순한 텍스트 기사 외에도 각종 이미지나 통계, 도표 그리고 심지어 동영상 뉴스까지 충분하고도 상세히 제공하기 때문에 지면의 한계를 갖고 있는 종이신문으로부터 점차 멀어져가는 추세에 있다.

이미 미국에서는 종이신문의 발행을 접고 온라인 유료 시스템으로 전환하는 사례들이 많이 나타나고 있어 이런 추세로 가다가는 종이신문의 역사는 서서히 그 막을 내리고 디지털 인터넷 신문의 시대로 새 역사를 전격 확장해가는 것은 아닌가 하는 예측을 낳고 있다.

그런데 최근 미국의 신문시장에서 나타나는 또 하나의 새로운 현상은 신문의 유료화에서 점차 무료화로 옮겨간다는 점이다. 예컨대 최근 뉴욕타임스나 월스트리트저널과 같은 유력 신문들이 나름대로 성과를 거두었던 유료 시스템을 무료화로 전환하여 신문시장의 이목을 집중시키고 있다. 우리나라 신문들도 이 같은 미국의 동향에 대해 뉴스 서비스의 유료화가 종료될 것이라고 예측하며 국내 시장에 파급될 영향에 긴장하고 있다[10].

신문시장과 산업의 이러한 변화 속에서 현재 우리나라 지역독자의 신문이용실태는 어떻게 나타나고 있는지 그 현황을 살펴보고 독자들의 신문에 대한 인식을 알아봄으로써 향후 지역신문의 활로를 개척하기 위한 방안을 모색하는 것이 필요하다.

지역신문에 대한 정확한 통계자료는 그동안 사실상 거의 전무한 상태나 다름없었다. 우리나라의 지역신문에 관한 기초자료나 데이

---

10) 웹2.0 환경이 도래하면서 뉴스 서비스의 새로운 패러다임은 과거의 유료화라는 폐쇄적 시스템보다는 더욱 많은 독자들에게 읽혀짐으로써 무료화를 통하여 공유되어야 한다는 것이다. 그럴 때 궁극적으로는 신문사에 더 많은 유무형의 이익을 창출할 수 있을 것이라는 주장이다. 최진순(2007.09.28). "뉴스 서비스 무료전환 어떻게 봐야 하나?", 『한국기자협회보』. http://www.journalist.or.kr/news/articleView.html?idxno=15630

터는 문화관광부에 집계된 신문 등록통계자료나 한국언론재단에서 발행하는 통계연감자료 그리고 수용자 인식조사 정도가 거의 전부라고 할 수 있다. 따라서 지역신문에 관한 정책 입안은 고사하고 이를 위한 연구에 필요한 기초자료조차 확보할 수 없는 실정이다.

이러한 가운데 지난 2004년 전국의 지역신문 독자를 대상으로 실시한 설문조사 결과는 지역신문발전지원특별법 제정 이후 지역신문정책을 수립하고 대안을 마련하기 위한 사실상 최초의 조사로 평가되고 있다.

지역언론개혁연대가 주체가 되어 조사한 연구결과보고서의 성격을 띤 '2004 한국의 지역신문'(2004)에 따르면 지역의 독자는 지역신문을 평균 2-3일 정도에 한 번쯤 접촉하는 것으로 나타났다. 이것은 매일 종이신문이나 또는 인터넷으로 대하는 전국지 접촉빈도에 비해 떨어지는 것이다.

〈표 17〉 1주간 지역신문 및 전국지 접촉 빈도

구분	지역신문 접촉빈도	전국지 접촉빈도
매일	12.7(541)	27.7(1,174)
4-5일	8.9(378)	11.9(506)
2-3일	23.3(989)	21.6(917)
1일	18.5(784)	8.7(369)
인터넷 신문 사이트 이용	15.0(638)	17.2(729)
한 번도 안 봄	20.3(861)	11.5(488)
무응답	1.2(54)	1.5(62)
합계	100.0(4,245)	100.0(4,245)

* 출처: 한국언론재단(2004). 『2004 한국의 지역신문』. 215쪽.

지역적으로 살펴보면 제주나 영남지역은 각각 섬이라는 지역의 특수성과 정치적으로 뚜렷한 보수 성향을 띤 지역으로 지역성이 강한 지역이라고 할 수 있는데, 충청이나 호남지역에 비해 정기구독률이나 접촉빈도에 있어서 높게 나타난 것이 특징이라고 할 수 있다.

〈표 18〉 지역신문 접촉 경로

(단위: %)

구분	전국
집에서 정기구독	14.0(596)
직장이나 회사에서 구독하는 신문 본다	34.7(1,473)
가판대나 지하철 등에서 구입	5.5(234)
공공기관이나 도서관 등에 있는 신문을 본다	13.4(567)
인터넷을 통하여 본다	17.0(721)
기타	13.2(560)
무응답	2.3(94)
합계	100.0(4,245)

* 출처: 한국언론재단(2004), 『2004 한국의 지역신문』, 216쪽.

　　지역신문 접촉 경로를 보면 가정에서 구독하는 경우(14.0%)보다 직장이나 회사에서 구독하는 경우(34.7%)가 압도적으로 많았다. 지역신문을 읽는 이유는 무엇보다 지역소식을 접하기 위해서라는 답변이 가장 많았고(38.4%) 구독하게 된 계기는 지역사정을 잘 알려주기 때문이라는 답변이 가장 많았으며(23.2%) 그 다음으로 주위 사람이나 친지의 권유로 구독하게 된 경우(21.1%)와 전부터 보던 신문이여서 계속 구독한다는 답변(21.8%)도 거의 비슷한 정도로 많이 나왔다.

〈표 19〉 지역신문을 읽는 이유

(단위: %)

구분	전국
그냥 습관적으로	8.6(367)
시간 보내기 위해	8.3(352)
흥미, 오락, 휴식	4.1(175)
교양 쌓기 위해	2.2(95)
광고 보기 위해	2.2(95)
생활정보와 상식	15.9(675)
지역소식	38.4(1,630)
업무(공부)와 관련 정보	5.1(218)
타매체 보조수단	4.1(175)
기타	8.6(367)
무응답	2.2(96)
합계	**100.0(4,245)**

* 출처: 한국언론재단(2004). 『2004 한국의 지역신문』. 216쪽.

〈표 20〉 지역신문 구독 계기

(단위: %)

구분	전국
보급소의 권유와 독촉으로	10.6(70)
주위사람/친지의 권유로	21.1(139)
전부터 보던 신문이여서	21.8(144)
신문사의 판촉물 제공으로	3.2(20)
신문 구성이 읽기 쉽고 보기에 편리해서	2.4(16)
신문의 평판 및 이미지가 좋아서	3.0(20)
신문의 논조가 마음에 들어서	2.4(16)
유익하고 흥미 있는 기사가 많아서	1.4(9)
지역사정을 잘 알려주기 때문에	23.2(153)
조간 혹은 석간이라서	1.4(9)
새로운 신문으로 바꾸어보고 싶어서	1.8(12)
텔레비전, 인터넷, 버스 등의 광고를 보고	0.6(4)
기타	7.3(48)
합계	**100.0(4,245)**

* 출처: 한국언론재단(2004). 『2004 한국의 지역신문』. 218쪽.

지역신문을 구독하지 않는 이유로는 텔레비전이나 인터넷, 라디오, 잡지 등을 통해 정보를 얻기 때문이라는 답변(28.5%)이 역시 가장 많았고 학교나 직장에서 신문을 볼 수 있기 때문이라는 답변(24.9%)이 그 뒤를 이었다(203-209쪽). 지역소식을 알고는 싶어 하지만 지역신문을 구독하면서까지 정보획득을 하려는 의지는 없는 것으로 해석된다.

2. 지역신문에 대한 독자의 평가

한국언론재단이 조사한 '2006 언론수용자 의식조사'에 따르면 우리나라 매체 수용자들의 언론 전반에 대한 만족도나 신뢰도 그리고 공정성이나 심층성에 대한 인식은 그다지 높지 않은 것으로 나타났다. 총 5점 만점 척도에서 모두 3.1점대에서 머무르고 있었기 때문이다. 구체적으로 지상파 텔레비전에 대한 만족도와 신뢰도가 각각 3.49로 여전히 높은 지지를 받고 있는 반면 지역신문에 대한 평가는 저조한 평가를 내린 것으로 나타났다.

특히 만족도나 심층성에 있어서는 3점 미만으로 나타나 지역신문에 대한 수용자의 인식이 부정적이라는 것이 조사결과 확인되었다(한국언론재단, 2006: 145-153쪽).

지역신문에 대한 부정적인 평가는 이미 2004년 조사에서도 확인

된 바 있다. 5점 척도 만점에서 지역신문에 대한 평가는 전국 평균 2.7점으로 전반적으로 낮은 수준이었으며 그 중에서도 신문의 자유도, 즉 사주로부터의 편집권 간섭문제가 가장 심각한 문제로 지적되었다. 반면에 지역사회 발전에 도움이 된다는 점에서는 2.85로 지역신문에 대한 평가 중 가장 긍정적인 평가를 받았다.

〈표 21〉 매체별 기사 및 보도에 대한 수용자 인식 조사 결과

(단위: 점)

	언론 전반	전국 종합지	지역 일간지	지상파 TV	케이블 TV 위성 방송	라디오	잡지	인터넷
만족도	3.12	3.24	2.96	3.49	3.35	3.52	3.17	3.46
신뢰도	3.18	3.27	3.06	3.49	3.36	3.48	3.14	3.37
공정성	3.14	3.20	3.07	3.40	3.29	3.08	3.08	3.28
심층성	3.16	3.29	2.92	3.35	3.16	2.98	2.98	3.25
언론역할 과 수행	3.19	3.26	3.01	3.41	3.25	3.05	3.05	3.34

* 출처: 한국언론재단(2006). 『2006 언론수용자 의식조사』. 145쪽, 148쪽, 150쪽, 151쪽, 153쪽을 재구성; 이은주(2007). 『지역신문의 경영구조 개선방안』. 39쪽에서 재인용.

지역신문의 기사에 대한 평가에서는 전반적으로 상당히 낮은 평가를 받았다. 10점 척도 만점에서 기사의 이해도(6.11)를 제외하고는 기사의 정확성, 객관성, 공정성, 중립성, 신뢰도, 공공이익 우선, 배경설명, 정치적 편파성, 해결책 제시 등 모두에 있어서 4~5점대를 받아 지역신문이 담고 있는 기사에 대한 독자의 일반적인 시선이 매우 비판적이었다는 평가를 받았다.

특히 지역의 현안 이슈 등이 있을 때 지역신문이 적절한 해결책을 제시하는 데에 미흡했다(4.56)라는 지적은 지역신문이 정치적으

로도 편파적(4.82)이거나 공정하지 못하다는 점과 전혀 관계가 없다고 볼 수 없다. 4~5점대의 점수라는 것은 사실상 낙제점이나 다름없다. 지역신문이 독자들로부터 이렇게 저조한 평가를 받은 것은 지역신문이 현재 처한 현실과도 전혀 무관하지 않은 것으로 보인다.

전국의 각 지역별, 성별, 연령 등을 고려하여 추출한 총 4천 2백 45명을 대상으로 실시한 이 같은 방대한 규모의 조사에서 나타난 결과는 그동안 지역신문에 대한 독자의 일반적인 인식을 그대로 확인한 것이었다. 지역별로 약간의 차이는 있었으나 우리나라의 지역신문이 공통적으로 직면한 낮은 구독률이라든지 지역신문에 대한 독자들의 부정적 시각과 비판적 평가가 조사를 통해서 그대로 드러났다고 할 수 있다.

〈표 22〉 지역신문에 대한 평가

(단위: 5점 척도 평균(점))

구분	만족도	역할과 기능	신뢰도	자유도 (정부)	자유도 (사주)	공정성	심층성	다양성	생활에 도움	지역 사회 발전 도움	전국 평균
전국 평균	2.67	2.72	2.86	2.78	2.35	2.69	2.63	2.60	2.79	2.85	2.70

* 출처: 한국언론재단(2004). 『2004 한국의 지역신문』. 219쪽.

조사를 진행한 연구진은 지역신문이 일반적으로 직면한 문제점들을 다음과 같이 몇 가지로 요약하면서 향후 지역신문들이 개선해 나가야 할 점들을 제언하고 있다(한국언론재단, 2004: 500-502쪽).

첫째, 지역신문이 안고 있는 가장 고질적인 문제가 바로 사주로부터의 영향력과 간섭인 것으로 나타난 것인데, 사주나 소유주가

갖는 경영상의 권한이 신문의 편집권에 영향을 미쳐 결국 신문기사에 대한 독자들의 평가가 부정적으로 나타난 것이다. 이러한 고질적인 문제는 향후 편집권을 독립하기 위한 제도적 장치를 마련하는 것이 가장 중요하며 신문을 객관적으로 제작할 수 있도록 내적으로는 공정보도위원회 같은 제도를 두거나 외적으로는 신문을 객관적으로 바라볼 수 있는 독자위원회라든가 옴부즈맨 제도 등을 두어 신문이 공정하고 객관적으로 제작할 수 있도록 해야 할 것이다.

둘째, 지역의 독자에게 지역신문은 지역의 정보와 뉴스를 얻기 위함이라는 것이 신문을 읽는 가장 주된 이유인 것으로 나타났다. 이러한 점을 감안한다면 지역신문은 지역의 정보 발굴과 전달에 심층 노력을 기울여야 할 것이다. 특히 지역신문은 지역과 밀착된 기사를 발굴하여 지역민들에게 전달하는 것이 가장 중요하며 독자들도 바로 그것을 희망하고 있다. 지역이 아닌 전국 뉴스나 글로벌 정보들은 전국지나 인터넷을 통해 충분히 얻을 수 있기 때문이다. 지역밀착형 취재 보도는 지역신문이 포기할 수 없는 최우선적 지표이기 때문이다.

셋째, 지역신문의 유통과 보급구조를 개선해야 할 것이다. 지역신문을 구독하게 된 가장 큰 계기는 주변의 추천이나 권유도 있었지만 예전부터 구독해왔기 때문에 본다는 독자들이 많았다. 특히 보급소나 지국의 역할이 작지 않은 경인지역이나 영남지역에서와 같이 보급과 유통판매망을 중심으로 하는 혁신과 개선이 뒤따른다면 더욱 많은 독자층을 확보할 수 있을 것으로 판단된다.

넷째, 지역신문의 차별화 및 특화 전략에 주력해야 한다. 어차피 전국지나 텔레비전 또는 인터넷과 같은 매체와는 경쟁하기 어렵다는 것을 부인할 수 없을 것이다. 그렇다면 지역신문만의 고유하고 독특한 전략이 무엇인지 개발해야 한다. 지역공동체와 지역성을 가장 충실히 대변하는 매체로서 지역주민이 무엇을 가장 절실히 원하는지 의제 개발에 부단히 노력해야 할 것이다. 지역의제는 곧 지역신문의 존재근거이기 때문이다.

다섯째, 난립한 지역신문 시장의 자율적 정비가 절실하다. 하지만 자유경쟁을 원칙으로 하는 자본주의 시장에서 인위적으로 신문을 퇴출시킨다든지 하는 것은 바람직하지도 않고 또 가능하지도 않다. 지역신문발전지원정책을 통한 자연스러운 지역신문시장 진흥정책으로 결국 우량신문은 더욱 발전케 하고 불량신문은 스스로 퇴출되도록 시장을 자연스럽게 유도하는 것이 필요하다.

끝으로, 지역신문에 대한 인식의 전환을 위해 지역신문들은 자율적으로 이미지 개선의 노력을 강구해야 할 것이다. 지역신문들 중에는 나름대로 혁신적 자구책이나 성공사례들을 창출해서 동종매체 시장에서 경쟁신문사들에게 모범적인 지역신문상을 보이는 신문들도 있다. 지역신문발전위원회에서 예컨대 매년 개최하는 지역신문 컨퍼런스를 통해 지역신문들이 경험한 다양한 성공사례들이나 혁신적 노력의 성과들을 제시함으로써 자사는 물론 타사와 독자들에게도 지역신문의 변화된 이미지를 제시하는 것이 필요하다. 그럴 때 비로소 독자도 지역신문에 대한 불신을 씻고 점차 신뢰를 부여할 것이다.

신문의 주인은 누구인가? 결론적으로 말하자면 당연히 그 주인은 독자이다. 독자를 확대하고 잘 관리하는 것이 곧 신문을 살리는 길이다. 신문은 신문을 발행하는 사업자에 의해서 제작되지만 결국 신문의 종착지는 독자이다. 신문은 발행자의 경영능력에 따라 그 부수가 확장되기도 하고 또 사정에 따라서는 축소되기도 한다. 신문을 만들어내는 신문사는 특히 두 가지의 문제 앞에서 고민하게 된다. 하나는 공익성의 문제이고 다른 하나는 영리성의 문제이다. 이른바 언론의 이중적 특성이 바로 그것이다.

공익성은 신문의 사회적 책임과도 일맥상통한다. 사회의 공익성과 공공성의 의미를 중시하고 이를 보편적 가치로서 사회에 제시하고 궁극적으로는 건강한 사회를 만들어가기 위한 정신노동을 창출하기 위해 노력하는 것이 바로 공익성을 위한 신문사가 추구하고 지향하는 목적이자 가치이다. 공익성은 시장이나 자본의 논리와는 다소 거리가 있다. 신문 산업이 위기에 직면해 있고 흔히 자조적인 심정과 함께 하는 말로 '신문은 찍어낼수록 손해가 난다'고 하더라도 발행을 포기할 수 없는 것은 신문사 스스로도 원치 않는 것이며 국가 사회적으로도 손실이나 다름없다.

국가가 공적자금을 투입해서라도 신문 산업을 진흥하는 이유도 바로 여기에 있다. 신문에 대한 지원정책을 강구하고 진흥시켜 사회 구성원으로서의 국민과 독자에게 유익함을 제공하고 그들도 만족함을 갖게 된다면 그것만으로도 이미 신문이 사회에 공헌할 수 있는 역할은 상당부분 이루어졌다고 볼 수 있다.

영리성은 신문사가 포기할 수 없는 결정적 존재근거이자 이유이기도 하다. 구태여 경제원칙을 언급하지 않더라도 한 기업으로서 투입에 대한 산출을 고민하지 않는다는 것은 기업으로서의 기본적인 기능을 포기하는 것과 다름없다. 아무리 자선사업을 위한 기업이라 하더라도 수입 대비 지출에 신경 쓰지 않는 기업은 없을 것이다.

신문의 제작과 발행 그리고 배포에 소요되는 비용과 경비를 안배해서 투입을 고려해야 하는 것은 경제하는 기업으로서의 가장 기본적인 업무이다. 아무리 신문이 지닌 내적 가치가 숭고하고 심오하다고 하더라도 신문을 운영하기 위한 경제적 목표나 기대를 고려하지 않을 수 없다. 이처럼 영리성은 신문 발행에 있어서 결코 포기할 수 없는 기업적 가치를 갖고 있다.

그런데 공익성과 영리성은 마치 마차의 두 바퀴와도 같은 관계에 있기 때문에 그 어느 하나라도 작동하지 않으면 제대로 굴러가지 않는 것과 같은 존재이다. 신문이 기사를 통해 독자에게 제공하는 유용함이 수용자에게 긍정적으로 인정을 받아야 신문은 공익성을 실현하는 신문으로 평가 받을 수 있다.

그렇게 되기 위해서는 신문의 내용을 충실히 만들 수 있는 제작 역량이 절대적으로 중요하다. 기자는 전문성이 있어야 깊이 있는 기사를 쓸 수 있고 또 윤리적으로 충실히 무장돼 있어야 건강한 기사를 쓸 수 있다. 입사한 이후에도 교육 받고 연수를 받는 이유는 바로 그러한 전문성 제고와 윤리적 의식 향상을 위해서이다.

하지만 좋은 신문을 만들어내기 위해서는 이것들만으로는 부족

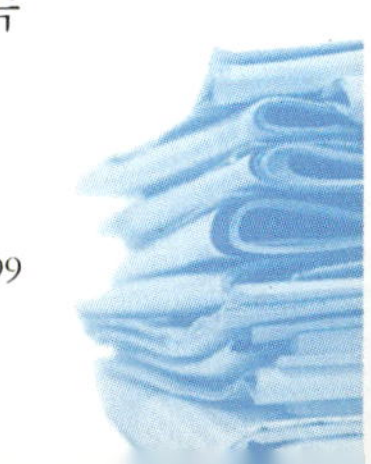

하다. 저널리즘의 궁극적 목적이자 가치라고 할 수 있는 진실추구의 의지가 분명해야 한다. 이른바 기자정신으로 대변되는 사명감이나 추진력이 따라주지 않는다면 좋은 기사 만들기란 그리 쉬운 일이 아니다. 이러한 내적 역량 강화를 통해 비로소 신문은 신문으로서의 생명력을 갖고 독자로부터 인정을 받는 것이다.

한편 신문이 공익성을 창출하는 것에만 노력을 기울이고 신문의 경영이나 사업을 등한시 한다면 그 신문은 오래가지 못할 것이다. 신문의 수입에 있어서 압도적으로 많은 부분을 차지하는 것이 바로 광고수입이다. 광고수입이 성장하기 위해서는 광고의 효과를 올리기 위한 신문의 위상을 높이는 일이다.

그런데 신문사의 위상이란 결국 그 신문사가 발행하는 발행부수와 직결돼있다. 부수가 많고 배포 대상이 광범위할수록 신문광고의 영향력과 효과는 커질 수밖에 없기 때문이다. 그렇기 때문에 신문은 광고수주를 위해 필사적인 노력을 기울이게 되고 부수확대를 위해 다양한 전략을 강구하기도 한다.

기자의 역할이 정신노동으로 산출되고 그에 대한 노동의 대가를 적절히 보상하는 것은 자본주의 사회에서 가장 기본적으로 전제되어야 하는 논리이다. 환언하자면 신문사의 경영진은 소속 기자들에게 적절한 경제적 노동의 가치를 지불해야 소속감과 존재의 가치를 갖는다. 이른바 급여로 대변되는 기자 노동의 결과는 궁극적으로 독자의 평가에 따라서 긍정적으로 나타날 수도 있고 부정적으로 나타날 수도 있다.

기사에 대한 독자의 신뢰가 점차 떨어지면 언젠가는 결국 독자는 그 신문을 떠나게 된다. 현실적인 취재비 책정이나 적절한 기사생산량 그리고 신문사 구성원에 대한 복지차원의 배려 등이 잘 이루어질 때 기자도 구성원으로서의 안정감과 조직에 대한 책임감을 더 느끼게 될 것이다. 이러한 조건들이 궁극적으로 신문의 내용을 충실하게 하고 콘텐츠를 유익하게 함은 자명한 일이다.

다시 신문의 가장 기본적인 두 가지 특성인 공익성과 영리성으로 돌아가 보자. 결국 신문이 독자에게 사랑을 받고 믿음을 받기 위해서는 이 두 가지 특성인 공익성과 영리성의 극대화로 이어질 수밖에 없다. 그렇다면 신문이 공익성을 담보로 독자에게 신뢰감을 주기 위해서 기자는 무엇을 해야 할까. 그리고 경영진이 부수확장과 경영성과를 제고하기 위해서는 어떠한 노력을 기울여야 할 것인가. 이 두 가지가 곧 신문의 독자를 확대하고 관리하는 전략이 될 것이다.

먼저 신문제작의 일선에 있는 기자의 취재 보도 그리고 편집 차원에서 신문의 공익성을 기사에 대한 평가문제와 관련하여 그 현실과 대안을 모색해보도록 하자.

지역신문의 독자들은 왜 지역신문을 읽는가에 대한 물음에서 압도적으로 지역의 정보와 뉴스를 얻기 위해서라고 답변했다. 그렇다면 지역신문을 잘 만들기 위한 전략은 무엇보다 신문 취재 보도를 하는 과정에서 지역성을 구현하는지의 여부에 달려 있다고 볼 수 있다. 지역신문이 서울이나 전국 뉴스에 현혹되어 지면을 그러한 내용으로 채우기에 연연한다면 독자는 결국 그 지역신문을 떠날 수밖에 없다. 지역신문을 보아야 할 이유가 사라지기 때문이다.

그리고 서울과 전국 뉴스에 훨씬 많은 비중을 두고 기사를 쓰는 신문은 지역신문으로서의 존재가치를 상실하고 마는 것이다. 실제

일부 지역신문들은 기사의 편집에 있어서 지역 소식보다는 전국적 이슈에 적지 않게 집착하는 경향을 보이는 기자들이 있는 것으로 알고 있다. 이는 지역신문의 존재근거나 이유 그리고 가치에 대한 몰이해로부터 기인한다고 본다. 그나마 어려운 여건에서도 지역신문을 보는 독자들이 있다는 것은 그들이 바로 지역의 정보와 뉴스에 목말라하고 있기 때문인 것이다. 지역밀착형 보도의 중요성과 필연성이 끊이지 않고 강조되는 이유도 바로 여기에 있다.

기사에 대한 저조한 평가가 신문 절독의 원인으로 작용할 수 있다. 지역신문을 대하는 독자들의 시선은 그리 곱지 못하다는 것을 우리는 평가를 통해 알 수 있었다. 지역신문에 대한 곱지 못한 시선은 결국 무관심과 외면으로 이어지게 마련이고 현재의 지역신문 시장이 이렇게 위기에 처하게 된 직접적 원인이기도 하다.

독자들은 신문을 이해하기가 쉽다는 항목을 제외하면 나머지 항목들에 있어서 모두 낙제점을 주었다. 낙제점이란 흔히 대학의 학점평가에 있어서 60점 미만을 의미한다. 신문기사의 정확성, 객관성, 공정성, 중립성, 신뢰성, 공익성, 편파성, 충분한 배경설명, 해결책 제시능력 등 모든 항목에 있어서 10점 척도 만점 중 6점 미만을 받았다. 신문기사에 대한 평가는 대체로 신뢰성에 대한 평가로 이어지기 때문에 갈수록 독자가 떨어져나가는 이유도 여기에 있을 것이라는 판단이다.

기사에 대한 불만이 결국 절독의 빌미를 제공할 수 있다. 시간을 투자해 신문을 읽었는데 만족감보다 불만감을 더 많이 느낀다면 무척 짜증스럽고 불쾌할 것이다. 신문기사에 대한 불만도가 낙제수준까지는 아니지만 간신히 낙제점을 면하고 낮은 점수를 받았다면 이는 분명 문제가 있다고 본다. 더욱이 신문구독에 대한 지대가 곧 상품에 대한 물건가격과 같다는 점에서 지불한 가격에 그 품질이 미치지 못한다면 독자로서는 절독 하겠다는 생각이 드는 것도 당연한 이치이다.

지역신문들이 자사이익에 더 관심이 많다, 제대로 비판하지 못한다, 사실기사인지 의견기사인지 잘 구분이 안 될 정도로 혼합된 기사들이 있다, 전문성이 부족하다, 사실 확인이 잘 되지 않는다, 정정보도도 불충분하다, 지역유지의 주장을 대변한다, 오보가 많다, 대안없이 비판만 많다 등 이 모든 항목에서 낮은 평가를 받고 있다.

비판에 있어도 그나마 비판은 하기는 하는데 제대로 비판하지 못한다는 것은 곧 기계적 중립성에 안주한 채 본질적인 비판과 비판대상은 피해가고 대안 역시 제대로 제시하지 못한다는 것이다. 요즘 대학생들도 자신이 받은 점수가 C학점이라면 좌절감을 느끼기도 하고 또 일부 학생들은 그 과목에 대한 학점을 아예 포기하고 재수강을 결심하는 경우들이 종종 있다.

과연 독자들로부터 받은 지역신문들의 기사가 C학점에 머물렀다는 것을 안다면 그 기사를 쓴 기자들은 무슨 생각을 할까. 재수강을 결심하고 더욱 그 수업에 열중하면서 지식을 연마하려는 자세를 우리 지역신문 기자들에게서 볼 수 있을지 의문이다. 기자의 전문성이란 곧 기사에 대한 품질을 제고시킬 수 있는 능력을 의미하고 그러한 능력으로부터 나오는 기사는 다시 독자들로부터 긍정적 평가를 받을 수 있는 원동력이나 다름없다.

그러나 무엇보다 지역신문이 그와 같은 저조한 평가를 받는 이유는 근본적으로 신문사의 정체성에 대해 매우 부정적인 인상을

갖고 있기 때문이다. 그 부정적 평가 중 가장 심각한 문제가 다름
아닌 사주에 대한 불신이다. 신문이 사주로부터 편집권의 침해를
많이 받고 있다고 보기 때문이다.

사주로부터의 자유가 보장되지 않은 신문은 기사의 공정성에 있
어서 매우 심각한 비난을 피하기 어렵다. 자칫 신문이 사주의 사적
이해나 이득을 위해 기능하는 수단으로 전락할 위험성이 내재하기
때문이다. 만일 그럴 경우 그 신문은 더 이상 지역공동체의 공익성
을 위한 존재가 아니라 오히려 지역사회에 폐해를 끼치는 권력의
수단으로 작동하고 말 것이다.

다음은 지역신문의 독자 관리 전략을 영리성이라는 차원에서 고
민해보자. 여기에서는 신문의 취재 보도와 편집 일선에서 근무하는
편집국보다는 신문의 경영을 책임지는 경영진과 경영지원국 그리
고 광고국과 같은 조직을 중심으로 살펴보고 그 현실과 대안을 모
색해보도록 한다.

신문의 경영은 그 핵심이 광고수입에 달려있다. 광고를 많이 수
주할수록 신문사의 경영이 잘 돌아가겠지만 그 반대의 경우라면 신
문사의 존립여부를 고민해야 하는 심각한 상황까지도 갈 수 있다.
광고는 경기에 민감하기 때문에 요즘과 같이 국내외적으로 경기가
악화되는 상황에서는 광고 경기 역시 함께 얼어붙을 수밖에 없다.

근본적인 이야기겠지만 좋은 신문은 독자의 신뢰를 얻게 되고
이는 결국 발행부수의 확대와 광고 수입의 증대까지 이어지기 때
문에 지면을 어떻게 만드느냐 하는 문제는 곧 얼마나 많은 수입을
올리느냐 하는 문제로 연결된다. 그러나 궁극적으로 광고 수주는
그 신문이 얻는 독자의 신뢰, 환언하자면 구독부수에 달려 있다고

해도 틀린 말이 아니기 때문에 신문사의 경영전략은 독자 확대 전략에서 기인한다고 해야 할 것이다.

광고 강매나 광고성 기사와 같은 편법으로 수입을 올리고자 하는 발상은 장기적으로는 신문의 질과 신뢰도를 저하시키는 일이기 때문에 바람직하지 못하다. 오히려 정당한 방식의 광고수주와 정직한 광고만이 독자들의 신뢰를 얻을 수 있다. 거시적 차원의 시장 상황과 광고경기의 사정을 고려한다면 자사나 경쟁사의 어려운 상황은 대동소이하다. 그렇게 본다면 결국 전략의 핵심은 기사의 질 그리고 유익함이라고 할 수 있다.

그리고 이미 오래전부터 제기된 주장이기는 하지만 건실하고 우량한 지역신문들에게는 정부광고나 지자체 광고를 우선적으로 배정하는 정책을 도입하는 것도 하나의 좋은 대안이라고 할 수 있다. 그럼으로써 독자들로부터 좋은 신문을 만드는 신문은 진흥과 지원의 우선대상이 되게 하고 건실하지 못하고 불량한 지역신문들은 광고 배정에서 상대적 불이익을 줌으로써 자연스럽게 건전한 경쟁을 유도하는 것이 필요하다.

독자의 관리는 과학적인 데이터를 운용 관리하는 것을 의미하기도 한다. 지역신문을 어떻게 구독하게 되었는가 하는 질문에 많은 독자들이 '바로 주위사람이나 친지의 권유로 본다' 그리고 '예전부터 보아오던 신문이어서'라는 사실이었다. 독자가 떨어져 나가는 것은 쉬워도 한 명 더 확대하는 것은 무척이나 어려운 일이다(김창룡, 2003b).

기존 구독자의 인적 네트워크를 연구하여 새로운 독자를 확대해 가는 방법도 강구할 수 있고 독자 서비스 차원에서 독자들이 무엇

을 불만족하게 생각하고 있는지 그들이 바라는 것은 무엇인지 정기적이고 체계적으로 묻고 그 해결책 강구에 노력하고 있다는 것을 보여줘야 한다. 파상적인 물량공세로 지역까지 침투해온 전국지들을 따라서 어설프게 경품제공의 방식으로 접근한다면 이는 잘못된 생각이다. 섬기는 서비스가 아닌 물량제공으로 독자를 확보하려 한다면 어차피 주류 전국지들을 따라갈 수가 없다.

독자관리의 중요한 문제는 신문사 내의 독자관리부나 독자서비스부의 직무 활성화에도 있다. 독자의 불만처리 사안 대부분이 배달사고 등과 같은 결배 문제로 알려져 있고 이에 대한 대처도 지국이나 보급소와의 협의 정도로 끝나는 수준이다. 진정한 서비스는 발생된 문제에 대한 단순한 교정이 아니라 이를 넘어 아직 발생되지 않은 문제에 대한 예방차원의 대책들도 고민되어야 한다.

그리고 독자의 입장에서 그들이 신문에게 진정 무엇을 바라는지를 먼저 고민해보고 나름대로의 전략을 세워야 한다. 그렇게 하기 위해서는 독자의 성별 연령별 직업별 더 나아가 사회 문화적 취향이나 관심들도 조사 분석하여 관리 계획을 세워야 한다. 또한 취재보도 트렌드, 외부 칼럼 등 신문의 편집에 대한 의견도 조사해 필요하면 그 결과를 편집국과 논의해 지면개선 작업까지도 고려할 수 있어야 한다.

독자의 충성도는 독자와의 끈끈한 유대관계에 달려 있다. 디지털 세상이 공급자와 수용자 간의 양방향성을 중요하게 여기는 추세에서 신문도 지면 활용을 통해 독자와 친밀하게 만날 수 있어야 한다. 예컨대 독자투고란을 적극 활용하여 비록 작은 지면이라도 많은 독자들에게 꾸준히 할애하여 자신의 글이 신문에 실렸다는 기

뜸을 주는 게 중요하다. 그러한 방식의 결속력은 신문에 대한 장기 구독과 높은 충성도로 이어질 수 있는 배려이기도 하다. 최근에는 정기적으로 독자 섹션을 할애해 독자들의 의견과 주장을 공론화하는 지면편집을 도입하는 추세에 있다. 이 역시 잘만 운영하면 독자와의 교감을 확장하는 좋은 계기가 될 것이다.

독자 서비스는 신규 구독 권유에 대한 선물제공이나 결배 항의에 대한 사고처리 수준에서 머물면 곤란하다. 독자에 대한 독자 서비스를 위한 대안을 물질적으로만 세우려만 한다면 그 기대수준은 한도 끝도 없다. 신문이 독자의 입장이 되어 진실한 마음으로 헤아리려 하는 자세를 취한다면 좋은 아이디어나 발상이 나올 것이다. 그러한 노력이 바로 독자에 대한 서비스요 전략적 관리인 것이다.

4. 지역신문의 유통 전략

지역신문이 안고 있는 경영상의 대표적 난제 중의 하나가 바로 신문의 유통과 배달 서비스이다. 지역은 지리적 형상과 조건의 측면에 있어서 서울 수도권의 전국지의 유통망에 비해 비교할 수 없을 정도로 열악한 유통구조를 갖고 있다. 그나마 지역 중에서도 중·대도시의 경우는 사정이 양호한 편이다. 기초자치단체를 중심으로 하는 군이나 면 또는 읍 단위의 지역 그리고 도서산간 지역의 신문유통은 부득이 우편배달을 통한 유통이 아니면 기본적으로 직접배달 서비스가 상당히 어렵다.

지국망의 현실을 보면 조선 중앙 동아와 같은 전국지를 취급하는 지역의 유통망은 시도별로 편차를 보이고 있지만 대체로 광역시들의 경우는 전국지 지국 분포율이 매우 높게 나타나고 있고 중소도시로 가면 그 분포는 다소 떨어지다가 읍면지역과 같은 소규모 지역으로 가면 일부 지역을 제외하고는 지국 분포는 전체적으로 크게 떨어진다(정연구, 2006: 69쪽).

2004년 조사된 통계를 보면 광역시 외의 중소도시들 중에는 경기지역의 전국지 지국 분포(988개)는 예외적으로 많이 나타나고 있는데 이는 서울지역(1,186개) 다음으로 많은 지국이 있음을 보여주고 있다. 전통적으로 지역신문들의 경영이 비교적 양호한 것으로 알려진 대구경북이나 부산경남 지역에는 전국지의 지국이 2백 개를 훨씬 웃도는 수준으로서 제법 많이 포진해 있음을 알 수 있다.

2001년 광고주협회에서 조사한 바에 따르면 지역별 전국지와 지역신문 간의 점유율 대비는 전통적으로 지역신문이 강세인 부산과 대구경북, 제주 그리고 강원지역으로 나타났다. 이 중에서도 지역신문 열독률이 50%를 넘었던 곳은 부산과 대구 단 두 곳뿐이었다. 인천이나 경기지역 그리고 충남, 충북, 대전, 울산은 지역신문 열독 점유율이 매우 미미하거나, 높아야 10%를 상회하지 못하는 것으로 나타났다. 이와 같은 전국지와 지역지의 점유율 통계만을 보더라도 얼마나 전국지와 지역지의 경쟁이 극명하게 대비되는지를 알 수 있다(정연구, 같은 책: 71쪽).

신문의 효율성은 크게 저널리즘적인 측면과 경영, 매체의 이용

그리고 유통 등 네 가지 차원에서 살펴볼 수 있다. 그 중에서도 특히 유통의 효율성은 적재적소에 정확한 양의 신문을 보급하는 것을 뜻한다. 이를 위해 각 신문사들은 유통을 전담하는 조직이나 부서를 두고 체계적인 유통전략을 수립함으로써 신문 경영의 효율적 지원을 담당하고 있다(Haller, 2006).

신문은 보통 세 단계 즉, 신문사-신문도매상-신문소매상의 경로를 거쳐 배달되기도 하고 또는 네 단계 즉 신문사-전국도매상-신문중매상-신문소매상의 경로를 거쳐 배달된다(심영섭, 2007: 33쪽). 우리나라의 경우는 보통 세 단계를 통한 유통의 형식을 취하고 있으며 신문도매상이나 배달회사는 흔히 자기지주회사의 형태를 띠면서 신문사와는 별개의 조직으로 분류되고 있다. 신문사는 유통을 담당하는 회사에게 유통을 전적으로 위탁하고 그 유통회사 구성원들에 대한 인적 비용과 복지나 의료보험 등 사회적 비용에 대한 책임을 지지 않음으로써 경영의 효율화를 꾀하고 있다.

현실적으로 서울을 비롯한 수도권 지역의 지국은 거의 대부분 한 종류의 신문만을 전담 배달 서비스하는 지국으로 존재한다. 따라서 같은 지역이라고 할지라도 신문사별로 독립된 지국을 두고 자사의 신문만을 전적으로 보급하게 하는 시스템을 운영하고 있다.

배달 부수가 많든 적든 간에 중·대도시의 경우 동일한 지역 안에 기본적으로 조선·중앙·동아와 같은 주류신문들만을 취급하는 지국 세 개가 존재하고 있고 그 밖의 신문들이 독자적 또는 공동배달 지국이 있다. 그러나 군소신문들을 취급하는 공동배달지국의 경우와는 달리 주류 신문들만의 지국들은 그 운영에 있어서 인적 비용이나 물적 비용의 측면에 있어서 이중 삼중의 지출을 하는 셈이어서 실질적으로는 두 배 세 배의 지국 운영비용이 들어가는 셈이다.

신문 공동배달제도는 신문지원정책의 중요한 한 부분으로서 선진외국의 많은 나라들에서 보편적으로 시행하고 있는 정책이기도 하다. 지원정책의 근본적 목적은 궁극적으로 언론의 자유를 보장하게 하고 이를 바탕으로 민주주의 사회에서의 다양한 여론형성을 보장하기 위한 것이다. 이를 위해서는 기본적으로 소유와 유통의 독과점적 구조를 해소하여 유통비용의 중복적 소요로 인한 불필요한 비용의 낭비를 줄일 수 있다는 장점이 있다.

물론 국가의 정책적 개입이 자본주의 방식의 유통질서에 부정적으로 작용할 수 있다는 지적이 있기는 하지만 생산적 규제의 불가피성을 고려하면 일부에서 제기되는 국고의 낭비라는 지적은 그다지 정당성을 갖지 못하고 있다.

우리나라의 경우는 국고의 지원을 받아 신문유통원에서 공동배달을 담당하고 있으며 전국에 공배센터를 열어 공동배달을 운영하고 있다. 공배센터란 신문 잡지 등 정기간행물의 배달을 대행하는 신문유통원의 사업장이다. 2008년 8월 현재 전국의 공배센터는 직영센터 29개, 민영센터 525개 그리고 소형센터 77개 등 모두 631개의 공배센터가 개설되어 있다.[11]

신문발전위원회와 지역신문발전위원회의 사업을 위탁받아 주로 배달 대행을 하는 신문유통원은 자체의 배달망을 통해서 배달하기 때문에 기존의 신문지국들과는 달리 우선 공동배달의 이점을 이용하여 비용의 절감효과를 거들 수 있다는 장점을 갖고 있다. "신문

---

11) 신문유통원. 2009년 8월 현재 기준. http://www.konecs.or.kr

유통원은 국민의 정보격차를 해소하고 문화정보복지 서비스를 제고하기 위해 설립된 새로운 신문유통모델"로 신문 유통구조의 개선을 그 주목적으로 삼고 있다.

임은순 신문유통원장은 "신문 산업의 위기 속에 지국이 폐쇄되고 있는 오지와 낙후 지역 주민들도 쉽게 신문을 접할 수 있도록 지속적으로 소형공배센터를 개설"할 예정이라고 밝히면서 2010년까지 745개의 공배센터를 개설하겠다고 밝힌 바 있다.[12]

그러나 이러한 긍정적 역할에도 불구하고 신문유통원에 대한 문제도 제기되고 있다. 국가의 공적지원을 받아 운영되는 사업을 시행함에 있어 적지 않게 부실한 점들이 노출되고 있다는 것이다. 특히 지역신문발전위원회의 위탁을 받은 배달 서비스의 경우 신문의 결배 사례들이 적지 않게 나타나 공동배달 체계에 심각한 허점을 드러낸 것이다.

신문의 배달 서비스에 있어서 원래 결배란 단 한 건도 있어서는 안 된다는 점을 고려할 때 잦은 결배는 공배제도의 문제를 드러낸 것이라 할 수 있다. 물론 이처럼 결배 사례들이 나타나는 것은 공배제도 시행의 초기에 발생할 수 있는 시행착오일 수도 있으나 결국 국민의 세금으로 집행하는 사업이니만큼 향후 철저한 대책을 마련하여 단 한 건의 결배 사례가 발생하지 않도록 제도적 보완을 해야 할 것이다.

---

12) 안경숙(2009.05.27). 신문유통원, 공배센터 600호 경북 풍기에 개소. 『미디어오늘』.
http://www.mediatoday.co.kr/news/articleView.html?idxno=79982

제3부

지역신문 지원제도와 해외 사례

제5장 지역신문발전과 지원정책

1. 지역신문발전지원특별법의 제정과 의미

우리나라에서 현재 시행되고 있는 지역신문발전특별법은 지역신문이 처한 극한적 위기상황을 극복하고 정상적인 기능을 수행할 수 있도록 제정된 6년 한시적 특별법이다. 이 법이 제정되기까지의 과정은 결코 순탄하지 않았다. 지방자치제가 실시되고 지역에서는 지역의 발전과 활성화의 의지가 점차 고조되고 있었지만 실질적으로 지역이 그 의지를 실현해가기 위해 필요한 구체적인 방법들을 현실화한다는 것은 결코 간단한 문제가 아니었기 때문이다.

지역의 신문도 크게 다르지 않았다. 지역이 살아남기 위해서는 지역의 언론이 살아야 한다는 절박한 심정에서 지역의 신문업계와 학계 그리고 지역분권연대 등 각계의 다양한 관계자들은 2003년 지역언론개혁연대(이하 '지역언개연')를 창립하기에 이르렀다. 지역언개연은 그 주요 활동과제로 지역언론개혁과 '지역신문발전지원

법'의 제정을 목표로 삼고 활동에 들어갔다.[13]

물론 그 이전에도 지역신문을 건전하게 살리기 위한 지원법제의 필요성을 주장한 학자도 있었다. 김승수(2002)는 지역신문을 정부 정책을 통해 지원할 필요성이 있다고 강조했다. 그는 "지방일간지는 지역사회의 중요한 기업의 하나이며 지방 정보의 산실"이기 때문에 "지역시민들이 지방신문에 최소한의 관심을 기울이고 또 구독자가 되는 것만이 지방신문을 지역의 기업으로 또 지역의 산업으로 성장"시키는 방안이라면서 "지방일간지의 정상화를 위해 정책적으로도 획기적인 변화"를 가져와야 한다고 강조했다. 그는 또 "무엇보다 사주의 간섭이 적고, 편집권이 독립되어 있는 지방일간지에 대한 세제 혜택과 재정 지원을 신중히 검토할 단계가 왔다"고 언급하면서 지역신문에 대한 국가의 정책적 지원이 필요하다고 했다(23쪽).

김중석(2002) 당시 강원도민일보 상무(현 사장)은 같은 해 2월 '지방신문 건전 육성을 위한 특별법안'을 처음으로 제안해 지원 법제에 관한 본격적인 논의의 물꼬를 텄다. 그는 이 법안의 제안 취지를 "그동안 지역균형발전을 위한 다양한 제도의 시행에도 불구하고 중앙과 지방의 격차가 갈수록 심화되고 있는 가운데 지방의 정치 경제 사회 문화 교육 등 모든 분야의 선도적 역할을 수행하고 있는 지방신문은 열악한 판매 광고 여건 하에서 그 역할과 기능, 위상이 악화되고 있음을 지적"하면서 "지방분권시대를 앞두고 지역사회의 다양한 여론을 수렴, 대변하고 독특한 지역문화를 창출"

---

13) 민주언론운동시민연합, 바른지역언론연대, 언론정보학회, 전국언론노조, 지방분권국민행동, 지역언론학연합회, 한국기자협회 등 7개 단체로 구성된 지역언개연은 2003년 6월 21일 충남대 정심화 국제문화회관 대덕홀에서 창립대회를 갖고 지역언론 정상화를 위한 본격적인 활동에 들어갔다(부록: 지역언론개혁연대 출범선언문 참조).

하고 "지역주민의 삶의 질 향상과 지역균형발전을 선도적으로 견인"해야 할 책무와 당위가 있다고 강조하고 있다(220쪽).

그는 또한 지원 법제를 통해서 공공저널리즘을 구현하고 지방언론의 문화 창달, 지방언론 인재의 육성, 지방분권화 기반조성, 지방 중소기업 육성은 물론 소수 중앙신문사의 여론독과점 해소를 꼽고 언론경영의 투명성 확보와 사이비 지방언론의 난립을 막을 수 있는 제도적 장치를 담음으로써 궁극적으로 "건전한 지방신문의 발전 및 선진화의 토대를 확보"할 수 있을 것이라고 강조했다(221쪽).

같은 해 7월 장호순(2002) 교수도 국회에서 개최된 지방언론 활성화 토론회에서 한국기자협회의 용역을 받아 '지방언론 현실과 제도적 개선책'을 발표하여 '지역주간지를 포함해 월간지까지 지원대상에 포함시키자'는 주장을 해 눈길을 끌었는데 이는 지역주간신문에 대해서도 지원을 해야 한다는 최초의 발제라는 점에서 의미를 갖기도 했다.

전국언론노동조합도 2003년 지방언론 활성화 방안을 내놓았는데 이 시안은 중앙의 전국신문과 같은 거대 언론의 여론독과점을 제한하고 신규시장의 진입을 위축시키자는 목적을 담고 있기도 하다. 또한 정부광고의 지역신문 할당제를 포함하여 지역신문의 경영을 개선시켜야 한다고 주장하기도 했다. 그러나 결국 전국언노조 시안이 다른 안들과 통합되면서 그 문제는 접는 것으로 일단락 지었다.

무성한 법제 논의와 함께 법 시안들도 여러 단체들로부터 제안되자 그간 지원 논의에 구체적으로 참여한 각 주체들이 모여 심층 있는 논의를 한 가운데 지역언개연을 창립하게 되었다. 지역신문들이 이렇게 법이라는 제도적 지원을 받아야만 한다고 논의를 모으게 된 원인은 대체로 다음과 같은 배경에서였다.

우선 정치 경제 사회 문화 교육 등 사회의 전반에 이르러 그 권한과 제도가 지나치게 중앙에 집중되었다는 것이다. 언론의 경우 중앙의 소식에 비해 지역의 소식은 지나치게 그 비중이 적고 뉴스의 가치 역시 중앙의 뉴스에 비해 떨어질 수밖에 없기 때문이다. 또한 지역신문이 신문사를 운영하기 어려울 정도로 독자의 수가 감소했다는 것이다. 한마디로 규모의 경제를 실현하기 어려운 상황까지 갔다는 것이다.

지역의 경제가 활성화돼야 광고경제도 함께 활기를 띨 텐데 지역경제가 피폐해지다보니 지역의 광고시장 역시 열악해질 수밖에 없다. 설상가상으로 전국일간지의 지역신문시장 침탈로 인해 지역신문은 더욱더 경영상의 어려움을 겪게 되었다. 그 결과 지역신문들은 언론으로서의 정도를 벗어나는 각종 유혹에 휩쓸리게 되었고 그 악순환이 반복되면서 지역신문들은 구조적으로 정상적인 역할과 기능을 할 수 없는 상황으로 치닫게 된 것이다.

이러한 배경에서 지역언개연을 중심으로 지역신문을 구조적으로 활성화시키고 발전시켜야겠다는 의지가 다양하게 표출되었다. 우선 지역의 균형적인 발전을 도모하는 차원에서 지역신문 활성화에 대한 여러 가지 노력들이 전개되었다. 특히 여론의 다양성이 무너진 것은 지역의 신문시장과 산업이 구조적으로 피폐해진 탓이라고 판단하고 신문시장 정상화를 위해 그에 필요한 미디어 정책을 추진한다는 데에 의견이 모아졌다.

지역신문발전지원특별법의 근본적인 목적은 지역신문만을 살리기 위한 단순한 주장이 아니라 근본적으로는 지역의 여론 다양성을 위한 제도적 보장이기도 하며 지역사회의 공론장이 건강하게 마련될 수 있도록 지역균형발전을 이루어 지역 언론으로서 본연의 역할과 위상을 되찾도록 하는 데에 있다.

이러한 의미 깊고 중요한 법 제정의 목적과 취지는 오랜 기간 동안 각계의 전문가들의 의지와 지혜를 모아 심도 있는 논의와 과정을 거쳤고 마침내 지원법안의 통합작업을 마치고 '지역신문발전지원법안'을 만들게 되었다. 정치권에서도 지역신문발전법 제정을 위한 논의와 공청회들이 활발하게 전개되었고 당시 한나라당과 열린우리당 등 정당 차원에서도 관련 법안을 준비하여 나름대로 법안을 마련했다.

우여곡절 끝에 국회 문광위 상임위를 통과한 단일 법안은 법사위로 넘겨져 마지막 심의를 기다렸지만 당시 '방송법' 개정안 처리를 두고 여야 간에 대립이 심했던 탓에 '지역신문발전지원특별법안'의 국회 처리는 약 3개월여의 기간 동안 계류돼 있었다가 결국 2004년 3월 22일 임시국회 마지막 날 국회 본회의를 통과해 법이 제정되었다. 이 법은 과거에는 오로지 규제의 목적으로만 존재해오던 언론 관련법과는 달리 헌정사상 진정한 의미에서의 지원과 진흥의 목적으로 제정된 최초의 법이라는 점에서 그 의미를 지녔다.

물론 과거에도 지역 언론에 대한 정부의 지원이 전혀 없었던 것은 아니었다. 하지만 과거의 정부들에 의한 국가적 지원은 진정한 의미에서 지역 언론을 건강하게 회생시키기 위한 지원이 아니라 정당치 못한 방법으로 집권한 권력이 그 기반을 유지하기 위해 지역의 언론을 회유시키려고 시행했던 지원이었다. 그 지원도 우량한 신문을 진흥시키고 발전시키기 위한 지원이 아니라 모든 신문들에

일괄적으로 지원하는 방식이어서 진정한 지역 언론 발전을 위한 지원과는 거리가 있었다.

지역신문에 대한 지원을 국가가 개입하여 시행한다는 것에 대한 반대의 여론도 없지 않다. 특히 전국을 대상으로 배포하는 일간신문들은 자본주의시장원칙을 무시하고 편향된 지원이라며 비난했고 지원의 정당성이 결여되었다면서 반대의 입장을 내세웠다.

지역신문발전지원법이 추구하는 방향은 지원법 제1조에도 명시되어 있듯이 "지역신문의 건전한 발전기반을 조성하여 여론의 다원화, 민주주의 실현 및 지역사회의 균형발전"을 도모하는 것이다. 이 법의 제정 정신은 궁극적으로 지원법을 통해 지역신문을 건강하게 살리고 그에 따른 지역의 발전과 활성화를 꾀하는 것이다. 이를 위해서는 무엇보다 먼저 지역의 신문을 활성화하여 지역공동체를 살리고 그 정체성을 재정립하는 것이 중요하다.

또한 서울과 중앙 중심의 편향된 한국 특유의 왜곡된 언론구조를 개혁함으로써 지역의 균형적인 발전을 유도하는 것이 이 법의 근본정신이자 목적이다.

지역의 신문이 건강하게 되살아난다는 것은 그동안 지역의 정보매체로서의 역할을 다하지 못했던 원인을 분석, 교정하고 그에 대한 대안을 마련하는 것이다. 그리고 국가의 지원정책을 통하여 지역의 중요한 정보매체로서 신문의 기능을 다할 수 있는 매체로 회생시키는 것을 의미한다. 지원법을 통한 활성화 정책은 이처럼 지역의 신문이 건전하게 발전하고 구조적 개선을 이끌어내 우리나라 언론구조의 지형이 서울과 중앙 중심으로 편향되지 않도록 그 위상과 정체성을 세우는 작업이라고 할 수 있다.

지역신문에 대한 지원정책은 곧 지역의 균형적 발전을 실현시킬 수 있는 하나의 바람직한 수단이며 전국의 지역이 골고루 그 가치를 제고시킬 수 있는 상태로의 전환을 위해 돕는 의미 있는 대안이기도 하다. 그 진정한 목적과 취지가 실현될 때에 비로소 지역신문과 지역주민의 미래는 더욱 밝아질 것이다.

그렇다면 지역신문발전지원법을 통한 지원사업의 목표는 무엇일까. 지역신문발전위원회는 지원법의 시행을 위하여 다음과 같은 목표를 설정하고 있다(지역신문발전위원회, 2007: 44~49쪽).

첫째, 지역신문은 지역신문답게 지역과 지역주민을 위한 내용으로 개선되어야 한다는 것이다. 지역신문은 지금까지 지역주민을 위한 정보 서비스 매체로서의 역할을 다하지 못해왔다. 지역주민을 위한 보도라기보다는 지역 권력으로서의 위상을 앞세우기에 급급한 태도를 보여 온 것이다. 지역의 힘 있는 토호세력들에 대한 감시와 견제 그리고 비판보다는 오히려 그들과 유착하여 힘없는 지역주민들 위에 군림하려한다는 비판을 받아왔기 때문이다. 지역신문이 지역의 주민을 위한 봉사와 서비스 차원의 매체가 아니라 지역주민을 이용하여 언론권력으로서의 이해와 이득에만 집착한다는 비난을 받아왔기 때문이다.

둘째, 지역신문의 시장조건을 개선하기 위한 정책적 지원이어야 한다. 이미 신문은 구독료만으로는 그 수지를 맞추기가 어려워진 현실이 되었다. 지역신문의 사정은 더욱 더 그러하다. 광고수입이 신문 수입의 절대적인 부분을 차지하고 있지만 지역의 광고시장은 서울 수도권의 비하여 훨씬 떨어지는 열악한 사정에 있다. 지원법의 정책적 목표는 구독료와 광고수입이 정상적으로 유지될 수 있

도록 시장조건을 개선하는 데에 있다.

셋째, 지역신문이 안고 있는 구조적 난제의 개선이다. 지역별로 다소 차이는 있지만 전국적으로 볼 때 지역에는 지역신문들이 난립해 있는 상황이며 불필요한 과당경쟁으로 지역신문 시장을 더욱 어렵게 만들고 있다. 지역일간신문과 지역주간신문이 각 지역의 사정과 실정에 맞도록 경쟁과 협력의 이원적 구조를 만들어 상생의 구조가 될 수 있도록 개선하는 것이다.

넷째, 지역신문에 종사하는 언론인들의 직업적인 조건을 개선하고 비전을 가질 수 있도록 개선하는 것이다. 지역신문 종사자들의 급여는 매우 열악한 수준이다. 건전하고 정상적으로 언론인이 그 직무에 충실히 활동할 수 있도록 처우에 대한 개선이 이루어지게 정책적으로 지원하는 것이다. 기본적인 생계를 유지하기 어려운 현실은 곧 지역신문을 불건전한 매체로 전락시킬 우려가 많으므로 이에 대한 정책적 지원과 보조는 중요하다. 직업적인 조건이 개선될 때 바람직한 언론인으로서의 비전과 미래도 기대할 수 있을 것이다.

다섯째, 지역신문도 전문성과 역량을 갖춘 기자를 양성할 수 있도록 개선하는 것이다. 지역의 신문들은 대개 신문기자로의 직업적 삶을 시작한 이후로 이렇다 할 교육이나 연수 같은 것을 받을 기회가 적었고 또 있어도 이를 적절히 수용하기 어려운 여건에 처해 있는 것이 현실이다. 지원법은 지역신문 기자들과 종사자들이 그러한 체계적 교육의 기회를 원활하고 현실적으로 혜택 받아 역량을 갖추고 전문성을 제고할 수 있는 언론인으로 살아갈 수 있도록 정책적 지원을 하는 것이다.

여섯째, 신문의 체계적이고 효율적인 판매와 배달체계를 지원하는 정책의 실현이다. 우리나라 신문배달의 구조를 보면 판촉과 배달 체계는 거의 대부분 전국일간지가 독과점하고 있는 실정이다. 물론 시장의 규모가 크기 때문에 그런 이유도 있지만 그에 반해 지역신문의 판촉과 배달 체계는 아예 기본적인 틀도 못 갖추고 있는 경우가 태반이다. 그렇다 보니 지역신문은 기존의 배달망을 이용해 배달해야만 하고 그 결과 지역독자의 확장은 제자리걸음에 머무르는 어려움을 겪고 있다. 지원법을 통한 지원정책은 이러한 난제를 해결할 수 있도록 현실적인 판촉과 배달 체계를 구축하도록 돕는 것이다.

일곱째, 지역신문사의 경영합리화와 효율성 제고를 위한 정책적 지원이다. 대부분의 지역신문사들은 자체적으로 경영합리화 경영의 효율성을 제고하는 데에 구조적인 어려움을 안고 있다. 지원정책은 적절한 지원을 통해 체계적이며 합리적인 경영방식을 도입할 수 있도록 지원하고 그러한 경영방식을 유지 발전시켜나갈 수 있도록 지원을 하는 것이다. 비록 지역신문의 규모가 작아 경영의 합리화라는 다소 거창한 사고의 전환을 시도한다는 것이 그 신문사들로서 거부감은 있을지 모르나 과거의 방식보다는 좀 더 과학적이며 정교한 경영방식과 기법을 도입한다면 적지 않은 합리적 변화를 가져올 수 있을 것이다.

여덟째, 지역신문에 대한 건전한 인식과 바람직한 풍토 조성을 위한 정책적 지원이다. 지역신문을 경영하는 사주들은 대체로 자신이 경영하는 모기업에 대한 방패의 도구로 지역신문을 운영하는 경우가 적지 않다. 또한 지역사회의 권력구조에 편승하기 위한 도구로도 신문을 이용하는 경우가 적지 않다. 이러한 관행과 폐습을 지양하고 지역으로부터 건실한 지역신문으로서의 위상으로 인식될 수 있도록 필요한 정책적 지원이 중요하다.

아홉째, 지역신문을 지원할 수 있는 지속적인 정책적 제도적 방안의 마련을 위한 노력이 필요하다. 현재 6년 한시적 특별법의 효력이 마감한 후에라도 지역신문이 그 건강성을 자생적으로 발전시키고 유지해나갈 수 있을 때까지 정책적 지원을 아끼지 않는 것이 필요하다.

『제1기 지역신문발전위원회 백서』(2007)에 따르면 지역신문발전지원사업의 기본 방향과 원칙은 대략 다음과 같이 요약하고 있다. 위원회는 6년이라는 지원 사업기간을 전반기('04~'07년)와 후반기('08~'10년)로 나누어 전반기에는 기본적인 지원기준을 확립하고 위원회의 위상 확보와 지원방식의 정착에 역점을 두었으며 후반기에는 지원대상사의 안정적 경영기반구조와 경쟁력 강화 그리고 지원특별법이 종료된 이후에도 지속적으로 지원이 가능하도록 지원의 제도화에 중점을 두고 목표가 설정되었다(46쪽).

지원사업의 전반기인 제1기의 기본방향은 '지역신문의 공익성', '지역신문의 시장구조 개선' 그리고 '지역신문의 경쟁력 회복'이라는 크게 세 가지의 기본 목표를 설정했다.

'지역신문이 공익성'을 갖기 위한 가장 필요한 조건은 지역신문 스스로가 지역주민들에게 신뢰를 받고 지역의 건강한 저널리즘을 조성해나가는 것이라고 할 수 있다. 그렇게 되기 위해서는 지역신문이 공정하고 지역에 유익한 정보를 제공해주는 매체로 정립해야 하며 지역신문에 종사하는 언론인들도 언론윤리에 어긋나지 않는 자세로 지역의 필요한 공론장으로 거듭나는 것이다.

‘지역신문의 시장구조 개선’을 위해서는 지역 경제가 국가 그리고 더 나아가 국제적 경제와도 밀접한 관계에 있는 만큼 지역신문 단독의 노력만으로는 어려운 것이겠지만, 지역신문발전지원법을 통해 최소한 선별적 지원과 진흥을 통해 지역에 무분별하게 지역신문이 난립하는 것을 정책적으로 제한하고 그 결과 건강한 지역신문의 구조적 개선을 모색하겠다는 것이다.

끝으로 ‘지역신문의 경쟁력 회복’을 위해서는 우선 경영의 부실을 줄이도록 개혁적이며 합리적인 경영을 하도록 그에 필요한 정책적 지원을 하겠다는 것이다. 이를 위해 신문사주도 혁신의 노력을 아끼지 말아야 한다. 예컨대 광고수주에서의 탈법적 행위나 관행을 지양하고 지역의 토호세력과 맺고 있는 건강하지 못한 권력의 카르텔을 타파해나가는 것이다. 그리고 지역신문 기자에 대한 전문성 향상을 위한 교육과 연수를 통해 신문기사도 질적으로 제고시키는 노력을 기울여야 한다. 이를 위해서 위원회는 지역신문의 품질을 높이도록 다각적인 정책적 지원을 아끼지 말아야 할 것이다.

2. 기금우선지원신문사의 선정과 근거

지역신문발전지원특별법에 따르면 “문화관광부장관은 매 3년마다 지역신문의 발전과 신문 산업으로서의 기반을 강화하기 위하여

지역신문의 발전지원계획을 수립·시행"하여야 하며 이는 기본적으로 다음과 같은 사항들을 포함하는 것으로 명시되어 있다.

1. 지역신문의 언론자유 증진과 자율성 보장
2. 지역신문 발전지원의 기본방향
3. 지역신문의 발전을 위한 중장기 및 연도별 지원계획
4. 지역신문의 유통구조 개선을 위한 기반조성지원에 관한 사항
5. 지역신문의 발전을 위한 조사·연구·기술개발·교육 및 인력양성 지원에 관한 사항" 등이 바로 그것이다.[14] 또한 문화체육관광부장관은 그 계획을 시행하기 위하여 실무를 주관하는 기구로서 지역신문발전위원회를 구성하여 다음과 같은 직무를 자문하고 수행하도록 하고 있다. 즉 위원회는

1. 지역신문의 발전지원계획의 수립에 관한 자문
2. 지역신문의 발전지원에 관한 주요시책의 평가
3. 지역신문발전기금의 조성과 운용에 관한 기본계획의 심의
4. 지역신문발전기금 지원대상의 선정 및 지원기준에 대한 심의
5. 지역신문발전기금 지원대상의 심의 및 실사
6. 지역신문 발전을 위한 교육·연구·조사
7. 지역신문 발전 업무의 협력·조정 등을 담당하여 지원법을 시행하는 실질적인 운영기구로서의 성격을 띠고 있다. 사업을 원활히 수행할 수 있도록 위원회는 필요한 경우 분야별 업무를 처리하기 위하여 소위원회를 설치·운영하여 체계적이고 효율적인 업무를 지원하도록 하고 있다.[15]

---

14) 제6조(지역신문의 발전지원계획 수립).
15) 제9조(위원회의 직무).

지역신문발전위원회는 2004년 하반기 제1기의 공식 출범을 시작으로 지원법과 시행령이 정하는 대로 우선지원대상사를 선정하는 작업에 들어갔다. 선정을 위해서는 그 기준이라 할 수 있는 '우선지원대상사 선정을 위한 심사기준'을 마련해야 하는데, 이미 이 기준에 대한 논의는 이미 법이 통과되기 이전부터 본격적으로 시작돼 다양한 공청회나 세미나 또는 토론회 등을 통해서 구체적이고 세부적인 기준들을 담은 안으로 심도 있게 제시되기도 했었다(최경진, 2003; 김창룡, 2003a).

특히 최경진은 지원법이 제정되기 꼭 1년 전 대구에서 개최되었던 『신문시장 정상화와 지역 언론 활성화 방안을 위한 토론회』에서 "지방언론 활성화 및 육성지원을 위한 제언"이라는 발제를 통해 지역신문 지원방안을 위한 구체적인 심의기준을 제안하였는데, 첫째 지원기준 마련을 위한 세부 심의안, 둘째 지원 방식, 셋째 정부의 정책적 제도적 지원방안 등에 대하여 대별하여 세부적인 안을 내놓기도 했다(2003).

지원기준 마련을 위한 세부 심의안은 구체적으로 7개 분야(1. 지원 대상 및 지원운영주체, 2. 경영의 투명성, 3. 구성원의 인적 경쟁력 제고를 위한 투자, 4. 편집권 독립 및 경영으로부터의 분리, 5. 지역사회 발전 기여도, 6. 사회 참여적 공익매체로서의 위상, 7. 매체-수용자간 커뮤니케이션 정도)의 총 28개 항목으로 제시했다.

지원 방식에 대해서도 구체적인 안을 제시하고 있는데, 이는 크게 직접적 지원방식과 간접적 지원방식을 병용하는 것으로 제안했다.

직접적 지원방식은 지역신문을 육성 지원하는 위원회가 운용할 수 있도록 조성된 가칭 '지역신문기금'으로 직접 지원하는 방법이

있으며 기금조성에 관한 세부사항은 법이 정하는 바에 따르도록 했다. 시설투자를 위한 직접적 지원의 경우도 전문가로 하여금 그 효율성을 신중하게 진단하고 결정하도록 할 것을 주문했다. 자칫 부적절한 지원으로 인하여 야기될 수 있는 경영상의 악화는 오히려 언론사를 도산시킬 위험성마저 있기 때문이다.

지역신문에 대한 지원은 직접적 지원보다 간접적 지원에 큰 비중을 두고 이루어지는 것이 바람직하다. 면밀한 검토 후에 지원이 이루어진다고 하더라도 직접적 지원은 그 성격상 본래의 목적한 바대로 투입되지 않을 수도 있는, 이른바 오남용의 여지가 없지 않기 때문이다. 이에 반해 간접적 지원은 지원 대상 신문사가 직접적으로 운용할 여지가 적을 뿐만 아니라 지원 분야에 투입되는 기금이나 재원의 유용근거가 비교적 분명하고 이에 대한 객관적 효과가 드러날 수 있다는 장점이 있다는 것이다.

간접적 지원의 목적 역시 거시적 차원에서는 신문사의 경영정상화와 경쟁력 향상에 있다고 하겠으나, 미시적 차원으로는 중재성 및 보조성의 원칙을 바탕으로 이루어진다고 하겠다. 지원의 책임을 맡고 있는 주무 위원회가 지원 대상의 사업 분야에 하나의 축이 되어 중재자와 보조자의 역할을 담당하면서 지원하는 방식이다.

구체적 지원방식으로는 기자의 재교육, 연수, 전문교육 등과 같은 언론사 구성원에 대한 미래지향적 인적투자라든가 지역사회의 유지결속이나 전통문화 보전 창달을 위한 공익적 사업 지원, 지방분권화시대의 정착에 합당한 지역 내 대학과의 공동 학술조사연구 프로젝트 추진 지원, 지역사회 내 유능한 인력양성과 유치를 위한 사업 지원, 지역밀착형 특집/기획 취재보도 진흥을 위한 지원, 교육

·문화·교양강좌 센터 운영과 같은 지역 내 대학-언론사간 공조
사업 지원, 지역사회에 대한 애향심 고취를 장려하고 도모하는 차
원의 경연대회나 상훈 시상 지원 등 다양한 형태와 채널을 활용하
는 방식의 지원을 강구할 수 있다고 설명했다.

최경진은 무엇보다 지원의 대전제가 되어야 할 중요한 개념으로
투명성과 공익성을 강조했다. 단기적으로는 활성화시키는 것이 중
요하겠지만 중장기적으로는 스스로 활성화 할 수 있는 자생력을
키울 수 있도록 기본방향을 설정하고 지원해야 함을 강조했다. 철
저한 지원방침과 구체적 계획이 없이 우선 불부터 끄고 보자는 식
으로 무조건 지원했다가는 자칫 그동안 우려의 대상이 되었던 소
위 사이비 언론들의 난립 내지는 합법적 양성이라는 우를 범할 위
험성이 있기 때문이다. 적지 않은 지역신문들이 사이비 언론이라는
평판을 받고 있는 현실에서 그들이 바로 개혁의 대상이자 주체라
는 것은 지역신문의 문제를 인식하고 있는 사람이라면 이구동성으
로 동의할 만한 문제이다.

그러나 거대 공룡과도 같은 중앙의 전국신문들과의 무기력한 시
장경쟁에서 존폐의 기로에 서있는 지방지들의 현실을 볼 때에 '견
제'와 '육성'이라는 두 가지 측면을 모두 고려하지 않을 수는 없는
상황이기도 하다. 직접적 지원의 목적은 부실 경영의 정상화 추진과
경쟁력 향상에 주안점을 두고 이루어져야 하겠지만 그렇다고 무턱
대고 부실한 재정회복에 투입하는 것은 제한할 수밖에 없다. 지원대
상이 될 언론사가 제출하는 계획서를 담당 위원회가 면밀히 검토하
여 타당성과 적합성 여부를 결정하는 방식을 택해야 할 것이다.

끝으로 최경진은 발제에서 정부의 정책적, 제도적 지원방안에 대

해서도 그 기준과 취지에 대해서 상세히 언급했다. 우리나라의 지역신문 시장과 같이 비정상적이고 기형적인 구조를 근본적으로 타개할 수 있는 가장 분명하고도 절실한 방안은 무엇보다 언론정책이나 법제도적인 개선임을 강조 했다.

그러나 독립된 위원회와 같은 기구와는 달리 정책과 제도 개선을 주관하는 정부 산하의 공조직은 그 고유의 특성상 여러 가지 측면에서 많은 제약이나 한계가 있을 수밖에 없다고 우려를 표명하기도 했다. 따라서 정책적, 제도적 지원방안은 정책입법자 뿐만 아니라 전국언론노조연합이나 기자협회, 학계, 사회시민단체 등이 공동으로 참여하여 자구책 마련을 하는 것이 가장 바람직하다고 강조한다.

정부의 정책적, 제도적 지원방안의 기본목적은 무엇보다 공익성을 근간으로 하는 지역신문의 지원육성 및 활성화에 있다. 공익성이란 사회적 최대다수의 공약수가 이득이 될 수 있도록 하는 성질을 의미한다. 만일 정부의 지원이 공익성을 담보하지 못한다면 이는 결국 특혜로 낙인 될 수밖에 없을 것이다.

지원은 정부의 권한으로 추진할 수 있는 정책적, 제도적 방식을 통해서 이루어지도록 하되 공익적 위상을 가진 지방 중소기업 육성차원의 일환으로 수행돼야 한다. 지원 분야는 각종 세제감면 또는 세제지원 등을 통해 간접지원이 가능한 분야로 하며 국책은행의 특별융자나 금융지원 같은 방식으로도 가능하다. 또한 기업합병을 통한 부실 언론사와의 통폐합 시 세제지원을 함으로써 지역 내 언론들 간의 불필요한 과당경쟁을 줄일 수 있다.

김창룡(2003a)도 지역신문을 지원하기 위한 지원기준 심의안을 6

개 분야(경영의 투명성, 사주의 지역 평판도, 편집권 독립, 언론의 윤리성과 공익성, 의무사항 이행 및 공공성, 지역발전 기여도 및 평판)에 총 30개 항목으로 세분하여 지원할 것을 언급하면서 각 항목마다 일정한 배점을 할당하여 이를 선정의 기준으로 삼을 것을 주문했다. 이 밖에 법제정을 위한 여러 공청회나 토론회 등을 통해 다양한 기준들이 제안되었는데, 이러한 제안들은 후에 위원회에서 마련한 우선지원 대상 사업자 선정 평가기준과 배점에 중요한 자료들로 활용되었다.

지원법의 궁극적인 정신은 기본적으로 피폐해진 지역신문의 저널리즘을 회생시키는 데에 있다. 지역신문 저널리즘을 정상화시키기 위한 방안과 방향은 여러 가지가 있겠으나 지역신문발전위원회에서는 각 지원 연도별로 평가기준의 기본방향을 구체화하여 설정한 후에 그에 따라 지원 업무를 착수해나갔다. 그렇게 하기 위해서는 무엇보다도 평가의 원칙을 정하는 것이 필요했다.

<표 23>에서 보듯이 지역신문발전위에서는 우선지원 대상 사업자를 선정하기 위한 평가기준과 그 배점표를 만들어 지역신문발전기금의 지원 사업 신청사들에게 공개하고 매년 선정에 앞서 그 기준과 근거에 대한 설명회를 가졌다. 그 중 필수조건에 해당하는 4개 항목, 즉 '1년 이상 정상 발행', '광고비중 50% 이하', '한국 ABC협회 가입 여부'16), '지역신문 운영과 관련하여 법 준수 여부' 등을 명시하고 이 중 단 하나라도 위반한 사실이 있는 경우 그 신

---

16) 지원 신청하기 위해서는 한국ABC협회에 가입돼 있어야 한다. 이 조항은 법제정 과정에서도 논란이 컸던 부분이었으나 신문발행의 투명성 제고를 위해 넣었던 것이다. 하지만 열악한 지역신문의 입장으로서는 비싼 협회가입비가 부담이 된다며 문제제기가 있어 ABC협회와의 조정을 통해 가입비를 낮춰주기도 했다.

문은 아예 처음부터 지원할 자격을 갖지 못하도록 했다.

필수조건을 통해 일단 지원신청자격을 갖추었으면 우선지원조건의 모든 항목에서도 반드시 결격사유가 없어야 우선지원대상사로 선정될 수 있다. 일간신문과 주간신문 공히 해당되는 공통조건 외에 일간신문은 '기자채용의 투명성'과 '교육훈련 제도의 구비'에서, 그리고 주간신문은 '조세체납 여부'와 '유가부수 비율', '발행연수'에서 각각 조건적인 배점을 정해 놓았다.

위원회는 지원 사업 첫해인 2005년도 지원 대상 신문 선정을 위해 특히 다음과 같은 세 가지의 방향에 평가의 원칙을 두고 심사작업에 들어갔다.

먼저, 지역신문 심사기준 중 가장 중요한 것으로 공정성을 꼽았다. 엄밀하고 과학적이며 객관적인 기준을 세우는 것이 바로 심사의 신뢰도를 담보하는 가장 중요한 원칙이라고 판단했기 때문이다.

둘째, 지역신문의 개혁과 진흥이 평가의 기준이 되었다. 지역신문의 개혁과 활성화는 일정 부분 부실 신문에 대한 견제와 우량 신문에 대한 육성이라는 의미가 전제되어 있다. 즉 개혁에 능동적이고 적극적으로 참여를 하는 신문은 '선택'을 통하여 '집중적'인 지원과 진흥을 아끼지 않되, 그러한 의지나 능력이 없는 신문은 배제시킴으로써 자연스럽게 지역신문의 개혁을 유도하기 위한 것이었다.

셋째, 지원사업의 타당성과 적합성의 여부를 염두에 두었다. 신문에 대한 지원의 타당성과 정당성을 합리적으로 살펴보고 신문사가 그 사업을 적절히 수행할 수 있는지의 적합성을 평가한 것이다.

구분	평 가 항 목		배점
필수조건	1년 이상 정상발행		배점 없음
	광고비중 50% 이하		
	한국 ABC협회 가입 여부		
	지역신문 운영과 관련, 법 준수 여부		
우선지원조건	편집자율권 확보		100
	각종 법령 준수 여부		배점 없음
	4대 보험 가입		50
배점 평가기준 조건	공통조건	소유지분 분산 정도	50
		부채비율 정도	50
		연수사업 참여도	30
		공익사업 지역사회 기여도	70
		자율강령 준수도	200
		계도지 판매 여부	70
		자문위원회 운영 여부	50
		지원금 사용 계획서	170
	일간신문 조건	기자채용의 투명성	150
		교육훈련 제도의 구비	20
	주간신문 조건	조세체납 여부	30
		유가부수 비율	100
		발행연수	20
총배점			1000

* 출처: 지역신문발전위원회(2009), 우선지원 대상 사업자 선정 평가항목 및 배점표

이 세 가지 평가기준은 지역신문발전지원특별법이 마감되는 2010
년도까지 변함없이 적용될 수 있는 가장 중요한 평가기준의 핵심
골격에 해당된다고 할 수 있다.

지원 사업 2차년도인 2006년의 심사는 주로 신문사들의 제도적
형식이나 방식의 실질적 운영 등이 주요 평가대상으로 심사되었다.
2005년도 심사가 주로 신문사 운영방식과 형식 그 자체를 주로 살
피는데 있었다면 2006년도는 그 방식과 형식을 실질적으로 제대로

운영하고 있는지를 주안점으로 두고 심사했다는 점이다.

지역신문발전위원회가 제1기를 마감하는 시점으로 기록되는 2007년도 사업지원에 대한 심사는 2005년, 2006년에 비해 거의 우열을 가릴 수 없을 만큼 어려웠다. 대부분의 지역신문들은 공통적으로 신문이 갖추어야 할 기본적인 틀과 형식적인 체제를 갖추고 있었다. 특히 대다수 심사위원들이 이구동성으로 느꼈던 것은 2005, 2006년에 비해 서류상으로는 거의 우열을 가리기 어려울 만큼 건강한 신문으로서 갖추어야 할 기본적인 형식과 체제는 대체로 구비하고 있었다는 점이었다.

따라서 2007년도 심사는 첫 번째 해와 두 번째 해와는 달리 형식과 함께 실질적 운용 여부에 중점을 두고 진행할 수밖에 없었다. 그러한 이유로 심사가 수월치만은 않았지만 지역신문들이 언론으로서의 기본적인 체제를 구축하기 위해 노력하고 있다는 사실을 확인할 수 있었고 이는 나름대로 지원 사업에 대한 작은 결실이 서서히 나타나기 시작했던 것으로 평가될 수 있었다.

2007년도에 특히 주안점을 두고 심사했던 분야는 지역신문에 종사하는 언론인들의 윤리 문제에 좀 더 주안점을 두고 심사했다는 점이다. 그간 고질적 병폐였던 일부 지역신문들의 각종 비리 및 불법 행위 그리고 사이비적 행태나 일탈행위 등이 결국 지역신문이 지역독자들로 외면당하고 그 이미지를 훼손당하는 가장 심각한 요인이라는 점에서 이에 대한 심의는 중요한 문제가 아닐 수 없었다.

지원4차년도인 2008년도 지원대상사 선정 심사는 지원을 통해 실질적인 효과를 이끌어낼 수 있도록 지역신문사가 처한 제반 환경의 개선은 물론 향후 지원기금의 운용에 어느 정도 현실적인 개선 노력을 기울였는지를 주요 평가기준으로 삼았다. 이를 위해 구체적으로 경영투명성 확보와 개선 계획, 지원금 사용계획 등을 심층 검증했다.

지원5차년도인 2009년도 지원대상사 선정 심사는 기금지원 성과와 신문사의 자생력 확보노력 정도를 점검하는데 많은 비중을 두었다. 지원을 받은 신문사의 경영여건이 얼마나 개선되었는지, 유료 독자의 수는 실질적으로 증대하였는지 등 지원에 따른 가시적인 성과를 심도 깊게 검증했다.

〈표 24〉 지원사업 연도별 평가기준의 기본방향

구분	평가기준의 기본방향
연도별 공통사항	심사기준의 공정성, 지역신문의 개혁 및 진흥, 지원사업의 타당성과 정당성
2005년	신문사의 제도와 체제 형식 및 운영방식
2006년	평가기준의 현실화 및 측정수단의 정밀화 형식의 실질적 운영
2007년	형식 및 실질적 운용, 언론인들의 윤리문제 제1기 사업 3년 결과에 대한 전체 평가 전체 사업에 대한 중간 평가
2008년	지역신문사가 처한 제반 환경의 개선 노력, 향후 지원될 기금 운용의 현실적 개선 노력
2009년	기금지원 성과, 신문사의 자생력 확보노력 정도, 지원사의 경영여건 개선 정도, 유료독자의 실질적 증대 등 지원에 따른 가시적 성과
2010년 (예상)	제2기 사업 3년 결과에 대한 전체 평가, 6년간의 지원 사업 전체에 대한 사업성과 평가

2009년 말 현재 지원 5년을 마감하는 시점에서 그동안 얼마만큼 지원에 대한 성과가 나왔는지 점검하는 것도 중요하겠으나, 한 가지 분명하게 나타난 것은 당초 지원법이 시작되기 전의 상황에 비

해 지원대상사의 체질적 개선과 경영개선의 효과는 지원 받지 못한 또는 아예 자격이 되지 못해 지원할 수도 없는 신문들에 비교해 볼 때 확연하게 그 차이가 난다는 것이다. 이는 지원사업의 성과를 암시한다는 측면도 있지만 지원법 출범과 함께 위원회가 예상 내지는 구상했던 지원 사업을 통한 지역신문의 옥석 구분하기의 결과도 상당히 이루어진 것을 의미하는 것이다.

이와 같은 평가기준의 기본방향과 그 추이로 미루어 보아 지원사업의 마지막 해인 2010년도 지원신문 심사 평가는 지난 2005년부터 2009년까지 주요 평가기준으로 삼았던 요소들을 모두 포함하여 지원특별법이 갖는 한시적 시점, 즉 6년 동안의 지원대상사 선정 심사에 적용되었던 기준을 전반적으로 적용하고 사업의 총체적 성과를 마감하는 시기이니만큼 그 지원 사업 전반에 대한 성과를 핵심 평가기준으로 삼을 가능성이 크다고 볼 수 있다.

그러나 지원대상사 선정을 위한 평가기준과 심사가 이렇게 일사불란하고 원만하게 이루어진 것은 아니었다. 위원회가 구성되는 초반부터 위원 구성과 전문성을 둘러싸고 논란이 일어나기도 했다. 그 과정에서 일부 위원들이 자진사퇴의 형식으로 도중하차하고 새로이 보궐 임명되는 등 약간의 혼란스러운 과정을 겪기도 했다. 뿐만 아니라 한 위원은 의결 절차상의 문제가 있다며 위원직을 사퇴하기도 했다.

지원대상사를 공정하고 정확하게 선별하기 위해서 위원회는 위원들과 전문위원들로 구성된 실사단을 꾸려 전국에 산재한 지원신청사들을 일일이 방문해 현장실사를 하기도 했다. 그 과정에서 유가부수 확인을 위한 ABC에 대한 실사 협조도 있었으며 지역 언론인들에 대한 범법행위 여부를 확인하기 위해 경찰청에 조회를 하기도 했다.

뿐만 아니라 계도지 판매 여부를 조사하기 위해 각 지자체에 계도지 구독내역을 요청했는가 하면 신문윤리위원회나 선거보도심의위원회에 선거심의 결과를 요청하기도 하는 등 선정에 심혈을 기울였다(지역신문발전위원회, 2007a: 81-82).

이러한 다각적인 실사와 조사 그리고 협조에 의해 최종적으로 지원대상사를 선정할 수 있었는데 그 결과는 다음과 같다.

우선 2005년 첫해에 지역신문발전지원기금을 신청한 신문사는 일간지 37개사, 주간지 65개사 등 모두 102개사가 신청을 했다. 그러나 첫해에는 워낙 엄격하고 까다롭게 심사를 한 탓인지 일간지는 오로지 5개사만이 선정이 되었고 주간지는 42개사를 선정했다. 당연히 선정에 누락된 신문들은 불만의 목소리를 내기도 했고 선정결과에 극심한 반감을 갖고 있는 일부 신문사들은 자사 지면을 통해 위원회의 선정 절차와 내용을 비난하기도 했다.

공교롭게도 전국에서 가장 많은 일간지를 발행하고 있는 광주 전남지역에서는 단 한 개의 신문도 선정되지 못해 지역에서의 반응은 무척 의아해 하고 불만스러운 분위기가 역력했다. 물론 지원법의 취지를 충분히 수긍한다 할지라도 당장 결과를 놓고 보았을 때 불만이나 반감을 살 수도 있는 것이었다.[17]

---

17) 첫해 우선지원대상사들이 발표된 후 탈락된 신문사들을 중심으로 근거 없는 악성 여론이 나돌자 위원회는 입장을 발표하기도 했다. 위원회는 우선지원 대상 범위에 대해 심도 있는 토론을 했다고 밝히면서 실제로 위원들 사이에 이견도 있었고 이 과정에서 두 위원이 사퇴를 표명했으나, 이것은 심사의 엄격성과 공정성과는 무관한 것이라고 했다. 또한 위원회의 선정 안에 대해 문화부장관의 재심 요구가 있었으며, 위원회는 이 요구가 합법적이고 정당하다고 판단해서 재심의를 했다고도 밝혔다. 위원회는 그러

하지만 이는 위원회의 엄정 공정한 선정방식과 절차를 제대로 이해하지 못한 일부 신문사들의 오해에서 비롯된 것이라고 할 수 있다. 한편 선정되지 못한 지역의 기자들의 입장을 들어보면 나름대로 반론의 여지가 전혀 없지는 않다. 예를 들어 부산의 경우 부산일보나 국제신문의 경우에는 지원을 꼭 받지 않더라도 자생할 여지가 있는데 지역의 선두주자라는 이유로 지원 대상에 포함됐다는 것이다. 그 신문들은 사실 지원을 받든 못 받든 여전히 성장할 여지가 있고 또 지원을 받았다고 해서 획기적인 발전이 담보된다는 것도 아니라는 주장이다.[18]

그 반면에 비록 지역신문의 선두그룹에는 들어가지는 못하더라도 또 심사에서 비록 계량적으로는 아주 우수하게 평가받지는 못했다 하더라도 나름대로 지역에 필요한 매체로서 정보를 생산하고 지역에 봉사하고 있는 열악한 신문으로서는 조그마한 지원이라도 큰 도움이 될 수 있기 때문에 그들로서는 탈락의 아쉬움과 허탈감이 더욱 적지 않았던 것이다. 또한 그러한 선정방식이 진정한 지역 균형발전을 위한 기본적 방향이나 취지에 맞는지 의구심을 갖게 한 것도 사실이다.

이러한 주장과 여론이 심사에 어느 정도 반영이 되었는지 지원

나 이러한 절차를 거쳐 최종 발표된 결과를 다시 심의하는 것은 가능하지도, 바람직하지도 않다고 입장을 밝혔다(2005.09.14 지역신문발전위원회 홈페이지를 통해 발표한 입장).

18) 선정에서 탈락된 한 신문사의 간부급 기자는 1차년도 선정이 있은 뒤 한국언론재단이 마련한 "지역신문발전기금 우선지원대상 선정과 바람직한 지원 방향"이라는 주제의 좌담회(2005.09.09)에서 "정부가 지원해주지 않으면 제대로 성장할 수 없는 곳에 햇빛을 비춰주는 것이 필요하다"고 강조하면서 언론사의 부실한 경영 때문에 나름대로 열심히 기자직을 수행하는 일선기자들에게 "언론기능을 못 한다"는 오명을 뒤집어 쓸 수 있다고 해 안타까워하기도 했다.〈신문과 방송〉2005년 10월호. 80-88쪽.

사업 2년차인 2006년에는 첫해보다 많은 신문사들을 선정되어, 일간지는 18개사 주간지는 41개사 등 총 59개사가 선정되었다. 그 이듬해 제1기 마지막 사업연도인 2007년에는 총 59개사(일간지 21개사, 주간지 38개사)를 선정했다.

위원회 제2기가 출범한 첫해인 2008년에는 지원대상사로서 지역일간지 20개사, 지역주간지 42개사 등 총 62개사를 선정 발표하였고 2009년 초 선정된 신문사는 지역일간지 21개사, 지역주간지 37개사로 총 58개 우선지원대상사가 선정되었다.

발행별	권역	선정사 수					
		2005	2006	2007	2008	2009	5년간 누적
일간지	경기	1	3	3	1	1	9
	충북		2	2	3	3	10
	대전·충남		1	1	2	2	6
	전북		1	3	2	2	8
	광주·전남		2	1	1	1	5
	대구·경북		2	2	2	3	9
	부산·경남	3	4	5	5	5	22
	강원		1	2	2	2	7
	제주	1	2	2	2	2	9
	계	5	18	21	20	21	85
주간지	서울	3	2	3	2	1	11
	경기	9	8	6	10	8	41
	충북	3	2	2	3	2	12
	대전·충남	7	8	7	5	4	31
	전북	1	3	4	2	2	12
	광주·전남	7	10	7	10	10	44
	대구·경북	1	2	2	3	5	13
	부산·경남	4	4	4	4	2	18
	강원	2	2	2	2	2	10
	제주			1	1	1	3
	계	37	41	38	42	37	195
	총계	42	59	59	62	58	280

지난 2005년부터 2009년도까지 우선지원대상사로 선정된 현황을 살펴보면 우선 일간지의 경우 예외적으로 엄격한 심사가 이루어진 첫해인 2005년을 제외하면 매년 평균 약 20개 안팎의 신문사들이 선정되었으며 권역별로 보면 5년간 누적적으로 부산 경남지역이 가장 많은 선정 회수인 22회로 집계되었다.

이는 부산 경남지역이 타 지역에 비교해 상대적으로 안정적인 경영 상태로 신문을 발행하고 있다는 것을 말해준다고 할 수 있다. 주간지의 경우를 보면 5년간 누적 총 195회 중 광주 전남 지역이 44회로 단연 선두를 기록하고 있고 그 뒤를 잇는 것이 경기지역으로 41회를 기록하고 있다.

물론 이렇듯 선정 빈도가 높은 것은 그 해당지역들에서 단연 압도적으로 많은 주간신문들이 발행되고 있다는 것에도 기인하고 있다. 한편 주간지의 경우도 매년 약 40개 안팎의 신문들이 우선지원 대상사로 선정되고 있다. 전체적으로 보면 일간지나 주간지 모두 대략 권역별 안배가 자연스럽게 이루어져 있어 지역균형 차원에서도 어느 정도 일치한다고 볼 수 있다.

종합적으로 볼 때 매년 지역신문발전기금의 지원을 받는 지역일간지는 약 20개 안팎 그리고 지역주간지의 경우 약 40개 안팎의 신문들로 나타나고 있는데, 전국적으로 실제 신문을 발행하고 있는 지역일간지가 82개, 지역주간지가 473개인 점을 고려한다면 우선지원 대상사로 선정된 일간신문들의 위상은 대략 상위 25% 그리고 주간신문들은 상위 10% 이내에 들어간다는 것을 알 수 있다.

결국 지역신문발전기금의 지원을 받는 신문들은 대체적으로 그 우량함을 검증받은 상위권 신문이라는 것이다. 이는 곧 지역신문발전위원회가 지원 사업을 처음 시작할 때 설정했던 목적대로 '선택과 집중'의 방향으로 사업을 추진하고 있다는 것을 의미하고 있으며 다른 말로 표현하자면 '옥석 가리기'의 취지에 어느 정도 부합한다는 것을 의미하고 있다.

　지역신문발전지원기금을 통한 위원회 사업의 궁극적 목표는 지역신문의 공익성을 향상시키고 지역신문 시장의 구조를 개선시켜 지역신문이 경쟁력을 갖도록 하는 것이다. 그 결과 지역신문이 독자에게 유익하고 올바른 정보를 제공하여 독자들로 하여금 신뢰를 갖게 하고 경영도 개선되어 궁극적으로는 신문이 건강하게 자생력을 갖추게 하는 것이다.

　이러한 사업의 목적을 실현하기 위하여 위원회는 그 핵심 사업이라고 할 수 있는 다섯 가지의 사업 분야를 설정하고 각 사업에 대한 지원을 하고 있다. 핵심 사업 다섯 개 영역은 구체적으로 1. 경쟁력 강화사업, 2. 조사연구·교육연수 사업, 3. 정보화 조성사업, 4. 공익성 구현사업, 5. 지역신문발전 인프라 구축지원(융자) 사업이다.

　첫째, 경쟁력 강화사업은 다시 경영 컨설팅 지원, 기획취재 저술 지원, 인턴사원 지원, 프리랜서 전문가 지원, 지면개선 지원, 뉴스콘텐츠 지원 등으로 이루어지고 있다.

　둘째, 조사연구·교육연수 사업은 지역신문을 간접적으로 지원하는 조사연구 사업과 지역신문의 언론인들을 위한 교육연수 사업으로 이루어지고 있다. 조사연구 사업은 지역신문에게 직접적으로 지원이 되는 사업은 아니지만 간접적으로는 지역신문의 지원을 합리적이고 과학적으로 지원하기 위한 사업이라는 점에서 중요한 사업이라고 할 수 있다. 또한 저술지원에 대한 사업은 기자를 비롯한 신문업 종사자의 전문성을 계발하고 진흥하기 위하여 그들이 축적한 전문적 지식 또는 지역에 유익한 정보를 제공하는 내용을 출판물의 형태로 저술하는데 지원하는 사업이다.

셋째, 정보화 지원 사업은 개별 신문사의 신문제작 기술이나 그 시스템 구축에 필요한 자원을 지원하여 정보화 시대에 합당한 제작 기반을 구축하도록 지원하는 사업을 말한다. 이는 개별 신문사에 대한 직접적 지원의 방식으로 이루어질 수 있고 또 지역신문 전체의 통합 뉴스 제작 시스템 구축이나 공용 DB화 작업에 소요되는 인적 물적 지원을 뜻한다.

작게는 개별 신문사의 컴퓨터 시설 지원이나 카메라 등과 같은 디지털 장비 임대사업 지원에서부터 최근에는 신문의 온라인 웹 서비스 구축에 필요한 지원도 일정 부분 이루어지고 있다. 이외에도 과거 발행 신문의 DB화 사업과 신문제작에 투입되는 취재 및 기획관리 프로그램 등도 매우 유용한 지원 사업으로 평가되고 있다.

넷째, 공익성 구현사업은 지역사회에 유익하고 공공의 이익에 도움이 되는 분야의 사업으로서 신문활용교육(NIE)을 위한 지원이나 소외계층에 대한 기본적 정보제공 복지차원에서 구독료를 지원하는 사업들이 있다. 지역의 학교에 신문을 제공하여 교육의 진흥을 보조하고 그 효과를 제고하도록 하며 경제적인 이유로 지역 내 기본적인 정보조차 접하지 못하는 소외 및 저소득 계층에 사회평등과 복지실현 차원에서 구독료를 지원하는 사업이다. 이 밖에도 지역사회에 지역신문에 대한 공공성 이미지를 제고하고 독자 친화적 환경을 조성하는 데 지원하는 공공 캠페인 사업도 상당히 유익한

사업으로 평가되고 있다.

끝으로, 지역신문발전 인프라 구축 지원 사업이 있는데 이는 지역신문에게 융자사업 차원에서 신문이 인프라 구축에 필요하다고 판단되는 부분에 금융기관을 통해 융자지원을 해주는 사업이다. 물론 이는 후에 신문사가 융자금을 갚는다는 조건으로 지원하는 것이기 때문에 그 사업적 성과는 사실 그다지 크지 않은 실정이다. 그러나 시중금리보다 다소 저렴한 조건으로 융자되기 때문에 인프라 확충을 계획하는 신문사가 있다면 그 사업에 대한 타당성을 검토한 후 지원해줄 수 있다.

물론 기금의 운용은 이외에도 기금운영이나 여유자금 운용 등에도 소요가 되지만 지역신문의 활성화를 위한 본질적인 내용과는 거리가 있기 때문에 이에 대한 서술은 생략하고자 한다. 위원회는 2005년 사업을 시작하는 첫해부터 현재까지 매년 약 200억 원 정도의 기금을 운용하고 있다. 이중 보조 사업에 할당된 기금은 매년 약 150억 원 안팎이며 융자 사업에 할당된 기금은 연 평균 약46억 6천 6백만 원 정도이다.[19) 지역신문발전기금은 특별히 재원이 별도로 없어 100% 정부의 국고 출연으로 조성 운용되고 있다.

위원회는 산하 소위원회로 사업소위원회를 구성하고 있으며 기금사업의 추진계획을 마련하고 우선지원대상사에 대한 사업지원 계획을 심의하고 사업시행 방향과 그 진행에 대하여 책임을 갖고

---

19) 보조 사업 기금예산은 2005년부터 2007년까지는 연평균 약 150억 원 내외였으나 2008년과 2009년은 기금예산이 다소 증액되어 각각 약 180억 원이 넘게 책정되었다. 융자 사업 기금예산은 2005, 2006년에는 각각 60억 원, 2007, 2008년에는 각각 50억 원 그리고 2009, 2010년에는 각각 30억 원으로 점차 축소 책정되었는데, 이는 융자 사업에 책정된 기금이 매우 저조하게 집행된 이유에서 점진적으로 축소조정하게 된 것이다.

활동하고 있다.

위원회에는 사업소위원회를 비롯하여 운영소위원회, 예산소위원회, 지원기준소위원회, 제도개선소위원회, 모니터소위원회 그리고 백서 및 자율평가소위원회 등 다양한 소위원회들로 이루어지고 있는데 각 위원들이 시기별 사안별로 사업을 위임받아 가동시키고 있다. 따라서 모든 소위원회가 상시적으로 운영되는 것은 아니다.[20]

기금운용의 첫해인 2005년은 예산을 집행할 수 있는 기간이 불과 3개월 정도밖에 되지 않아 그 집행실적이 매우 저조했다. 2005년도 예산 집행금액은 약 65억 원으로 집행률 30%를 간신히 넘긴 수준이었다. 그러나 본격적인 사업이 진행된 것은 2006년도 사업부터였다. 2006년에는 각종 사업이 골고루 진행되면서 기금의 전체 집행률도 거의 60%에 가까운 수준에 이르렀다. 시행 3년차인 2007년 예산집행은 더욱 순조롭게 이루어졌다. 전체 집행률도 약 70%에 가까운 것으로 나타났다. 하지만 매년 무려 50억~60억 원에 해당되는 융자예산이 거의 그대로 머물러있어서 총 예산 집행률은 저조할 수밖에 없었다.

---

20) 지역신문발전위원회는 특별법에도 명시되어 있듯이 형식상으로는 자문과 심의의 기능을 갖는 명예직 위원들로 구성된 위원회지만 실질적으로는 연간 약 250여 억 원이라는 기금을 집행하는 데에 관련된 방대한 업무를 단순히 심의하는 것에 그치지 않고 모든 사업내용들을 상세히 검토 분석하고 기획을 세워 사업을 추진하며 평가까지 하는 등 사실상의 운영위원회나 다름없는 역할을 담당하고 있다.

〈표 26〉 2005년-2007년 분야별 지역신문발전기금 예산 및 집행현황

(단위: 백만 원)

사업명	2005년		2006년		2007년	
	예산	집행액	예산	집행액	예산	집행액
1. 보조사업	14,538	6,506	15,340	12,091	14,971	13,127
▶경쟁력강화사업지원	6,168	1,601	7,080	4,332	6,430	4,592
- 경영컨설팅 지원	900	126	450	235	200	87
- 기획취재 지원	3,300	1,207	3,300	1,999	2,640	1,927
- 인턴사원 지원	1,008	115	1,440	624	1,440	780
- 프리랜서 전문가 지원	960	153	1,440	1,181	1,440	1,207
- 콘텐츠(지면)개선 지원	-	-	450	293	450	330
- 뉴스콘텐츠 지원	-	-	-	-	260	260
▶조사연구 · 연수교육사업	950	372	1,280	1,178	1,216	1,216
- 조사연구사업	220	150	220	220	426	426
- 연수교육사업	730	222	1,060	958	790	790
▶정보화사업지원	4,300	3,626	3,300	3,034	3,135	3,135
- 통합뉴스제작시스템	2,000	1,778	2,000	1,990	2,000	2,000
- 공동DB화 구축	1,000	853	1,000	744	1,000	1,000
- 디지털 장비임대	1,300	995	300	300	135	135
▶공익성구현사업지원	3,120	907	3,680	3,547	4,190	4,184
- 소외계층 구독료 지원 및 NIE 시범학교 구독료 지원	2,720	512	2,900	2,767	3,410	3,404
- 지역신문 활성화 캠페인 지원	400	395	400	400	400	400
- 지면개선에 대한 심사평가	-	-	380	380	380	380
2. 융자사업지원	6,000	0	6,000	400	5,000	400
▶지역신문발전 인프라구축 지원(융자)	6,000	0	6,000	400	5,000	400
합 계	20,538	6,506	21,340	12,491	19,971	13,527
집행률(%)	-	31.68	-	58.53	-	67.73

* 출처: 지역신문발전위원회(2007a: 98쪽). 표 재구성. (기금운영비 포함되지 않음)

(단위: 백만 원)

사업명	2008년		2009년		2010년	
	예산	집행액	예산	집행액	예산안	집행액
1. 보조사업	15,240	13,125	13,100		8,677	
▶경쟁력강화사업지원	7,650	5,639	4,620		2,325	
－ 기획취재 지원	2,660	1,757	1,800		720	
－ 인턴사원 지원	1,440	842	580		0	
－ 프리랜서전문가 POOL제 운영	1,440	1,272	1,440		1,005	
－ 콘텐츠(지면)개선 지원	500	258	300		225	
－ 뉴스콘텐츠 지원	400	400	500		375	
▶조사연구 · 연수교육사업	1,210	1,110	900		675	
－ 조사연구사업	400	300	100		75	
－ 연수교육사업	810	810	800		600	
▶정보화사업지원	3,400	3,400	3,500		2,625	
－ 통합뉴스제작시스템	2,000	2,000	2,000		0	
－ 신문기사자료 디지털화 지원	－	－	－	－	1,500	
－ 공동DB화 구축	1,000	1,000	1,000		750	
－ 디지털 장비임대	400	400	500		375	
▶공익성구현사업지원	4,190	4,086	4,080		3,052	
－ 소외계층 구독료 지원 및 NIE 시범학교 구독료 지원	3,410	3,306	3,080		2,302	
－ 지역신문 활성화 캠페인 지원	400	400	700		525	
－ 지면개선에 대한 심사평가	380	380	300		225	
2. 융자사업지원	5,000	3,260	3,000		2,000	
▶지역신문발전 인프라구축 지원(융자)	5,000	3,260	3,000		2,000	
합 계	20,240	16,385	16,100		10,677	
집행률(%)	－	81.00	－		－	

* 자료: 지역신문발전위원회(2009). [내부자료]
 － 2009년 예산이 30억 추가돼 삭감되었던 인턴지원예산도 추가 반영됨
 － 2009년 예산은 현재 집행 중이므로 집행액란은 공란 처리함
 － 2010년 예산은 9개월 기준으로 편성(전체예산의 75%만 반영)

사업수행 첫해의 실적은 앞서 언급한 대로 매우 저조했다. 총 205억 3천8백만 원 중 65억 6백만 원만 집행돼 집행률은 31.68% 로 나타났다. 이는 위원회가 2004년에 구성되었고 그 사업 첫 걸음

을 2005년 상반기에 들어서야 비로소 내딛었고 사업계획과 예산 편성을 마친 후 9월이 지나서야 비로소 실질적인 지원 사업이 이루어졌기 때문이었다.

제1기 사업에서 매우 중요하게 추진되었던 경영 컨설팅 지원 사업은 제2기 들어서면서 종료되었는데 제1기를 거치면서 어느 정도 경영 컨설팅에 대한 효과도 있었고 이에 대한 예산 지원 없이도 이를 바탕으로 제2기 사업의 추진이 순조롭게 진척될 것이라는 판단에서였다.

다만 지역신문사를 대상으로 전문적인 경영 컨설팅을 하는 회사도 흔치 않은데다가 그 회사들 간의 전문성과 수준에서도 차이가 있고 컨설팅을 받는 신문사들도 적극적으로 사업을 준비하지 못해 아쉬움과 함께 개선의 여지도 있었는데 컨설팅 지원 사업 자체는 전체적으로 나름대로 의미는 있었다고 판단된다. 적어도 컨설팅을 받은 신문사들이 신문사 컨설팅의 필요성과 의미를 인식할 수 있었고 무엇이 문제이며 어떻게 개선해가야 할지를 알게 된 것이 소득이라면 나름대로 소득이었다.

기획취재는 지역신문들이 그동안 인적 물적 역량의 측면에서 쉽게 추진하지 못해왔던 것으로서 이 분야에 대한 지원 사업은 신문의 내용과 질을 더욱 향상시켜 독자들에게 양질의 뉴스와 정보를 제공하게 한다는 점에서 중요한 사업이라고 평가된다. 재정적 인적 시간적 투입이 많이 소요되는 기획취재는 비교적 규모가 크다고 하는 신문사들로서도 적극적으로 추진하지 못하는 분야인데 더구나 규모가 작은 일간지나 또는 여러 가지로 열악한 사정에 있는 주간지로서는 시도하기 어려웠던 분야였는데 이를 지원함으로써 지역신문들이 심층 기획 취재된 내용을 독자에게 제공할 수 있게 되었다.

인턴사원과 프리랜서 전문가 지원 사업은 인적투자를 위한 사업인데 신문사 경영에서 가장 많은 지출을 차지하는 부분이 인건비라는 점을 고려한다면 신문사로서는 제법 요긴하게 활용할 수 있는 사업이다. 사실 적절한 곳에 인력 투입의 필요성을 느껴도 경영상의 어려움 때문에 현실적으로 이를 쉽게 충족시키지 못하는 어려움이 있었다. 인턴사원과 프리랜서 전문가 지원 사업은 바로 그러한 난점을 해결하고 지원하는 사업으로서 신문사 조직의 역량을 제고시켜줄 수 있는 사업이다. 인턴사원과 프리랜서 전문가들은 편집국이나 경영지원 분야에 적절히 활용돼 신문의 내용적 측면과 조직적 활성화에 도움을 줌으로써 궁극적으로는 신문에 대한 독자의 만족도를 높일 수 있는 사업으로 평가된다.

인턴기자 채용은 신문사로서는 기본적으로 인력을 고용하는 문제이며 그들에 대한 지원이 종료되면 정규직으로 채용하는데 대한 부담감과 또는 퇴출시켜야 한다는 심리적인 부담 때문에 처음에는 그 집행률이 저조하다가 나중에 점차 활성화된 사업이다.

인턴기자에 대한 급여는 회사가 약 20~30% 정도 매칭펀드 형식으로 대응자금을 출연해야 하는 사업이라 신문사로서도 부담이 없지는 않았지만 어차피 인력을 고용해야 하는 신문사로서는 그간 수습기자의 형식으로 고용해왔던 부분을 이러한 인턴기자 제도로 전환 대체하는 신문사들이 늘어나기 시작했다.

일간신문과는 달리 주간신문은 오히려 인턴을 고용하고 싶어도 지역에 고급인력이 부족한 이유로 인턴 고용에 어려움을 겪는 것

으로 나타났다. 이들의 업무분야는 편집, 취재, 판매, 광고 등으로 그 영역의 제한은 없었다.

한편 프리랜서 및 전문가 지원 사업은 신문사의 다양한 전문영역 개발과 양질의 신문을 제작하는데 도움을 주기 위해 추진하는 분야이다. 그러나 당초 목표했던 바와는 달리 그 사업실적은 대체로 저조한 것으로 나타났는데 이는 지역에서 그러한 직무를 수행할 만한 전문가 인적자원이 두텁지 못해 필요한 인력공급에 어려움이 있었기 때문인 것으로 해석된다.

뿐만 아니라 전문성이 채용의 기준이 아니라 인맥, 학연 또는 지배주주의 인적 네트워크에 따라 고용된다는 지적이 있어 이에 대한 시정과 개선이 이루어지기도 했다. 이에 대한 대안으로 마련된 것이 전문가 풀(pool)로서 지역신문발전위원회 홈페이지에 전문가가 스스로 등록하고 이를 객관적으로 검증하는 시스템을 도입하기도 했다(지역신문발전위원회, 2007: 191쪽).

조사·연구 사업은 지역신문사들에게 직접적으로 지원되는 사업은 아니지만 과학적인 조사와 분석을 통해 도출된 연구결과는 간접적으로 지역신문들을 파악하고 관찰하는데 있어서 없어서는 안 될 중요한 사업이라고 할 수 있다. 독자 프로파일 조사, 마케팅조사, 지역신문 광고시장조사, 지역신문 정책과 지원효과 연구 그리고 지역신문 현안 세미나와 토론회 지원 등의 형식으로 추진된 이 사업은 중장기적으로 지역신문을 지원하고 진흥시키는데 필요로 하는 객관적 근거와 자료를 제공하기 때문에 그 결과물들은 사업을 추진해나가는데 있어 중요한 정책결정의 자료로서 활용되고 있다.

교육 연수 사업은 지역신문사 기자들을 비롯한 구성원들의 인적 경쟁력을 제고시키기 위해 마련된 사업으로서 이 사업은 지역신문 발전기금 우선지원대상사로 선정된 신문사는 물론 비록 선정에서 탈락된 신문사라고 하더라도 참여할 수 있는 인적역량 강화사업에 해당된다. 이 사업은 구체적으로 전문화 연수, 해외 단기연수, 인턴 기자 교육, NIE 전문가 양성교육 그리고 예비 언론인학교 등 다양한 교육과 연수의 형식으로 추진되고 있는데, 지금까지 지역신문 구성원들에게 교육과 연수라는 것이 이른바 '그림의 떡'과도 같았다는 현실을 고려할 때 이에 대한 현실적인 지원은 지역신문 구성원들에 게 매우 긴요하고도 중요한 사업이라고 할 수 있다.

신문사의 정보화를 지원하는 사업은 크게 통합 뉴스 제작 시스템, 공용 DB 구축사업 그리고 디지털 장비 임대 지원 사업 등으로 이루어졌는데 투자규모도 클 뿐 아니라 공동의 시스템 구축에 소요된다는 점에서 단일 신문사 차원으로서는 감당하기 어려운 부분이라고 할 수 있다. 하지만 현대 미디어 정보사회라는 패러다임에서 지역신문도 경쟁에서 낙오되지 않고 나름대로 경쟁력을 갖추기 위해서는 이에 대한 지원은 필수적이라고 할 수 있다.

이 사업을 위해 지역신문들에 집배신 시스템 운영을 위한 인프라 구축과 공용 DB 구축에 지원이 이루어졌고 이에 필요한 하드웨어와 소프트웨어들도 지원됐다. 이 외에도 정보화 사업의 일환으로 노트북, 카메라 및 디지털카메라, PDA 등도 지원하여 정보화 시대의 경쟁력을 갖추기 위한 지원 사업이 단계적으로 이루어졌다.

공익성 구현사업으로는 NIE 시범학교 및 소외계층 구독료 지원과 공동 캠페인 그리고 지면개선 심사평가 사업 등이 있는데, 위원회는 초중고교를 대상으로 NIE 시범사업을 실시해 이를 주관하는

시범학교들에 지역신문 구독에 대한 지원을 했고 또 정보격차를 해소하고 정보복지구현의 차원에서 소외계층에 대한 신문구독을 지원했다.

NIE 시범학교 및 소외계층 구독료는 계도지를 판매하지 않는 신문사들에만 지원을 해줌으로써 계도지 판매로 인해 야기되는 문제점이나 부정적 영향력을 차단하는 효과를 동시에 얻으려는 정책을 펴기도 했다.

지역신문발전위원회는 지역신문의 우수사례를 공유하고 지역신문의 공공적 역할과 기능 그리고 지역신문 종사자들의 자부심을 고취시키기 위해 2007년부터 지역신문 컨퍼런스를 개최해오고 있다. 이 자리에서는 지역신문의 경영·광고·조직혁신, 우수보도 및 편집, 독자친화형 신문제작 및 지역공헌, 디지털시대 미디어전략 등 다양한 분야에 대한 우수사례들을 공모·시상하고 발표함으로써 우수 지역신문들 상호 간에 벤치마킹이 이루어지기도 한다. 또한 미래의 독자층인 대학생들에게도 지역신문 진흥과 지원을 위한 공모전을 개최하여 젊은 독자층의 아이디어와 감각을 활용해 지역신문을 위한 축제를 개최해오고 있다.

2009년 올해로 세 번째 개최되는 지역신문 컨퍼런스는 세계적 금융위기의 여파로 국내경기가 침체되고 이로 인해 신문광고시장도 급격하게 위축되면서 구독자 수의 감소로 이중삼중의 고통을 겪어야 했던 최근의 환경을 고려하여 사상 유례가 없는 위기상황과 어려움 속에서도 이를 극복하고 건투하는 지역신문의 의지와 노력하는 자세를 보여줄 것으로 기대되고 있다.

위원회는 그동안 보도의 질적 제고를 위해 기획취재에 비중을 두고 지원을 해왔으나 지면의 개선과 그 평가심사를 위해서도 지원할 필요성이 있다고 보고 지원 사업 2년차인 2006년부터는 지면의 편집 부문에 대한 지원도 해오고 있다.

사업결과 제호, 서체, 활자, 레이아웃 등 지면편집에서 크게 개선되어 과거 지역신문들이 편집에 있어서 수준이 떨어진다는 평판은 많이 줄어든 것으로 보인다. 또한 지면평가 사업을 위해 모니터 팀을 운영하면서 지역신문이 그 정체성을 지켜나가고 일탈을 방지하는 시스템을 구축하는 데에도 지원을 했다. 이 사업은 다른 한편으로는 우선지원대상사 선정에 있어서 심사평가의 참고자료로 활용하려는 목적으로도 운영되고 있다.

지역신문발전위원회가 추진하는 사업 중 가장 큰 문제점으로 지적되었던 것은 융자사업이었는데 이 사업의 본래 목적인 운전시설 금융 및 리스, 인쇄 및 편집장비 시설 도입을 위한 금융기관의 융자가 당초의 계획과는 다르게 매우 부진한 실적을 보이고 있다. 특히 제1기에는 3년간 총 170억 원의 넉넉한 예산이 책정되었음에도 극히 일부만을 제외한 거의 대부분의 예산이 그대로 남았기 때문이었다.[21]

그 이유는 경영 악화로 자본잠식 상태로 된 신문사들의 신용도가 극히 낮았기 때문이기도 하거니와 은행권에서도 저조한 금리 및 회사 내규 등을 들어 기본적으로 신문사에 대한 융자를 기피했기 때문이었다(지역신문발전위원회, 2007: 170-171쪽). 하지만 제2기에 들어서 2008년의 경우를 보면 예산 50억 원 중 32억 6천만

---

21) 제1기 사업예산 중 인프라 구축사업의 일환으로 융자된 자금은 총 8억 원이었는데 이는 제1기에서 유일하게 융자를 받은 영남일보에 의해 활용되었다. 영남일보는 융자를 받기 시작한 2006년부터 2009년 9월 현재까지 매년 연속해서 지원을 받아 총 21억 8천만 원을 융자받았다. 그다음으로 부산일보가 2008년에 6억 원, 2009년에 1억 원 등 총 7억 원을 융자 받았다.

원이 융자돼 그 집행률은 60%를 넘어선 것으로 나타났다.[22)

연도별	2005	2006	2007	2008
지원 사업 집행률	31.68%	58.53%	67.73%	81.00%

지원 사업이 추진되기 시작한 이후 2008년까지 지역신문발전기금이 집행된 실적을 보면 사업 첫해인 2005년은 집행률이 31.68%로서 매우 저조하였지만 본격적인 지원 사업이 추진되기 시작한 2006년부터는 58.53%, 2007년에는 67.73%, 2008년에는 81% 등으로 그 사업 추진력이 정상궤도에 오르고 있음을 알 수 있다(<표 28> 참조). 이러한 추이는 또한 지원 사업의 성과와 만족도에서도 유사하게 나타나 전체적으로 지역신문 지원 사업의 추이가 일정한 궤도에 오르고 있음을 나타내고 있다.

4. 지역신문발전지원정책의 성과와 과제

신문에 대한 국가의 지원이 없는 나라는 없을 정도로 사회의 공공적 가치를 가진 신문에 대한 공적인 지원과 진흥은 전 세계적인

---

22) 융자를 받은 일간지는 부산일보, 영남일보, 전남일보, 강원일보 등 4개사이며 주간지는 시흥자치신문, 안산신문, 시민의 소리, 목포투데이 등 4개사로 총 8개사였다.

추세이다. 유럽의 많은 나라들을 비롯하여 미국, 일본 등 대부분의 선진국들은 신문에 대한 지원과 진흥정책을 통해 언론의 자유를 보호하고 민주주의를 신장시켜나가고 있다. 언론의 자유는 개인의 존엄성을 보호하고 자유민주주의 근간을 유지 발전시키기 위해 없어서는 안 될 현대사회의 필수적인 요소이다.

특히 지역신문을 진흥시키기 위한 국가적 차원의 지원은 본서 서두에서도 상세히 언급한 바와 같이 한 국가의 균형적인 발전을 도모하기 위해 중요한 역할을 갖는다. 지역의 발전이 전제되어야 수도권을 비롯한 국가의 중심적 위치의 도시들도 함께 발전할 수 있고 또 경쟁관계에 있는 다른 지역들도 더불어 발전하며 공존할 수 있기 때문이다.

유럽과 미국 그리고 일본의 경우를 보면 많은 나라들이 연방제와 같은 오랜 전통을 운영해오고 있고 중앙정부는 지방정부들을 지원함으로써 비록 서로 다른 경제적 문화적 여건에 있더라도 한 국가 내의 모든 지방을 균형 있게 발전시키기 위한 정책을 펼쳐오고 있다.

신문매체에 대한 지원과 진흥정책 역시 마찬가지이다. 지역이 발전해야 나라가 발전할 수 있고 지역신문이 건강하게 존재해야 국가 전체적으로 여론의 다양성이 형성되고 정보의 민주화, 정보의 복지화도 이루어질 수 있는 것이다. 여론의 다양성이 보장돼야 다양한 정치적 이념이나 사상도 건전하게 뿌리를 내릴 수 있는 것이다. 그럴 때 비로소 생각의 다름과 사고의 차이에 대한 상호 간의 존중이 형성되고 공동체적 신념이 싹틀 수 있는 것이다. 그러한 현상을 위한 제도와 체제의 운영이 바로 국가균형발전의 요체요 핵심인 것이다.

　지역신문발전위원회가 탄생하게 된 근본적인 배경이나 목적 그리고 취지 또한 국가의 균형적 발전과 다양한 지역공동체들의 건강한 공존 및 상생이라는 고귀한 가치를 실현하기 위한 의지의 차원에서 비롯된 것이라 할 수 있다. 물론 국가가 국민의 세금을 언론매체에 지원한다는 것을 두고 위험한 발상이라며 비판적으로 바라보는 시각도 있을 수 있다. 여론형성이라는 고유한 기능과 힘을 가진 언론에 물적으로 지원하는 과정에서 자칫 정부가 언론권력을 정치적 도구로 악용할 위험성이 충분히 스며들 수 있기 때문이다.

　사실 지역신문발전위원의 위상도 그렇게 완벽하게 정치적 영향으로부터 독립돼있다고 말하기는 어렵다. 우선 제도적 측면에서 볼 때 위원회는 문화체육관광부라는 정부부처에 직속 편재되어 있으며, 위원회가 갖는 권한 역시 제한적이기 때문이다. 위원회는 독립적으로 기금우선지원대상사를 선정할 일차적인 권한을 갖지 않기 때문이다.

　지원특별법에도 명시되어 있듯이 기금운용의 주체는 소관부처 장관이지 위원회가 아니기 때문이다. 위원회는 자문의 역할만을 갖는다고 법은 정하고 있다.[23] 이러한 제한적 역할을 가진 위상의 위원회가 과연 지역신문발전기금을 지원할 지역신문들을 얼마나 독립적으로 선정하고 지원할 수 있을지에 대해서는 논란의 여지가 있을 수 있다. 매년 위원회가 우선지원대상사를 선정한 직후 우선지원대상사에 선정되지 못하고 탈락한 지역신문들로부터 제기되는 비판과 외압의 의혹들은 이러한 논란의 여지를 뒷받침해주고 있다.

---

23) 법 제6조(지역신문의 발전지원계획 수립) 및 제9조(위원회의 직무) 참조.

뿐만 아니라 지역신문에 대한 선별적 지원이라는 위원회의 기본 방침과 그 운영의 특수성 그리고 우선지원대상사 신청에 대한 심사과정과 사업집행방식에 있어서도 비판적 시각과 오해의 여지가 있었던 것도 사실이다. 그러나 위원회의 제반 심사 및 심의 그리고 평가의 방식과 과정을 좀 더 유심히 관찰해보면 그러한 비판과 오해는 타당한 근거를 갖지 못하는 것으로 나타났고 나름대로 위원회의 독립성을 유지하면서 개관적이고 공정한 잣대로 임무를 수행하려고 했던 것으로 알려지고 있다.

다만 사업수행 첫해의 우선지원대상사 선정과정과 결과를 두고 문화관광부와 위원회 간의 협의와 위원회 내의 선정 과정에서 의결과 재의결을 논하는 과정에서 일부 위원들이 사퇴를 한 것을 두고 오해의 여지가 있었던 것도 사실이다. 그러나 이것은 본질적으로 정치권의 부당한 개입이나 선정의 불공정성의 문제가 아니었다는 점에서 논란의 대상이 될 수는 없었다.

위원회의 제1기 백서에 따르면 그동안의 사업에 대한 성과를 지원 사업에 대한 성과와 지원기준설정에 따른 효과로 구분해 언급하고 있다(지역신문발전위원회, 2007: 222쪽).

우선 지원 사업에 대한 성과는 크게 세 가지로 요약할 수 있는데 첫째, 지역신문사들의 경영개선에 대한 성과, 둘째, 신문기사의 질적 수준향상과 지면개선 그리고 셋째로는 지역신문 종사자들의 자질 향상과 언론인으로서의 자긍심 그리고 사명의식 제고라고 할 수 있다.

지역신문발전위원회는 우선지원대상사로 선정된 지역신문들을 상대로 다섯 분야에 대한 사업 지원 계획을 수립하고 지원을 수행

하고 있다. 즉, 1. 경쟁력 강화 지원 사업, 2. 조사연구·교육연수 지원 사업, 3. 정보화 지원 사업, 4. 공익성 구현 지원 사업, 5. 융자 지원 사업 등이 그것이며 각 분야별 단위사업들에 대한 사업성과는 다음과 같다.

우선 첫째, 경쟁력 강화 지원 사업 부문에서는 신문사의 경영 측면에서의 문제점을 진단하고 개선하기 위한 경영 컨설팅 지원 사업이 추진되고 있는데, 비합리적이고 방만한 경영을 합리화하고 경영의 효율성을 높이기 위해 경영 컨설팅을 지원했다. 이를 통해 경영의 안정성 즉 구체적으로 인적 조직적 운영의 안정성을 위한 문제 점검과 그 개선을 위한 대안과 방향제시와 같은 성과를 거두었다.

기획취재 및 저술지원 부문에서는 지원을 통해 더욱 심층적이고 전문적인 보도를 하게 하여 지역주민들에게 더욱 고급의 뉴스와 정보를 제공하도록 했다. 특히 서로 다른 지역의 신문사들과 지역사회 공동의 문제를 기획 취재하는 공동기획취재는 아주 좋은 평가를 받았다. 지역신문 종사자들을 위한 저술지원을 통해서도 그들의 전문성과 역량을 제고하는데 일조하는 성과를 거두었다.

인턴사원 지원은 지역신문사들이 늘 안고 있는 인적자원의 부족함을 해소하고 그 활용의 확대를 위한 지원 사업이라는 점에서 지역신문사들로부터 좋은 반응을 얻고 있다. 인턴사원들은 필요시 그 지원이 종료된 후 정규직으로 채용될 수도 있는 기회를 가진다는 점에서 취업의 가능성까지 제공하는 지원 사업이라고 할 수 있다.

하지만 인턴사원을 마친 후 정규직 채용으로 이어지기를 내심 기대하는 인턴사원들과 이들 모두의 기대를 충족시켜주기 어려운 신문사의 상반된 입장을 고려해볼 때 인턴사원 지원 사업은 신문사로서는 적지 않은 심리적 부담을 갖게 하는 사업이기도 하다. 인턴기자 지원 사업 집행률이 저조한 이유도 이에 기인한다고 볼 수 있다.

전문가 및 프리랜서 지원 사업은 신문지면 내용의 질적 제고를 위한 지원 사업으로서 이 사업을 통해 신문사는 신문 콘텐츠의 고급화와 전문화를 꾀할 수 있다는 성과를 거두고 있으며 신문사의 반응과 만족도 역시 높은 것으로 나타났다. 다만 지역 내의 전문가와 고급 인력을 다양한 분야에 걸쳐 공급 받는다는 것이 어렵다는 점은 한계로 평가되고 있다.

지면개선 지원 사업은 주로 신문의 제호나 활자체 그리고 레이아웃 등과 같은 부분에서 그 성과가 나타났다. 독자로 하여금 가독성을 높일 수 있도록 활자체가 개선되었고 제호도 새롭게 개선되었다. 전반적으로 편집 스타일과 지면 디자인 개선에 대한 성과는 독자나 신문사 당사자들로부터도 좋은 평가를 받았다. 신문사들은 이 지원을 통해 편집 제작 스타일북 등을 제작하기도 했다.

뉴스콘텐츠 지원은 2007년부터 신설한 사업으로서 시민저널리즘 구현 차원에서 시민기자단을 활용하여 뉴스콘텐츠를 생산 공급하게 하는 사업이다. 시민기자단은 크게 일반 기사작성을 위한 취재 보도에 활용되는 기자단과 신문사 홈페이지에 올릴 동영상을 취재 보도하는 동영상기자단으로 구분되어 운용되고 있다.

텍스트 기사작성 시민기자단의 경우 통상 적게는 2~3명으로부터 많게는 15~20여 명에 달하는 기자들을 활용하는데, 지역별로 안배된 담당 구역에서 철저히 지역밀착형 기사나 동영상을 취재 보도하는데 투입되고 있다. 시민기자단을 활용하는 목적은 다양한

시각의 접근을 통해 지역주민과 함께 한다는 취지로 지역주민의 일상에서 일어나는, 지역주민의 눈높이 맞는 뉴스와 정보를 제공하는 데 있다. 다양한 읽을거리를 제공하면서 지역주민과의 소통을 강화함으로써 독자를 확장하려는 목적도 있다.

이들 시민기자들은 주로 대학생, 주부 그리고 전직 공무원 또는 교사 등 다양한 분야의 사람들로 구성되지만 종종 전문적 지식을 보유한 퇴직 교수나 변호사 그리고 의사들도 시민기자단에 포함돼 활동하기도 한다. 이들이 쓰는 기사들이 추가로 지면을 차지함에 따라 섹션을 추가하거나 심지어 증면하는 신문사들도 있다.

이는 취재인력이 열악한 지역신문으로서는 긍정적인 반응을 얻고 있는 지원 사업이기는 하지만 시민기자단 운영 자체가 신문사로서는 운영과 관리라는 업무를 별도로 맡아야 하는 부담으로 작용하기도 한다. 또한 역량 있는 시민기자들과는 대조적으로 일부 선발된 시민기자들은 뉴스콘텐츠 제작 실적이 저조하여 운영상의 문제점으로 지적되기도 했다. 뿐만 아니라 일반 시민기자단보다 동영상 기자단 활동에 치중하는 현상이 나타나 오프라인 신문에 보다 많은 시민의 참여를 유도하겠다는 위원회의 취지와 달리 관리 이용이 용이한 소수의 전문가를 활용해 인터넷을 활성화하려는 경향도 나타나고 있다.

2005년부터 2008년까지 4년간 경쟁력강화 사업에 지원된 기금은 총 161억 6천4백만 원이었다(<표 26> <표 27> 참조).

둘째, 조사연구·교육연수 지원 사업은 지역신문을 발전 진흥시키기 위한 이론적 근거를 마련하고 그를 통해 과학적이고 체계적인 지원 모델을 세워 중장기적으로 지원 사업의 바람직한 방향을 제시하기 위한 사업이라고 할 수 있다. 이 지원 사업을 통해 도출된 사업결과는 다음과 같다.

우선 독자 프로파일 조사를 통해 구독 성향에 관한 현상을 파악할 수 있었으며 시장 조사를 위한 마케팅 분석, 지역신문 광고시장 조사, 지역신문 지원정책과 지원효과 연구, 지역신문사 경영실태조사 연구, 법제 및 정책에 관한 연구 등을 수행했다.

이 밖에도 지역신문에 관한 각종 세미나, 토론회 등에 지원을 하여 지역신문 연구에 관한 활발한 논의의 장을 마련하였다. 조사연구·교육연수 지원 사업은 그동안 지역신문에 관한 연구가 일천했던 현실에서 적극적인 지원이 이루어졌다는 점에서 매우 의미 있는 사업이라고 할 수 있다.

조사연구 사업뿐만 아니라 지역신문 일선에서 종사하는 언론인들에 대한 지원도 이루어졌는데, 이는 주로 지역신문 구성원들의 자질과 전문성 향상을 위한 지원으로서 전문화 연수, 해외단기연수, 인턴기자 교육, NIE전문가 교육, 지역신문 실무교육 티칭 펠로우십 등을 통하여 투입됐다. 위원회의 교육연수 지원 사업은 갈수록 열악해지는 경영으로 지역신문 구성원들에 대한 투자가 어려운 여건에서 스스로 자기계발에 노력하고 동기부여를 함으로써 자부심을 갖게 되었다는 점에서 그 만족도가 높았다. 조사연구·교육연수 사업에 지원된 기금은 2005년부터 2008년까지 총 61억 6천 6백만 원으로 집계됐다.

셋째, 정보화 지원 사업은 신문제작의 현대화와 신문의 경쟁력 강화를 위하여 투입된 지원 사업으로서 통합 뉴스 제작 시스템과 조판 시스템 그리고 집배신용 시스템 구축에 지원됐다. 아울러 집배신용 시스템에 필요한 공용-DB 설치와 그에 필요한 하드웨어 및 소프트웨어가 지원됐다. 첨단 디지털 장비 지원도 이루어졌다. 취재보도에 필요한 노트북, 카메라, 디지털카메라, 렌즈, 플래시, PDA 등 다양한 지원을 통해 더욱 원활한 취재보도 활동이 이루어지도록 했다. 정보화 사업에 지원된 기금은 2005년부터 2008년까지 총 131억 9천 5백만 원이었다.

넷째, 공익성 구현 사업에 대한 지원은 주로 NIE 시범학교에 대한 지원과 소외계층을 위한 구독료 지원 사업으로 이루어졌는데 NIE 사업에는 제1기 동안에만 전국의 1,664개 초중고교[24)]에 총 482,946부의 지역신문이 지원됐다. NIE 지원 사업은 그 수혜자들로 하여금 애향심과 지역신문의 필요성 그리고 그 중요성에 대하여 새롭게 인식하는 계기가 되었으며 소외계층에 대한 지원은 기초생활수급자와 차상위계층, 장애인 및 경로 복지시설 등에 지원되어 정보복지 실현차원에서도 적지 않은 효과가 있었다고 판단된다.

뿐만 아니라 공익성 구현을 위한 사업으로 지역신문의 정보력과 유익함을 알리는 광고 홍보 전략에도 지원을 해 각종 매체에 광고 홍보를 싣는데 필요한 기금을 지원했으며 2006년부터는 지역신문 컨퍼런스를 개최해 지역신문의 우수사례나 성과를 공유하고 알리는 행사에 지원을 아끼지 않았다.

2006년부터 사업을 시작한 지면평가 시스템에 대한 지원은 지역신문의 일탈적 행위를 모니터링하고 우선지원대상사 선정을 하는데 보조 자료로서 활용할 수 있도록 돕는 효과를 거두고 있다. 공익성구현을 위한 사업에는 2005년부터 2008년 동안 총 126억 8천

---

24) 연도별 중복 지원 포함.

4백만 원이 지원된 것으로 집계됐다.

마지막으로 융자사업 부문에 대한 성과인데, 이 부문은 지원 사업 중 가장 실적이 저조한 사업으로서 2005년부터 2008년까지 책정된 예산 총 220억 원 중 고작 36억 6천만 원만이 집행된 실적을 보이고 있다. 이는 지역신문들의 자본능력이 매우 낮은 것에 우선 기인한다고 보며 설령 융자를 받았다고 하더라도 이에 대한 상환능력이 없기 때문에 신문사들의 지원을 기피하는 것으로 파악됐다.

위원회는 융자사업을 활성화하기 위해 문화관광부와 기획예산처, 한국언론재단 등과 협의를 거쳐 융자조건의 완화, 융자사업규모 축소 그리고 취급 금융기관 확대 등을 이끌어냈고 그 결과 제1기(2005년~2007년)에 책정된 예산 총 170억 중 8억 원만 집행되었던 지원이 2008년에는 한 해 동안에만 해당 예산 총50억 중 32억 6천만 원이라는 지원을 할 수 있게 되어 집행률 65.2%의 지원 실적을 올렸다.

결론적으로 요약하면 지역신문발전기금의 지원을 통한 성과는 다섯 개 사업 분야 중 융자 사업을 제외한 나머지 네 개 사업 분야에서 골고루 성과를 보이고 있었다. 지역신문별로 약간의 편차는 있겠지만 대체적으로 경영개선이 이루어지고 있고 신문의 질적 수준이 제고됐다는 평가와 함께 지면 역시 많이 개선되고 있다는 것을 확인할 수 있었다. 또한 지역신문 종사자들의 의식수준과 자질 향상 측면에서도 성과를 보이고 있다. 과거와는 달리 지역신문 언론인으로서의 사명감과 자긍심도 높아졌고 나름대로 지역신문에 종사한다는 것에 만족감과 애착심을 더욱 갖게 되었다고 판단된다.

지역신문발전지원특별법이 제정(2004년 3월 22일)된 지 만 6년이 되어가고 위원회가 구성(2004년 11월 4일)돼 지원 사업을 시작한 지도 2009년 말 현재 시점으로 만 5년이 지나고 있다. 위원회가 제1기를 마치던 2007년 11월에는 제2기 위원회 구성을 앞두고 지원법이 그 연속성을 위한 체계를 가져야 한다는 지역신문업계의 요구가 나오기 시작하면서 우선 지원사업의 성과와 한계에 대해서 평가가 이루어지기도 했는가 하면, 특별법의 기한 연장 내지는 일반법으로의 전환 등에 관한 논의 필요성도 제기되기 시작했다.

2007년 중반부터는 신문에 대한 중복지원, 지원기구들의 방만한 운영 등의 이유로 신문지원기구간 통합논의가 시작되기도 했고 제도의 필요성과 가능성에 대해 활발한 논의들이 전개되고 있다. 즉, 문화관광부는 신문발전위원회와 지역신문발전위원회, 한국언론재단, 신문유통원 등 4대 신문지원기구를 통합한다는 방침아래 공청회 등 의견을 수렴하기도 했으며 이에 대해 전국언론노조 등에서는 2007년 11월 민주노동대 천영세 의원 등을 통해 6년 한시법(특별법)으로 되어있는 지역신문발전지원특별법을 일반법으로 전환하는 내용을 골자로 한 개정안을 국회에 제출해 개정운동을 벌이고 있다. 2007년 12월 현재 국회에 제출된 지역신문법 개정안은 모두 3개로 민주노동당 천영세 의원, 대통합민주신당 이상민 의원, 한나라당 김양수 의원이 각각 발의하였다.

지역신문협회는 이러한 논의들이 활발하게 나오는 시점에서 '지역신문발전지원특별법 시행 3년 평가 및 향후 과제'라는 토론회를 각 지역별로 순회하면서 연속 3회 개최해 지원 사업 3년에 대한 평가와 아울러 향후 전망에 대해 심도 있는 의견들을 피력하기도 했다.[25]

우희창(2007) 지역신문발전위원회 전문위원은 그 첫 토론회에서 '지역신문 지원사업의 성과와 한계'라는 주제의 발제를 통해 특히 몇 가지 개정의 필요성을 주장하기도 했다. 우선 지역신문발전위원회의 법적 지위를 자문·심의 기관이 아닌 심의·의결기관으로 전환시켜야 한다는 것이다. 지역신문 산업 진흥을 위한 정책 결정, 지원기준과 대상에 대한 결정권, 기금 조성 및 운영 등의 권한을 지역신문발전위원회에 전적으로 일임하는 것이 필요하다는 것이다.

한편 특별법의 입법취지를 살리기 위해서는 위원회가 독립적이고 자율적으로 사업을 추진하기 위해서 별도의 사무국을 두어야 한다는 것이다. 유사한 사업을 수행하지만 지원사업의 방식이나 그 업무 비중을 고려할 때 지역신문발전위원회와 비교하여 더 단순하고 규모도 적은 신문발전위원회도 사무국을 갖고 있다는 점도 감안하고 형평성을 고려해 독립된 사무국이 설치되어야 한다는 것이다.

또한 위원 구성에 대한 관련한 조항도 발전적으로 개정해야 한다는 점을 들어 현행법상 위원 추천권자인 기자협회·신문협회·한국언론학회 대신 한국지방신문협회·전국지역신문협의회·한국

---

25) 2007.3.29(목) 대구: '지역신문 지원사업의 성과와 한계'(우희창 지역신문발전위원회 전문위원), 4.26(목) 광주: '기금 지원 3년, 이대로는 안 된다'(최정수 경남도민일보 경영관리국장), 5.30(수) 서울: '지역신문지원특별법이 일반법으로 가기 위한 조건'(양문석 언론연대 정책실장)

지역언론학연합회 · 전국언론노조 · 바른지역언론연대 등이 추천권
자가 되어야 한다는 것이다.

지원사업의 개선에 대해서도 현실적인 대안들이 제기되었다. 우
희창(2007) 지역신문발전위원회 전문위원은 우선지원대상사로 선정
돼 지원받고 있는 지역신문들이 그 사업의 내용과 집행방식에 대
해 다음과 같은 불만들을 갖고 있다며 이에 대한 개선과제를 다음
과 같이 아홉 가지로 상세히 언급하고 있다.

"첫째 기금이 지정된 용도 외에는 사용하지 못하도록 함으로써
지원에 대한 용처가 지나치게 까다롭다는 지적이다. 예상외 취재비
용 등이 발생할 경우 비용을 전용할 수 없으며 엄격한 사용 및 정
산 절차 때문에 해외취재 등에서 큰 부담을 안김으로써 소극적인
취재가 되는 경우도 있다는 것이다.

둘째 사업의 신청에서 사업이 지원되기까지의 리드타임이 너무
길어 취재시기를 놓쳐버리는 문제가 발생한다는 지적이다. 심사 절
차가 보다 신속해지고 간소화될 필요가 있다.

셋째 지속적으로 지원받는 신문사의 경우 기존에 지원받은 사업
에 대해서는 재 지원이 안 된다는 점을 애로로 지적하기도 했다.
예컨대 독자프로파일 조사와 같은 지원 사업은 주기적으로 반복성
을 가져야 데이터가 축적되어 조사의 의미와 효과를 키울 수 있는
데도 재 지원을 하지 않는다는 것이다.

넷째 위원회가 제시하는 발전지원 방안이 너무 추상적이고 품이
많이 든다는 일선현장의 지적도 깊이 새겨야 할 대목이다. 국민의
세금을 쓴다는 엄격성에도 신문사에 실질적 도움을 주는 사업이나
지원이 있어야 한다는 것이다. 예컨대 뉴스 콘텐츠 개선사업의 경

우 시민기자단을 꾸려 운영하는데 전담기자가 붙어야 하는데 단 1명의 인력도 여유가 없는 지역신문의 실정을 감안할 때 품이 많이 드는 작업이라는 것이다.

이는 신문사별로 운영 노하우가 다르고 일부 신문사는 상당한 성과를 얻고 있기 때문에 일반화할 수는 없으나 위원회로서는 신문사들의 현실적 상황들을 좀 더 예리하게 파악하여 사업을 선정하고 정교하게 코치하는 노력을 필요로 한다는 점에서 의미 있는 지적이라 할 것이다.

다섯째 위원회가 지자체의 광고 및 홍보비, 정부광고 및 공고의 배정 등 지역신문의 경영여건을 개선을 시킬 수 있는 각종 제도개선에 나서야 한다는 점이다. 지역신문의 현장에는 여전히 관언 유착의 뿌리가 남아 있고 이를 개선하지 않는 한 신문시장의 건전화는 요원한 과제일 수 있다는 것이다.

여섯째 주간신문들은 여전히 일간신문에 비해 상대적으로 차별받고 있다는 지적을 하고 있다. 일간과 주간신문이 여러 가지 측면에서 다른 시스템을 갖고 있는데도 발행과 경영에 있어 일간지 중심의 사고로 주간신문에 대한 지원사업과 지원방식을 결정한다는 것이다. 예컨대 교육연수사업에 있어 일간지는 대체인력이 어느 정도 있지만 주간신문의 경우 그렇지 못한 경우가 대부분인데도 사업 평가에 교육 참여도가 포함돼 제작에 차질을 빚으면서까지 울며 겨자 먹기 식 교육연수 참가에 나서야 한다는 것이다.

일곱째 기금지원 외 사업영역에 관한 문제다. 중앙정부 및 지방자치단체의 지역 언론 발전지원정책 마련을 독려하고, 위원회 사업의 효율성을 극대화하기 위한 우선지원대상사 배려 정책이 필요하

다는 것이다. 이는 앞선 기금지원 기준과 함께 지원사업의 효과를 극대화 할 수 있는 '인증효과'의 실현통로이기도 하다는 점에서 의미를 갖는다.

여덟째 광고국에 대한 지원이 거의 없다는 지적도 있었다. 이는 곧 경영에 관한 지원이 상대적으로 취약하다는 지적과 일치한다. 광고에 대한 직접적인 지원은 현실적으로 불가능하다 하더라도 선정사에 대한 정부광고나 공고에 대한 지원은 적극적으로 모색할 필요는 있을 것이다.

아홉째 지역신문사들마다 규모나 제작 인프라의 정도가 많은 차이가 있기 때문에 신문사의 자율성을 존중하는 형태의 사업 아이템을 발굴할 필요성도 제기됐다."

최정수(2007) 경남도민일보 경영관리국장은 '지역신문발전지원특별법 시행 3년 평가 및 향후 과제' 두 번째 토론회에서 특히 위원회의 현행 융자 사업의 비합리성을 지적하면서 현실적으로 그 기능을 제대로 발휘하지 못하는 융자 사업의 기금을 불용액으로 쌓아둘 게 아니라 어떤 식으로든 지역신문들에게 지원이 될 수 있도록 전환하라는 주장을 했다. 기실 현재 집행률이 매우 낮은 융자 사업 기금은 그 예산을 사업수행 마지막 해인 2010년에 전격 보조사업 영역으로 전환하여 지역신문들의 목마름을 해소시킬 필요가 있다. 이는 위원회가 문화관광부와 긴밀히 협조하여 전향적으로 논의하는 것이 옳다고 본다.

또한 공공기관의 광고를 우선지원대상사로 선정된 신문에 우선지원해야 한다는 주장이다. 지역신문발전지원특별법이 지향하는 선택과 집중 효과가 나타나게 하기 위해서는 선정된 신문사에게만 선택적으로 정부광고를 배당한다는 것을 명문화해야 한다는 주장이다. 이러한 주장은 오래전부터 언론노동조합으로부터도 줄곧 제기된 문제였으나 현실화되지 못하고 있는 실정이다.

하지만 이와 관련 지역신문발전지원특별법에서 이를 정당화할 법적 근거가 전혀 없는 것은 아니다. 법 제4조(국가 및 지방자치단체의 책임) 중 "① 국가 및 지방자치단체는 지역신문의 건전한 발전을 위해 필요한 시책을 강구 한다."와 "② 국가 및 지방자치단체는 지역신문의 육성과 지원을 위한 시책을 실시하기 위해 필요한 법적, 재정, 금융상의 조치를 취할 수 있다고 규정하고 있다."고 명시하고 있다.

이러한 법적 근거는 충분히 각 지자체로 하여금 관련 조례나 규칙을 제정케 하여 공공기관의 광고를 우선지원대상사 위주로 집행하게 하는 방법도 간구할 수 있다. 이러한 제안은 '정부광고나 지자체 광고와 같은 공공기관 광고들을 법 개정으로 강제해야 한다'는 양문석(2007)의 현실적인 주장에서도 잘 나타나고 있다.

이처럼 선택적 광고를 집행할 경우 지자체로부터 돌아올 보복이 심각해 비현실적이라고 보는 측면도 있겠지만 장기적인 시각과 궁극적인 안목으로 보면 건강한 지역신문을 지원하고 활성화한다는 지역신문발전지원특별법 취지에도 맞는 것이다. 뿐만 아니라 지방자치단체도 공고료 때문에 지역기자들에게 시달리는 병폐를 제도적으로 차단할 수 있다는 일거양득의 효과를 거둘 수도 있다는 점에서 진지한 논의를 할 필요가 있다.

한편 지역인터넷신문에 대한 지원도 법 개정을 통해 생각할 수 있는 주장도 제기되었다. 박민(2007) 전북민주언론운동연합 사무국

장은 지역신문발전지원특별법 개정 논의에서 무료신문과 인터넷신문도 지원 대상으로 편입시킬 수 있는지의 여부를 고민하면서 조건만 충족시킨다면 부분적으로 이들에 대한 지원도 필요하다는 입장을 밝히고 있다.

박 국장은 무료신문을 지원 대상에 포함할 것인가의 여부는 지역신문시장의 정상화를 목표로 하고 있는 지역신문발전지원특별법의 취지에 비추어 볼 때 논란의 소지가 있다고 주장한다. 지역신문시장 정상화가 유료독자의 존재를 전제로 하기 때문이라는 것이다. 이러한 상황에서 향후 법 개정 논의에서 무료신문 배제에 대한 규정을 분명히 해두자는 박 국장의 주장은 설득력을 갖는다고 할 수 있다.

인터넷신문에 대한 존재 역시 마찬가지이다. 신문법에 새롭게 포함된 인터넷신문을 지역신문의 범위에 포함시킬 것인가 하는 문제를 제기한 것이다. 여기에는 두 가지 쟁점이 있다고 본다. 인터넷신문은 신문법에 근거해 지원을 받고 있기 때문에 지역신문발전지원 대상에 포함되지 않는다는 것이고 다른 하나는 인터넷신문도 지역에서 발행되고 지역의 현안을 다루는 지역매체라면 지원 대상에 포함시킬 수 있다는 점이다.

박 국장도 언급했듯이 중복지원의 문제가 발생할 수 있으므로 이 문제는 법 개정에서도 명문화하는 것이 필요하다. 예컨대 박 국장이 제안하듯이 "인터넷신문의 특성상 배포권역이 별도로 존재하지 않는다는 점에서 인터넷신문의 등록관청을 해당 지역으로 규정"하는 것도 타당성을 갖는다.

현재 국회에서는 일반법으로 전환하려는 개정안이 상정되어 있고 또 2016년까지 시한을 연장하는 개정안도 준비 중인 것으로 알려졌다. 지역신문업계에서는 무엇보다도 현재 6년 한시법으로 되어 있는 지역신문발전지원 특별법의 개정이 필요하다는 입장이다. 지역신문 지원의 지속성을 유지하고, 신문 산업의 전반적인 침체 속에 6년 한시 지원으로는 지역신문의 자생기반을 갖추기에 모자라다는 것이다.

지역신문발전위원회도 특별법을 일반법으로 전환하거나 또는 특별법의 기간을 연장하는 방안을 모색하고 있다. 이와 함께 위원회의 법적 위상 및 실질적 권한에 대해서도 개정의 필요가 있다고 보고 있다. 현재 우선지원대상사 선정 시 위원회가 비교적 독립적인 권한을 수행하고 있기는 하지만 법상으로 위원회는 심의 및 자문기구일 뿐, 실질적 권한은 문화관광부 장관에게 있는 실정이다.[26]

지역신문발전지원특별법은 지역신문시장의 특수성을 반영한 법인만큼 신문지원기구의 통합 문제는 시간적 여유를 갖고 신중하게 논의해야 할 사안이다. 특히 최근 신문지원기구의 통폐합 논의가 본격화됨에 따라 신문발전위원회 등과의 통합 논의나 별도의 독립된 사무국이 필요하다는 주장도 나오고 있다.

지역신문발전위원회는 통합에 대해서 기본적으로 반대의 입장을 취하고 있다. 위원회는 지역신문의 건전한 발전기반을 조성하고 여론의 다원화와 지역사회 균형발전을 도모하기 위해 제정된 지역신

---

26) 지역신문발전지원특별법 "제6조(지역신문의 발전지원계획 수립). ① 문화관광부장관은 매 3년마다 지역신문의 발전과 신문 산업으로서의 기반을 강화하기 위하여 지역신문의 발전지원계획을 수립·시행하여야 한다."에서도 명시되었듯이 발전지원계획을 수립·시행하는 주체는 문화관광부 장관이지 지역신문발전위원회가 아니다. 위원회는 "제9조(위원회의 직무)"에서도 밝히고 있듯이 발전지원계획의 수립에 관한 자문이나 심의, 조사, 평가 등의 역할을 할 뿐, 결정권한을 갖지 않고 있다.

문발전지원특별법이 향후에도 존속해야 할 필요성을 주장했다.

지역신문지원발전지원특별법은 '선택과 집중'을 기치로 내걸고 특수상황에 따른 지원을 해 온 만큼, 일반적 언론 상황의 개선에 초점에 맞춘 타 신문지원기관의 사업목적과 확실한 차별성을 갖고 있다. 따라서 최근 논의되고 있는 신문지원기구의 통폐합은 이제 본격적으로 지원성과가 가시화 되고 있는 지역신문발전기금 사업의 의미를 희석시킬 여지를 안고 있다. 이는 지역신문들의 자생력 회복에도 악영향을 미쳐 지역균형발전을 저해하는 요인으로 작용할 수도 있다.

통폐합 논의가 제기된 배경에 대해서는 일정부분 이해되는 바도 있지만 지역신문발전특별법의 입법 취지와 그동안의 성과가 훼손되지 않는 차원에서 진행되어야 할 것이다. 특히 지역신문이 안고 있는 특수성을 간과해서는 안 되며, 그동안 축적해 왔던 성과를 계속 이어 나갈 수 있어야 한다.

지역신문의 지속적인 자정과 개혁을 위해서도 선별지원 방식은 고수돼야 하며, 일반적 지원기구로 통합돼서는 곤란하다. 그러기 위해선 일단 법이 정한대로 2010년까지 독자적으로 사업을 진행하고, 그 뒤 사업평가 등을 통해 지속여부를 판단하는 것이 바람직할 것이다.

또한 일부에서 신문발전위원회와의 사업 중복성 문제에 대해 지적하고 있는데 신문발전위원회와는 2008년 예산 수립단계에서부터 상호 중복되는 사업 등을 조정하여 예산에 반영했다. 또한 두 위원회 간 부위원장을 대표로 하는 협의 채널을 공식화하여 업무협조를 하고 있기 때문에 업무의 중복성이라는 지적은 그 설득력을 갖

지 못하고 있다.[27]

신문에 대해 정부가 개입해 국민의 세금으로 지역신문을 지원한다는 데 대해서는 앞서 언급했듯이 여전히 비판적인 시각이 있다. 바로 그렇기 때문에 지역신문들이 먼저 자성해야 한다. 시장 독과점에 의한 전체 신문시장 유통 구조가 파행으로 치닫고 있고, 과열경쟁으로 각종 경품과 무가지가 뿌려지면서 독자의 신뢰도가 떨어지고 있는 상황에서 과연 지역신문들도 이에 대해서도 공정한 비판 보도를 하고 있는지를 돌아봐야 할 것이다. 물량공세를 앞세워 지역 곳곳으로 침탈해 들어온 전국지들의 행태에 대해서 지역신문들도 비판의 목소리를 내야만 한다.

한편 일부에서는 지역신문발전기금을 신청하는 신문사나 선정되는 신문사가 너무 적은 것 아닌가 하는 지적이 나오기도 한다. 그동안 매년 100여 개 남짓한 신문사만이 신청을 했는데 사실 그 신청사 수가 적다고 할 수도 있지만 이것은 우리 지역신문업계의 현실을 간접적으로 대변해주는 결과이다. 단순히 지원대상사의 수를 늘리는 것만이 만사해결책은 아니다. 기금 지원을 통해 신문이 자생적으로 다시 회생할 수 있는 신문사를 지원하는 것이 정작 중요한 것이다.

많은 신문들이 신청하고 우선지원대상사 선정의 수를 늘려 결국 기금 나눠 먹기식으로 간다는 지적을 받는다면 이는 지역신문발전지원특별법의 근본적인 법제정 목적이나 취지에도 어긋난다. 위원회 제2기를 이끌고 있는 조성호 위원장도 언급했듯이 "전국적으로

---

27) 김원정(2008.09.24). "신발위-지발위 업무 중복성 없다." [인터뷰] 최경진 부위원장. 『미디어오늘』. http://www.mediatoday.co.kr/news/articleView.html?idxno=72918

100여 개 정도의 신문사라도 그나마 제 역할을 할 수 있다면 지원의 효과는 나타날 것”이라고 보고 있다.[28]

여러 가지 논란과 지적에도 불구하고 건전한 지역신문 육성과 지역 여론의 다양화라는 취지가 실현되고 있는지의 여부에서는 지역신문발전지원법에 의한 지원의 효과가 분명히 나타나고 있다고 볼 수 있다. 오래 동안 지역신문의 폐해로 지적돼 온 계도지도 감소했고 지면에 나타나는 지역소식과 지역정보의 비중이 늘어났으며, 지역신문에 대한 구독자들의 신뢰도가 높아졌다. 특히 지역신문 언론인들이 자긍심을 회복하고 지역에서 언론인으로서의 점차 위상이 높아지고 있다는 점이 가장 큰 변화라면 변화일 것이다.

지원 대상을 늘리고 경영에 대한 현실적인 지원을 늘려달라는 지역신문들의 요구도 적지 않다. 하지만 우선지원대상사를 늘릴 경우 현재 예산규모(보조사업 185억, 2009년 기준)를 갖고 확대된 지원대상사에 배분되는 지원액이 그만큼 줄어들고, 직접지원에 관하여는 정부의 기금 운영법상 그 예산 확보가 현실적으로 어렵다는 한계가 있다. 다만 기존 융자 사업의 불용액을 경영여건 개선 항목으로 확대해서 활용하는 방안은 적극적으로 고려해 볼만 하다.

끝으로 위원회는 기금의 지원조건을 정한 법 제16조 중 ‘광고 비중이 전체 지면의 2분의 1 이상을 넘지 아니하는 경우’와 ‘사단법인 한국ABC협회에 가입한 경우’ 등의 조항은 그 현실성이 크게 떨어진다는 이유로 개정 필요성을 제기하고 있다. 지역신문의 육성과 이를 통한 여론의 다양화라는 특별법의 근본 취지가 실현되기 위

---

28) 이상기(2008.01). 조성호 신임 지역신문발전위원회 위원장 인터뷰. 〈신문과 방송〉 2008년 1월호. 109-112.

해서는 지역신문발전위원회나 지역신문업계, 문화관광부나 한국언론재단 등 일부 유관기관의 노력만으로는 어렵기 때문이다.

특별법 제4조에서 명시된 것처럼 "국가 및 지방자치단체는 지역신문의 건전한 발전을 위해 필요한 시책을 강구하여야 한다." 뿐만 아니라 "지역신문의 육성과 지원을 위한 시책을 실시하기 위하여 필요한 법제 재정 금융상의 조치를 할 수 있다."고 밝히고 있지만 이에 대한 시책이나 조치는 거의 없다. 특별법 제4조에 대한 개정만 지혜롭게 이루어져도 정부나 지자체 광고를 우선지원대상사 신문에 우선 게재할 수 있고 지역신문에 대한 세금 감면이나 지역신문 우편요금 할인 폭도 더욱 현실적으로 조정할 수 있다.

제6장 외국의 지역신문 지원정책 사례

지역신문에 대한 지원과 진흥에 관한 바람직한 사례를 외국의 언론선진국에서 살펴보고 우리나라의 현실을 고려해 적절한 정책적 지원의 가능성을 모색하는 것은 매우 유익한 일이다. 본 장에서는 오랜 신문의 역사를 갖고 있는 서구 및 미주 등 여러 나라들의 지역신문 지원제도를 살펴보고자 한다. 이미 오래전부터 지역신문에 대한 정책을 펼쳐오고 있는 많은 외국의 경우를 보면 상당히 적극적이며 다양한 방식을 통해서 지원하고 있음을 알 수 있다. 외국의 지역신문 지원정책을 통한 활성화 사례들을 살펴보면 다음과 같다.

1. 독일: 규제 통한 균형발전 지원 모델

독일은 신문의 나라라고 할 정도로 신문에 관한 오랜 전통을 갖고 있다. 1605년 세계최초의 신문 "렐라치온(Relation)"이 주간 형태로 독일에서 탄생되었고, 또 1650년 창간돼 세계에서 가장 오래된 일간신문으로 기록되는 "아인코멘데 차이퉁(Einkommende Zeitung)"도 바로 독일 라이프찌히(Leipzig)에서 발행되었다.

2009년 2/4분기를 기준으로 볼 때 독일에서 발행되는 전체 신문은 매일 약 2천 5백 31만부로 집계되고 있다. 이 중 전국일간신문으로 분류되는 10개 신문사가 매일 약 163만부를, 지역 및 광역단위 규모로 발행되는 신문이 333종으로 매일 약 1천 4백 6만부를, 그리고 8종의 가판신문이 매일 약 426만부를 판매하고 있다.[29] 신문시장이 잘 발달돼 있는 독일은 연방주의에 입각한 철저한 지역분권화로 미디어 정책과 법이 각 주별로 독립되어 있고 지역신문활성화 역시 이러한 분권제도 하에 체계적으로 이루어지고 있다.

〈표 29〉 독일 신문 발행 현황 (2009년 기준)

신문 유형	신문 수	부수 (단위: 백만)
지역 및 광역일간신문	333	14.06
전국일간신문	10	1.63
가판일간신문	8	4.26
일간신문 소계	351	19.95
주간신문*	27	1.93
일요신문	6	3.43
총계	**384**	**25.31**

* IVW 가입 신문.

___

29) 출처: 2009년 8월 1일 독일 IVW 2009년 2/4분기 통계 기준.

	1950	1960	1970	1980	1990	2000	2009
전국일간구독신문	4	4	4	4	7	10	10
지역 및 광역구독 신문(주간포함)	420	482	417	383	360	339	332
계	424	486	421	387	367	349	342

* 출처: 독일 BDZV, IVW 2009년 2/4분기 기준 재구성.

독일에서는 우리나라에서와 같이 부수 확장을 위해 치열하게 과당경쟁을 벌이는 행태는 찾아볼 수 없다. 독일의 지역신문이 이렇듯 안정된 기반 위에서 균형 있게 발전할 수 있었던 배경에는 우선 독일국민이 평소에 신문을 많이 읽는 것에 기인한다. 전 국민의 73.2%에 해당되는 만 14세 이상의 국민이 매일 신문을 읽는 것으로 나타났고, 여기에 연방정부와 주정부 당국이 적절한 신문 지원 정책을 펴고 있어 신문 산업이 다른 나라들에 비해 비교적 안정돼 있다고 볼 수 있다. 그러나 최근 세계적인 경기악화와 이에 따른 내수경기의 부진으로 신문 산업도 불경기를 겪게 되었다. 경기가 악화되다보니 광고가 타격을 받게 되었고 이는 곧바로 광고수입의 감소라는 악순환으로 이어지게 되었다.

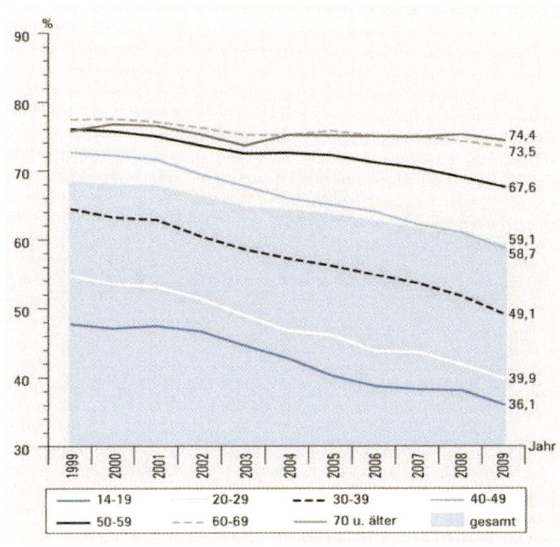

〈그림 6〉 독일 지역신문의 연령별 구독률 추이

(2009년 10월 현재/단위:%)

* 출처: ag.ma/BDZV/ZMG (BDZV, 2009에서 재인용).

독일은 신문기업의 집중으로 인하여 여론의 독과점 현상이 발생할 수 있다는 이유로 정부와 의회 차원에서 이를 해소하기 위해 적극적으로 미디어 규제정책을 펼치는 국가이다. 특히 1967년 연방하원의회의 여야 간 결의에 의해 구성된 귄터 위원회(Günther-Kommission)는 바로 그 대표적인 미디어 규제정책 위원회였다. 위원회는 당시 신문기업의 투명한 경영과 정상적 기업합병을 위한 법적 통제를 입법화하는데 기여를 한 바 있다. 입법화하는 데에 있어 논의되었던 문제의 핵심은 대체로 두 가지로 요약된다.

첫째, 강력한 자본을 가진 소수 지배적인 신문들에 의한 시장잠식이 미디어 공급의 다양성을 해친다는 점에 주목하고 정책을 제안했다는 점이다. 즉, 과다한 신문시장의 지배로 미디어 시스템의

독과점 현상을 유발할 뿐만 아니라 시장의 새로운 진입을 구조적으로 불가능하게 만든다는 것이다. 둘째, 그 결과 독자의 신문 선택권은 갈수록 좁아지고 이러한 현상은 다시 여론다양성의 위축으로 이어지기 때문에 근본적으로는 다원적 민주주의마저 훼손당하는 위기 상황마저 발생할 수 있다는 점을 지적한 것이다(Kepplinger, 1994).

사회 각계의 전문가들로 구성된 이 위원회는 1년여의 활동 끝에 신문경영의 투명성 제고와 신문기업 합병으로 인해 나타나는 폐단을 줄이기 위해 신문기업의 합병제한과 점유율 상한선을 정해 놓는 등 구체적이고 적극적인 규제안을 내놓았다. 또한 세금감면과 정부 보조 방식으로 열악한 지역신문들을 간접적으로 지원하도록 제안하기도 했다.

권터 위원회는 연방의회의 발의로 연방정부의 위탁을 받아 1년여 동안 철저하고도 체계적인 연구조사를 통해 1968년 신문시장 정상화를 위한 백서형태의 보고서를 내놓았다. 위원회는 이 보고서에서 정부와 의회에 '신문기업의 시장점유율 제한' 등을 비롯한 다양하고도 구체적인 정책제안들을 내놓았다. 예컨대, 한 신문사의 시장점유율 최고 20% 제한, 신문 및 잡지 등의 발행에 관한 일체의 소유 지분 공개, 경영정상화를 위해 중소 신문들에 대한 직간접적 재정지원, 영세규모 신문들에 대한 다양한 방식의 지원혜택, 기자의 직무능력과 사회적 위상 제고를 위한 대책마련, 신문시장 현황에 관한 연차 보고서 발행 등이 그 주요 골자였다.

연방의회는 이외에도 신문시장 정상화 정책의 일환으로 1975년 '신문통계에 관한 법률'(Gesetz über eine Pressestatistik; 이른바 신문통계법)을 입법하게 되었고 이를 연방통계청에서 전담 관리하도록 했다. 이에 따라 정식으로 등록된 신문사는 예외 없이 매년 발행에 관한 일체의 정확한 통계를 연방통계청에 제출해야만 한다. 또한 그 이듬해인 1976년에는 '기업의 소유 및 집중 통제에 관한 특별법'(Kartellrecht; 이른바 독과점규제법)을 입법하여 신문시장의 정상화에 크게 기여하기도 했다. 주무관청인 소위 '독과점규제청'(Kartellamt)은 우리나라의 공정거래위원회에 해당하는 정부조직으로서 신문시장의 독과점규제에 관한 권한이 부여되어 있다.

예컨대, 특정 신문의 기업합병 행위가 시장 지배적 위상으로 독과점 위험의 소지가 있다고 판단될 경우 이에 대한 승인을 거부한다든지, 또는 이와 반대로 특정 신문의 기업합병 행위가 기업경영과 신문시장 정상화에 유익하다고 판단될 경우 이를 승인하는 행위 등이 신문시장과 관련된 카르텔암트의 주요 업무에 해당한다(심영섭, 2001). 우리나라도 이에 해당하는 공정거래위원회가 있지만 과도한 경품 제공으로 인해 혼탁해진 신문 시장에 대한 규제는 '솜방망이 처벌'에 그치고 있다는 비판을 받고 있다.[30]

독일은 신문과 인터넷 등 방송인접시장을 포함해 점유율을 환산하여 시장의 30% 이상을 장악하지 못하도록 규제하고 있지만 독일식 규제를 우리나라에도 그대로 적용하는 것은 위험할 수도 있다. 우리의 미디어 시장이 독일처럼 보수와 진보가 균형을 이루며 다양성과 균형성을 이루는 시장이 아니라 보수 성향으로 크게 치

---

30) 실제로 주무 부처인 공정거래위원회는 예년에 비해 이명박 정부 출범 이후 단 한 건의 직권조사도 실시하지 않은 것으로 드러났고 또 규정을 위반해도 사실상 과징금을 부과하지 않아 공정거래위원회가 신문시장의 혼탁함에 무관심하고 심지어 직무유기를 자초하는 것은 아닌가 하는 지적을 받고 있다. 최훈길(2009.10.08). "MB 정부, '자전거 일보' 직권조사 '0건'". 『미디어오늘』.
http://www.mediatoday.co.kr/news/articleView.html?idxno=83396

우쳐 있기 때문이다. 따라서 단순하게 점유율만을 잣대로 규제 또는 지원 정책을 논할 게 아니라 우리나라의 현실에 맞게 신중히 접근해야 할 것이다.

결론적으로 독일은 미디어 규제 정책과 법을 통하여 여론의 다양성과 지역의 균형적 발전 그리고 특정계층에 치우치지 않는 보편적 미디어 복지 차원에서 지원과 진흥을 도모한다는 것이다. 예컨대 독일 대부분의 주정부들이 저소득층이나 소외계층을 위한 지원에 신문구독료를 지원해주고 있는 것도 이러한 정신을 반영하는 하나의 사례라고 할 수 있다.

독일은 이미 오래 전부터 정부와 의회가 협조하여 신문시장의 정상화를 위한 다양한 정책적 지원방안들을 법적으로 마련함으로써 건실하고 균형을 갖춘 미디어 시스템을 구축하는 데에 노력을 경주해오고 있으며, 그 결과 현재 전 세계적으로도 가장 모범적인 신문시장의 위상을 갖춘 나라의 하나로 평가되고 있다.

2. 프랑스: 간접지원 위주의 다양성 지원 모델

파리를 중심으로 정치 경제력의 중앙 집중화가 이루어진 프랑스의 경우도 지역신문은 전국신문에 비해 월등한 우위를 나타내고 있다. 프랑스는 현재 12개의 전국일간신문과 35개의 광역일간신문 그리고 21개의 협역일간신문들이 있다. 이들 신문들은 대부분 11개의 신문그룹에 소속돼 있는데, 특정 그룹에 속해 있지 않고 독립적으로 운영하는 지역일간신문은 8개뿐이다(주형일, 2009: 22쪽).

프랑스는 최근 신문 산업의 위기가 커짐에 따라 이에 대한 대책 마련에 고심하다가 2008년 10월 '신문에 대한 대토론회'(les Etats généraux de la presse écrite)를 계기로 여기에서 제안된 90개의 정책안을 담은 녹서를 작성해 문화 및 커뮤니케이션부 장관에게 제출했고 대통령은 이를 적극 수용 실시하기로 했다. 이 녹서에 따르면 국가는 향후 3년 동안 매년 2억 유로(한화 약 3천 6백 13억 5천 6백만 원)씩 총 6억 유로(한화 약 1조 840억 6,800만 원)를 신문을 지원하는데 지원키로 했으며 신문업계에 대해서도 국가의 지원에 상응하는 자발적인 자구 노력을 요청했다.

〈표 31〉 프랑스 전체신문 중 전국일간신문 및 지역일간신문 비중

	1990	2000	2007	2008
전국일간신문	19.3%	16.7%	14.0%	14.2%
지역일간신문	26.5%	27.8%	28.7%	29.1%

* 출처: 주형일(2009). 25쪽 표 재구성.

현재 유료신문시장에서 가장 큰 비중을 차지하는 매체는 잡지(44.15%)이며 그 다음이 지역일간신문(36.33%) 그리고 전국일간지(12.55%)의 순으로서 전국일간신문보다 지역일간신문이 차지하는 비중이 훨씬 크다는 것을 알 수 있다. 이 외에 일요판 신문(4.99%)과 지역주간지(1.98%)가 있으며 유료신문의 54.2%는 독자의 직접구매방식으로 유통되며 22.4%는 정기구독을 통해 유통된다(주형일, 2009: 23쪽).

흥미로운 사실은 <표 31>에서도 알 수 있듯이 전국일간신문이 신문시장 전체의 총매출액에서 차지하는 비중이 1990년 19.3%에서 2008년 14.2%로 감소했고, 반면 지역일간신문이 총매출액에서 차지하는 비중은 26.5%에서 오히려 29.1%로 증가하여 지역일간신문의 총 수입이 전국일간신문의 그것을 두 배 이상이나 상회하는 것으로 나타났다. 우리나라의 경우와는 전혀 대조적인 현상을 보이고 있다.

프랑스의 신문 지원제도는 크게 직접 지원제도와 간접 지원제도로 나뉘는데, 직접 지원제도는 정부가 신문기업의 활동에 직접 지원을 하는 것이고 간접 지원제도는 세금 우대제도 등을 통해 신문경영에 도움을 주는 방식이다. 하지만 프랑스의 핵심적 지원제도는 '간접지원제도'이다. 이는 전체 지원의 약 70%에 달하는 지원이 간접지원에 의해 이루어고 있다는 것에 기인한다(<표 31> 참조).

프랑스의 신문 지원제도는 신문법에 명시된 것은 아니지만 모든 지원이 그 법적 근거가 되는 별도의 행정부 명령을 통해서 시행된다. 그리고 그 지원기금은 거의 정부의 예산에서 충당되는데 엄격한 행정 감독이 이루어진다. 예산 편성 시 책정된 항목은 그 사용 변경이 어렵고 명확하게 목적대로 활용되어야만 한다. 따라서 각 지원 대상 신문들의 유료판매부수나 경영현황에 관한 자료제출을 의무화 하고 있다(박진우, 2007: 144-145쪽).

프랑스의 신문 지원을 위한 핵심 정책은 정부가 매년 기획하는 바에 따라 시행되는데, 미디어(Médias)라는 지원 사업 중 '프로그램 180 신문' (programme 180 Presse)에 사업비를 책정하고 지원을 한다. 지원제도의 운영과 관리는 총리실 산하에 커뮤니케이션부 직속 DDM(미디어발전국, le Département du Développment des Médias)

에서 담당한다.

　직접 지원은 철도 운송료 할인, 일간지 분산인쇄 지원, 유통업 현대화 지원, 외국 내 프랑스 신문의 유통 및 마케팅 지원, 신문 배달 지원, 정치와 종합 일간지의 배포 지원, 광고수입이 적은 정치 및 종합 일간신문 지원, 생활정보 광고수입이 적은 정치 및 종합 지역일간신문 지원, 지역주간신문 지원, 신문기업의 멀티미디어 분야 현대화 및 다각화 지원, 신문기업의 온라인 서비스 개발 지원, 정치 및 종합 정보 제공 일간신문과 유사일간신문 현대화 지원 등 다양한 지원정책을 시행하고 있다.

　간접 지원으로는 부가세율의 감소 투자충당금에 대한 특별 지원, 신문출판사와 통신사의 사업소세의 면제, 신문 판매원 및 배달원 사회보험료 감소 지원, 기자의 사회보험료 혜택 지원, 신문 지역통신원의 사회적 신분보장, 우편 우대 요금 지원 등을 통해 다양한 간접적 지원을 하고 있다.

〈표 32〉 프랑스 신문에 대한 지원

(단위: 백만 유로)

지원 구분	지원 성격	2007년	2008년
직접 지원	직접 지원 총액	162.80 (30.6%)	175.10 (32.3%)
간접 지원	간접 세금 지원	202.67	207.67
	간접 예산 지원	166.00	159.00
	간접 지원 총액	368.67 (69.4%)	366.67 (67.7%)
	총 지원액	531.47 (100.0%)	541.77 (100.0%)

* 출처: 주형일(2009)의 28~29쪽 표들을 재구성.

　지역신문에 대한 프랑스의 국가적 차원의 지원은 최근에 급조된

일시적인 정책이 아니라 이미 오래전부터 시행해온 국가의 신문 지원정책에서 비롯된 것이다. 경영과 재정이 빈약한 지역신문에 대해 다양한 지원을 활성화해온 프랑스 정부는 예컨대 1981년 지역분권정책을 강력하게 추진했던 당시 미테랑 대통령 시절 '언론의 독과점 방지와 다양성 보장법'을 제정했으며, 또한 1986년에는 '광고력이 약한 신문에 대한 지원제도'를 법제화하여 광고사업 여건이 열악한 지역신문에 대한 지원을 강화하기도 했다(성욱제, 2001).

이 밖에도 각종 면세정책, 저렴한 우편비용 혜택, 신문 공동배달제도에 따른 지원 등을 통해 지속적으로 신문들을 지원해오고 있다(Miège, 2002). 1990년대 중반 이후에는 언론의 현대화를 위한 지원이 법제화되어 1998년부터 '정치 및 일반정보 잡지와 일간지의 현대화 기금'이 마련돼 언론사들을 지원해오고 있다.

2008년에 있었던 신문에 대한 대토론회는 신문위기의 근본적 원인이 신문의 소유제한과는 직접적 관계가 없다고 밝혔지만, 그러나 근본적으로 신문의 집중현상은 신문의 소유문제로부터 파생되고 있고 또 그로 인해 결국 신문이 다양성을 잃고 독립성을 침해받아 결과적으로 균형 있는 정보, 공정한 뉴스와 같은 양질의 정보를 생산하지 못한다는 것으로 귀결될 수 있다. 결국 신문의 위기는 그로 인해 기자의 정체성과 직무에 영향을 줄 수 있는 것이다.

프랑스의 신문 대토론회가 주는 시사점은 결국 저널리즘의 개혁과 성찰이라고 할 수 있다. 신문의 경영 위기와 시장 위기는 곧 기자의 역할 및 기능과 전혀 무관한 것이 아니기 때문이다. 이는 사실상 우리나라의 경우 신문발전위원회나 지역신문발전위원회가 국가기금을 지원과 진흥을 하되 지역신문들도 스스로 자구노력을 하

고 경영개선과 지역신문의 정체성 확립을 주문하는 양면적 진흥정
책과 다름없는 것이다.

스웨덴

노르웨이, 스웨덴, 핀란드, 덴마크 등의 북유럽 국가들은 각 나라
마다 서로 다른 다양한 정치 문화적 전통으로 인해 신문 지원 제도
역시 다양한 특성을 띠고 있다. 북유럽 국가의 신문 지원 제도는
대체로 '여론의 다양성'과 '시장의 자유경쟁' 그리고 '문화적 다양
성'이라는 세 가지 차원의 보호를 목적으로 도입되고 시행되었다
(심영섭, 2009).

중남부유럽의 여러 선진산업국가들과 마찬가지로 북유럽 국가에
서도 1960년대부터 신문 산업의 독과점이 현상이 나타나면서 직접
지원제도를 도입했지만 지원정책이 모두 성공적으로 실시된 것은
아니었다. 자유 시장경쟁과 자본주의의 원칙을 고려한다면 이러한
지원정책은 그 정당성을 인정받기 어렵겠지만, 적어도 신문의 내적
독립과 질적 다양성을 지키고 신문의 공익성과 공공성을 지키기
위해 진흥의 노력을 펼쳤다는 것은 충분히 그 평가를 인정받을만

한 것이었다.

특히 1990년 들어 첨단 미디어 기술의 획기적 발전과 인터넷을 통한 글로벌화의 급속한 진척에 따라 이들 국가들에 대한 문화적 자원과 그 다양성이 위협을 받게 되자 북유럽의 각 나라들도 신문에 대한 지원정책을 더욱 강화하고 진흥정책을 펴기 시작했다.

이들 나라들의 미디어 지원정책은 1960년대 말 '여론 다양성 보호'와 '시장의 자유경쟁 보호'라는 두 가지 목표 외에도 2000년대 이후의 '문화적 다양성 보호'라는 새로운 목표를 더하여 세 가지 정책 목적에서 실시되고 있다. 북유럽 국가들은 과거의 재정적 직접지원정책 외에도 경영혁신을 위한 노력을 기울이고 스스로 자구의 노력을 하는 신문들에 대해 다양한 방식의 적극적 지원을 하고 있다.

스웨덴은 세계 최초로 언론의 자유를 헌법에 명시한 나라이며, 언론평의회와 옴부즈맨 제도를 도입한 나라이다. 언론의 사회적 책임과 역할을 중시하고 있는 스웨덴은 언론의 활성을 위해 재정상 취약한 소규모 신문들에게 정부가 직접 지원방식을 통해 신문시장을 진흥시키는 나라로 잘 알려져 있다. 또한 스웨덴은 신문대출기금이 마련된 1969년부터 신문지원이 본격화하기 시작했으며 신문지원기금은 일간신문의 경우 광고비 6%에 해당되는 광고세로부터 기금을 마련한다. 1990년대 이후부터는 신문지원에 관한 지원기준을 대폭 강화하는 한편 신문의 질적 제고와 신문경영의 개선을 위해 집중 지원하고 있다.

<u>노르웨이</u>

1969년부터 본격적인 신문지원 정책을 펴고 있는 스웨덴은 2005년을 기준으로 모두 226개의 신문이 발행되고 있다. 이 중 약 1/3에 해당되는 74개의 신문이 일간으로 발행되고 152개의 신문은 주간으로 발행되고 있다. 이들 신문들은 경영정상화를 위해 정부의 직접방식 지원을 받고 있는데, 1974년 들어서면서부터 지원은 제작이나 교육 연수 그리고 유통 등 다양한 분야로 확장되기 시작했다. 간접지원은 저렴한 우편물 비용과 감면된 부가세 제도, 광고수입에 대한 감세혜택 등이 있었으며, 특히 신문 공동배달제도가 보편화되어 있는 이 나라에서는 그 지원정책으로 운영비용에 대한 보조를 하는 것이 특징이라고 할 수 있다. 1993년부터는 자율적 유통구조가 어느 정도 궤도에 올랐다고 판단하고 원칙적으로 신문유통에 대한 지원을 중단하기는 했지만 일부 소수민족언어 신문에 대한 지원은 계속 이어지고 있다.

노르웨이의 신문시장이 안정적인 기반을 유지될 수 있었던 데에는 역시 정부의 적극적인 지원정책이 선행되었기 때문이다. 예를 들어 신문에 대한 부가세 감면이 그 대표적인 정책적 지원이다. 2001년 부가세법 개정 시 이를 없애자는 논의도 있었으나 최종 6%의 낮은 세율로 결정되었는데, 일반 상품이나 서비스에 대한 부가세율이 25%인 것에 비하면 현저히 낮은 것이다. 특히 1969년 이후 시행되고 있는 직접 신문지원 정책은 노르웨이의 다양한 여론과 균형 있는 신문시장의 발전을 위해 채택한 방안으로 평가받고 있다.

구체적으로, 판매부수 최소한 2천부 이상 6천부 미만이면서 질적으로 우량 평가를 받고 있는 신문이 재정적인 어려움을 겪고 있을 때 신청을 하면 지원한다. 또한 지역 신문시장에서 경쟁의 열세에 있는 것으로 지정된 소위 '2등급신문(secondary newspaper)'에 대해 정부가 직접적으로 광고재정 등과 같은 보조금을 지원하는 방식의 정책을 펴고 있다. 한편 1999년부터는 미디어를 적용대상으로 하는 신공정거래법과 함께 이를 주관하는 미디어 규제위원회("Eierska-pstilsysnet")와 같은 정부조직이 구성되어 미디어 시장의 공정거래와 규제 등을 전담케 하고 있다(Østbye, 2002).

핀란드

핀란드는 오랜 세월 동안 신문유통에 대한 지원을 중심으로 미디어 지원정책을 펼치는 나라이다. 1951년부터 지원이 시작돼 유통지원의 전담 정부부처였던 체신부가 우정공사로 민영 전환되면서 원칙적으로 지원이 중단된 1994까지의 유통지원정책은 신문의 배달과 판매가 합리적으로 정착될 수 있도록 결정적인 역할을 해왔다. 그러나 핀란드 정부는 지역적 특수성으로 인한 일부 오·난지역 등 일부 제한적인 지역에 대해서는 여전히 지원을 하고 있으며 일간신문의 경우 발행신문에 대한 부가세 면제 혜택을 주는 간접지원정책을 펴고 있다. 한편 판매신문에 대한 부가세는 22%라는 낮지 않은 세를 부과하고 있다(Alonso/Gil, 2006: 65쪽, 심영섭(2009)에서 재인용).

덴마크

덴마크는 스칸디나비아 반도의 국가들에 비해 그 지원의 정도와 규모가 작은 편이다. 이는 직접적 지원의 폭이 매우 작기 때문인데, 정부의 공식 보고서에 따르면 덴마크는 직간접지원 형태 모두 존재한다고 밝히고 있다(Statens forvaltningstjeneste Informasjonsforvaltning, 2000: 29~31쪽, 심영섭(2009)에서 재인용). 이는 덴마크가 특히 민족 고유의 문화적 자원을 유지 보호하려는 차원에서 그 지원을 정부 기관이 아닌 민영 재단을 통해 시행하기 때문인 것으로 풀이되고 있다.

덴마크의 신문에 대한 지원은 주로 "덴마크어로 발간되는 신규신문의 시장진입과 안정적인 정착을 위한 지원, 경영난을 겪고 있는 신문의 구조조정 지원, 파산상태를 맞이한 인쇄매체의 지원" 등으로 이루어지고 있다(심영섭, 2009: 53쪽). 덴마크는 2007년 새로 제정된 신문법에 따라 간접지원정책도 확대시켜나갈 예정인데 특히 그 나라 문화와 민족 고유의 자산을 보호 육성하는 차원에서 특히 덴마크 언어의 신문에 대한 지원을 늘려갈 것으로 전망하고 있다.

네덜란드

네덜란드의 경우도 국가의 정책적 지원이 제도적으로 잘 마련된 나라의 하나에 속한다. 하지만 신문 산업 분야에서 자본집중을 억제하는 노력에도 불구하고 1960년대 이후 나타난 과도한 매체의 집중현상 그리고 대대적인 방송광고의 도입으로 출판 산업의 재정은 급격히 악화되었다. 이는 결국 언론자유와 여론의 다원주의에

심각하게 훼손되는 위기상황을 맞는 결과를 초래하고 말았다.

그 결과 신문사들과 관련단체들은 국가의 지원을 요청하게 되었고 정부는 포괄적인 지원정책을 구상하게 되었다. 구체적인 방안으로 정부는 방송사들로 하여금 방송광고 세금의 일부를 신문 산업에 투자하는 정책을 폈을 뿐만 아니라, 1974년에는 '프레스펀드'라는 이른바 신문기금(Bedrijsfonds voor de Pers)[31]을 조성하여 언론의 다원주의를 유지 보전하려는 노력을 기울였다.

경영 정상화와 한시적 지원을 조건으로 하는 이 기금은 2001년 현재까지를 기준으로 총 2천만 유로(한화 약 240억 원)가 지원되었으며, 같은 기간에 신문의 광고수입손실을 상쇄하기 위해 방송광고로부터의 세제지원은 무려 약 480억 원에 달했다(Bardoel & van Reenen, 2002).

네덜란드는 1988년 '통합미디어법'을 제정하고 신문 산업에 대한 지원과 진흥을 목적으로 신문위원회를 설치했다. 신문위원회는 문화부에 소속돼 운영을 감독받지만, 개별 신문사에 대한 지원에 대해서는 독립적으로 결정할 수 있는 권한을 갖는다. 우리나라의 지역신문발전위원회처럼 운영과 심의 및 결정 사항에 대해 주무부처 장관인 문화체육관광부 장관으로부터 최종 승인을 받는다는 점에서는 차이가 있다.

네덜란드의 신문은 다양한 지원정책에도 불구하고 그 수가 지속적으로 감소하여 2005년에는 37개의 신문만이 남게 되었지만 소규모의 신문들이 나름대로 여론의 다양성을 유지할 수 있도록 정책적으로 적극적인 지원을 한다는 평가를 받고 있다.

---

31) 신문기금은 2008년 개정된 통합미디어법 도입과 함께 신문진흥기금(Stimulierungsfonds voor de Pers)으로 변경되었다.

제4부

지역신문
저널리즘과 성찰

제7장 지역신문 개혁과 윤리의식

한국의 지역신문을 보면 우선 머릿속에 떠오르는 것은 긍정적인 측면보다는 부정적인 측면이 먼저 떠오른다. 그럴 수밖에 없는 것이 우선 지역신문의 존재가 위기에 직면해 있기 때문이다. 지역신문이 직면한 그 위기의 배경엔 지역의 총체적인 위기가 깔려 있다. 한마디로 지역이 몸살을 앓고 있는 것이다.

당장 지역공동체의 현실을 들여다보면 어디 하나 제대로 기능하는 곳이 없을 정도다. 경제는 심각하게 피폐해졌고 경제는 늘 열악하고 불안하다. 경기의 악순환이 반복되고 인적 물적 자원이 갈수록 고갈되다 보니 인간의 정신적 문화적 향유를 위한 기본적 인프라 역시 열악해질 수밖에 없다. 기본적으로 일자리 창출 메커니즘이 공회전을 하니 젊은 인재는 서울 등 대도시로 대부분 떠났거나 또 기회만 되면 떠나려고 하고 있다. 그렇다 보니 지역의 기업이 어려운 여건에서도 그나마 인력을 채용을 하고 싶어도 마땅한 사람 찾기가 어렵다.

지역사회와 지역공동체가 처한 현실을 생각하면 지역신문의 입장을 이해할 만도 하다. 한국의 지역사회와 지역신문의 사정은 지역들 간에 약간의 편차는 있겠지만 기본적으로 서울 수도권을 제외한 타 지역들이 처한 현실을 생각하면 지역사회의 현실을 알 수 있다. 그렇다고 해서 현실만을 탓할 수는 없는 것이다. 어려운 여건과 환경에서도 지역신문은 언론매체로서 지역 내 다른 구성체들과는 조금 다른 이른바 지역공동체의 조정자(coordinator)로서의 역할을 갖기 때문이다.

지역신문이 지역의 여러 역할 주체들 간의 상호조정자 역할을 해야 한다는 것은 지역 언론매체가 수행해야 할 사회적 책무이다. 거듭되는 지적이지만 지역신문이 이러한 사회적 책무에 충실했는지에 대해 좀 더 진지하게 성찰할 필요가 있다. 이에 대해서는 지역사회와 지역공동체 주민들의 생각도 크게 다르지 않다. 대다수 지역민들은 지역신문에 대해 구제의 대상이라고 생각하지 않는다. 오히려 퇴출대상이라고 생각한다.

그리고 그러한 엄연한 현실은 지역신문들이 지역주민독자들로부터 갈수록 외면당하고 있다는 사실에서도 나타나고 있다. 지역신문이 외면당하고 지역주민들로부터 버림받았다는 사실, 이것은 바꾸어 말하면 지역신문이 지역주민들을 떠났기 때문에 나오는 말이기도 하다.

과연 지역공동체를 떠난 신문이 존재할 수 있을까. 그것은 가능하지 않다. 그럼에도 지역신문들이 근근이 살아남은 원인은 어디에 있을까. 여전히 과거의 관습대로 지역사회에 영향력을 행사하고 자사의 모기업에 방패역할을 하면서 운영의 기반을 보장받고 있기 때문이다. 여기에 관공서나 기업으로부터 홍보비를 챙기고 다분히 강압적으로 광고수주를 하면 어느 정도 신문사를 꾸려갈 수 있다고 보기 때문이다.

하지만 그 이상은 나아가지 못한다. 적당히 타협하면서 편안한 현실에 만족하는 신문은 결코 앞서 나아가지 못한다. 지역민을 위한 지역신문이 아니라 기득권 유지와 영향력 행사에 만족한다면 그리고 정·관·언 유착과 광고강매 관습에 안주한다면 그것은 이미 지역신문이 아니다. 지역주민은 자신이 몸담고 있는 지역사회, 지역공동체의 신문에 애착을 갖게 되지도 않고 결국 지역민은 자기 고장에 무슨 지역신문이 얼마나 발행되는지도 거의 알지 못하게 된다. 그나마 장·노년층의 어르신들은 그래도 한때 호황을 누렸던 지역의 토종 신문들을 알고 있고 종종 즐겨 읽는다. 물론 지역신문의 독자층은 이제 아주 박약해졌다.

지역신문 독자층이 얇아진 데에는 전국 곳곳의 지역으로 파고들어간 재벌신문들의 온갖 현란한 시장교란에도 기인한다. 지역의 토종 신문들은 손 한번 제대로 쓰지도 못하고 시장을 거의 다 내주고 말았다. 공룡과도 같은 전국신문들이 이미 지역의 신문시장을 초토화시킨 지금, 지역신문들이 이제 자생적으로 건강하게 그 활로를 찾기란 정말 어려워졌다.

생존의 몸부림 속에서 필사의 각오로 재기를 꿈꾸는 일부 극소수 지역신문들만이 주인 잃은 지역공동체를 최후의 보루로 삼고 지역신문의 간판을 지키고 있다. 한국의 지역신문은 이미 오래전부터 이등신문으로 전락한 신세가 되고 말았다.

지역신문들은 시장을 장악한 재벌신문들에 섞여 소위 '끼워주는 신문'으로 전락해 이른바 조·중·동으로 불리는 주류신문들 사이에 끼어 더부살이 신문이 되어 각 가정으로 배달된다. 그나마도 추가로 끼워 주는 신문으로 선택이 됐을 경우에나 독자를 만나는 것도 가능한 이야기다. 끼워주는 신문으로 구독자가 경제지나 스포츠 또는 연예신문을 택한다면 그나마도 지역신문은 '아웃'이고 '탈락'이다.

최근 부수공사 한국ABC협회의 결정에 따르면 유료부수 인정 구독료 기준과 무료 구독 기간을 크게 완화해 지역신문의 신세를 더욱 처량하게 만들어버렸다. ABC협회는 2009년 9월 30일 월 구독료의 80% 이상을 납부해야 유료부수로 인정했던 기준을 50%로 낮추고 준 유가기간(무료 구독 기간)을 2개월에서 6개월로 늘리는 것을 골자로 하는 '신문부수 공사 규정 시행세칙'을 개정했다.[32]

이번 시행세칙 개정은 정부가 내년부터 발행부수 검증에 참여하는 신문사에만 정부 광고를 배정하겠다고 선언한 뒤 이어진 후속 조치로서, 결국 그동안 온갖 탈·불법 과당경쟁으로 시장을 장악한 재벌신문들에게 이제는 공식적이고 제도적으로 특별한 혜택을 주는 셈이 됐다. 그런데 ABC협회의 이러한 결정은 이치와 논리에 맞지 않는 처사라고 할 수밖에 없다.

공정거래위원회가 지난 8월 '연간 구독료의 20%를 넘는 경품제공은 불법'이라는 현행 신문고시를 앞으로 3년 동안 더 존치시킨다고 결정했기 때문이다. 이번 ABC협회의 개정은 엄연히 법적 제재

---

32) 김창남(2009.10.07). "ABC제도 개정 지역신문 고사." 『기자협회보』.

권한과 효력을 갖는 정부 고시가 살아있음에도 불구하고 강행됐다는 점에서 이미 논란의 대상이 됐다. 정부 고시가 엄연히 존치되었는데 민간자율기구의 자격으로 사단법인 ABC협회가 유료부수 인정기준을 낮춘 것은 본말이 전도되는 행위를 한 것이기 때문이다.

이래저래 지역신문은 총칼 모두 빼앗긴 채 전쟁터에 내버려진 신세가 돼버렸다. 구독료의 20%까지만 경품을 허용한 신문고시 기준보다 ABC협회의 유료부수 인정 기준이 더 완화될 경우 판매시장의 불법 판촉 행위가 더욱 기승을 부릴 것이라는 우려 때문이다. 당연히 판매시장에서 더욱 기승을 부리게 될 신문은 재력을 가진 주류신문이 될 수밖에 없다. 설상가상으로 지역신문들은 여력이 안돼 돌릴 경품도 없을 뿐만 아니라 구독료를 더 깎아줄 수 있을 정도로 여유가 있는 처지도 아니다.

지역의 신문단체들이 이에 반발해 주무부처장관인 문화체육관광부 장관에게 'ABC제도 및 정부광고 집행에 대한 건의문'을 보내 개정, 좀 더 정확히 말하자면 ABC의 개악을 막아줄 것을 요청했지만 결국 받아들여지지 않았다. 한국ABC협회의 부수검증 및 인증을 거친 신문에 대해서만 정부광고를 배정키로 한다는 방침이 일각의 의혹대로 '사전에 짜인 전략'에 따라 시행된 것이라면 이는 정말 위험천만한 일이 아닐 수 없고 지역신문업계에 엄청난 파고의 위기에 휩싸일 것이 예상된다. 어쩌면 비극적인 결과까지 가기도 전에 이미 신문시장을 탈환하기 위한 거대신문들의 쟁탈전 속에 지역신문들은 서서히 그 명을 다하는 상황까지 갈지도 모른다.

민주주의의 존립 기반인 여론의 다양성이 심각하게 훼손된 지역사회에서 어쩌면 지역신문은 -개혁의 대전환이 이루어지지 않는 한-

이제 영원히 역사의 뒤안길로 묻혀버릴지도 모를 절체절명의 위기에 직면해 있다. 지역을 대변하는 지역신문이 곧 사망선고를 받게 될 시간도 이제 얼마 남지 않았다는 의미이기도 하다.

하지만 정말 지역신문들이 그러한 위기의 모든 책임을 지고 지역 언론이 처한 책임론의 '주범'으로 몰릴 만큼 대죄를 범했을까. 지역의 정치권, 관료 등 지역사회 기득권층의 작태를 생각하면 너무 과도하게 지역신문에게로만 비난의 화살이 쏘아진 것은 아닌지 하는 생각도 드는 것도 솔직한 심정이다. 하지만 지금은 누구의 잘잘못을 따질 때는 아닌 것 같다. 상황이 그만큼 절박하기 때문이다. 그렇다고 해서 지역신문들의 밟아온 행태를 모두 면죄시키자는 것은 아니다. 그들의 책임은 책임대로 기억하고 단죄를 하더라도 지금은 우선 지역신문 살리는 문제에 집중해야 할 것이다.

지금 해결해야 할 가장 문제는 과거의 업보에 대한 단죄가 아니다. 일단 그게 급선무는 아니라는 것이다. 지역신문들이 한목소리로 미디어 정책들에 대해서 공동의 대처를 해나가야 할 것이다.

예컨대 최근의 ABC 개정과 같은 잘못된, 적어도 시기적으로는 아직 적절하지 않은 결정이라든지, 그리고 얼마 전 전국의 16개 지역신문들이 이구동성으로 이명박 정부와 한나라당의 신문 정책 및 신문법 개정안 문제를 지면을 통해 공동기획물을 싣는 방식으로 비판한 것이라든지, 그러한 방식으로 지역신문들은 자기의 정당한 목소리를 내야 할 것이다. 이는 모처럼 지역신문들이 보여준 자기 주체적인 주장과 결의라고 평가할 수 있다.

지역신문들은 ABC공사 참여 유도를 허울로 내세운 유료부수 인정기준 완화지침을 당장 철회할 것을 강력하게 요구해야 한다. 결국 조·중·동의 주장대로만 움직이는 한국ABC협회와 또 그 부수 검증 결과를 토대로 그들 신문에만 정부광고를 집행하겠다는 것은 언론 민주주의를 교묘하게 와해시키겠다는 것과 다름없다.

언론 민주주의를 바로잡기 위해서는 ABC협회의 개정을 백지화하도록 강력히 요구해야 한다. 그렇지 않을 경우 조직력과 자금동원력 그리고 이를 무기로 벌여온 지역신문시장에서의 온갖 탈불법 행위는 결국 지역신문의 존재를 말살시키는 행위이자 지역공동체 더 나아가 언론 민주주의를 파괴하는 행위임을 명심해야 한다.

뿐만 아니라 ABC협회 회원 전체의 의사가 제대로 반영되지 않은 유료부수 인정기준 완화와 공사의 계획을 전면 취소하고 일부 회원이 아닌 전체 회원의 의사를 수렴한 정책을 시행하도록 주장해야 한다. 국가 공공기관인 공정거래위의 신문고시를 무시한 사단법인 ABC의 그와 같은 처사는 아직도 우리의 신문시장이 제대로 신문 발행 부수와 유가 발행 부수 등을 합리적이고 과학적인 근거에 의해서 운용할 수 없는 현실을 상징적으로 대변한다고 할 수 있다.

지역신문업계는 지역의 신문시장을 보호하고 회생시키기 위해 정당한 제도적 절차와 법적 근거를 보장하고 시행할 수 있도록 근본적인 문제제기를 해야 한다. 그러한 노력과 결단이 지역신문은 물론 궁극적으로 지역공동체를 회생시키는 현실적인 대안의 하나가 될 것이다.

지역신문을 개혁하기 위한 노력과 방안은 여러 가지가 있을 수 있다. 정책 비판과 대안제시 그리고 윤리적 성찰 등 다양한 방식이 있지만 우선 지역신문의 존재를 근본적으로 위협하는 현실 미디어 정치에 문제제기를 하는 것이 중요하다. 지면을 통한 공론화 작업

이 될 수도 있고 지역신문들과 유관단체와의 연대를 통한 주장도 필요하다. 개혁을 통한 성찰, 성찰을 통한 개혁, 그것은 지역신문에 관한 화두이다. 성찰과 개혁만이 현재 지역신문들이 처한 위기의 현실에서 벗어나 건강한 지역 언론으로서 자리매김할 수 있는 대안이다.

2. 지역신문 기자의 윤리의식

지역신문들이 지역민독자들로부터 외면을 받은 이유 중의 하나가 바로 지역신문들의 비리행위 때문이다. 언론매체로서 지켜야 할 정도를 어기고 사회적 물의를 일으켰던 사례들을 접할 때마다 지역주민들에게 어떤 생각이 들었을지는 자명하다. 물론 대부분의 지역신문들과 지역기자들은 척박한 언론현장 일선에서 기자의 직분과 직무를 지키고 기자의 사명감으로 지역사회에 정론직필의 자세와 모습을 지키고 있다.

문제는 일부 신문들과 일부 기자들의 비윤리적 행위와 작태다. 하지만 그러한 일탈행위가 아무리 소수에 국한된 사안이라고 하더라도 지역민들에겐 그렇게만 받아들여지지 않을 것이다. 지역주민들 눈엔 그러한 일부 일탈 신문들과 기자들이 지역의 전체 신문들과 지역 언론인들의 문제라고 판단할 수도 있다. 신뢰를 회복하기에 지금 지역신문들은 너무나도 먼 길을 떠나와 있지 않나 하는 생각이다.

과연 지역신문들은 어떤 일탈행위로 그렇게 지역주민독자들로부터 신뢰를 잃었을까. 일반적으로 드러난 일탈행위는 각양각색이다. 공갈 및 공갈 미수, 사기, 변호사법 위반과 업무상 횡령, 광고강매 및 이른바 '대포광고' 행위, 공공기관 광고 및 홍보료 강요, 그리고 이외에도 취재과정에서 드러난 과도한 압박 및 횡포 등이 지역주민들로 하여금 지역신문을 외면하게 만들고 있다.

미디어전문매체 『미디어오늘』이 지난 1990년 이후 현직 언론인이 연루돼 사법처리 된 형사사건 176건의 혐의내용과 형량, 지역별 분포 등을 조사한 바에 따르면 지역비리 기자들의 행태는 실로 심각한 수준이었다. 물론 지역사회와 지역공동체가 과거보다는 많이 개방되고 투명한 방향으로 발전하고 언론도 대체로 정화되어 기자비리 역시 점차 감소하는 추세에 있지만, 아직도 우리 사회의 이곳저곳서 터져 나오는 지역비리기자 문제들은 여전히 지역신문들의 윤리의식을 의심하고 불신케 하는 요인으로 알려져 있다.

〈표 33〉 사이비언론 입건 · 구속현황

연도	입건인원	구속인원	비고
2001	94	64	
2002	121	75	
2003	74	52	
2004	51	29	
2005	11	5	대검은 2005년부터 '사이비 언론'으로 통계를 뽑지 않고 지역토착비리의 한 유형으로만 취합

* 출처: 대검찰청(『미디어오늘』 정리 · 보도, 지역신문발전위원회(2007a)에서 재인용).

한 언론보도에 따르면 지난 2001년부터 2005년까지 5년 동안 각종 지역비리로 입건된 언론인은 무려 351명이었으며 이 중 구속된 인원만도 225명인 것으로 나타났다.[33] 다행히 해가 거듭될수록 지역비리기자들의 일탈행위가 감소되는 사실은 다행스러운 일이다. 비리에 연루된 언론인이 급격히 줄어든 데에는 검찰의 수사가 강화된 결과이기도 하지만, 아직도 지역비리 사례들이 끊이지 않는 것을 보면 지역신문계의 윤리적 성찰과 개선은 여전히 지역신문을 둘러싼 논쟁거리임에는 틀림없다.

지역신문비리에서 빼놓을 수 없는 또 하나의 고질적인 문제가 바로 주재기자의 행태이다. 지역신문의 주재기자는 그 일차적인 임무가 주재지역에 대한 취재보도 활동이다. 하지만 우리나라 지역신문의 현실을 비추어볼 때 주재기자의 현실적 업무는 일차적으로 취재보도 대신 광고수주나 구독자 확장에 있다고 해도 과언이 아니다. 따라서 기자 본연의 직무와 거리가 있다 보니 취재와 기사작성은 뒷전이고 광고수주와 구독확장이 주된 업무가 될 수밖에 없다.

하지만 이것도 정상적이고 정당한 방법으로 이루어진다면 그나마 다행이다. 공갈협박 수준에 가까운 '대포광고' 압력, 비리폭로를 미끼로 하는 기업광고강매, 관공서 홍보비와 계도지 판매 압력, 주재기자 개인의 자기사업 이익을 위한 사적 이권행위, 소속 신문사 사주의 사적 해결사 내지는 관리업무인 역할 등이 주된 문제점으로 지적되고 있다.

주재기자의 역할과 그들에 대한 인식이 이렇듯 부정적이다 보니

---

33) 김성완(2006.04.12). "지역비리 언론인 225명 구속. 대검 최근 5년 현황 분석… 공갈·사기 혐의 절반 차지". 『미디어오늘』.

그들을 바라보는 지역사회의 지자체 공무원은 물론 일반 지역주민들도 주재기자들을 고운 시선으로 볼 수 가 없다. 주재기자가 설령 기사를 쓴다고 하더라도 이권개입이나 친소 정도에 따라 기사논조의 향방이 달라질 수 있기 때문에 기사 내용은 공정성과는 거리가 먼 경우가 허다하다.

주재기자와 더불어 문제가 되는 것이 또한 지역사회의 기자실개방 문제이다. 기자실개방 문제는 오랫동안 지자체와 신문사 사이에서 유지됐던 온갖 적절치 못했던 카르텔과 음습한 관행·관습의 문제였다. 하지만 이른바 기득권을 가진 지역신문과 기자라면 그 누구도 이러한 철저히 폐쇄적으로 구축된 '그들만의 리그'를 개방시키고 혁신시키려는 문제에 대해 언급하기를 주저한다.

그런데 폐쇄적 기자실 개방 문제는 아이러니하게도 서울이 아닌 지역에서 제일 먼저 터져 나왔다. 1995년 지방자치제가 처음 실시된 후 기자실 개방문제를 처음 공식적으로 제기한 곳은 바로 남해군이었다. 당시 김두관 군수가 과감히 기자실을 개방한 것을 필두로 그 이듬해인 1996년 충북 옥천군수가 기자실 개방 시도와 계도지 예산 삭제를 단행하면서 지역사회에서도- 비록 처음엔 관 위주로 주도되기는 했지만- 지역신문과 기자들의 윤리의식의 문제로 지역신문 저널리즘에 대한 성찰의 기회를 가지기도 했다.[34]

이처럼 지역신문 주재기자의 파행적 행태는 지역신문이 지향해야 할 언론으로서의 사명감과 정체성을 송두리째 흔들 수 있는 지역사회의 독버섯과도 같은 존재로 전락하고 말았다. 이것이 주재기

---

34) 경남도민일보의 김주완 기자는 그의 저서 『대한민국 지역신문 기자로 살아가기』에서 기자실 개방이야말로 지역사회를 바꾸는 핵심적 과제의 하나임을 강조하고 있다. 김주환(2007: 75–81).

자를 바라보는 작금의 우리나라 지역신문의 현실이다. 그렇다면 주재기자 문제를 해결하기 위해서는 어떠한 대안을 강구할 수 있을까.

지역신문들에게는 케케묵은 말처럼 들릴지 모르지만 주재기자는 원칙적으로 본사에서 파견하도록 하고 정기적 순환근무제를 도입하는 것이 바람직하다. 또한 광고강매나 사주의 해결사 업무 같은 행위는 원천적으로 금지시키고, 지사나 보급소도 앞으로는 본사가 직접 관리하는 방식을 택해야 한다. 이 밖에 철저한 교육을 통하여 주재기자가 사적이익을 도모할 목적으로, 언론인으로서의 직분을 망각하는 행위 등을 못하도록 제도화해야 한다(권혁남, 2006: 25-28).

지역신문들로서는 이러한 개선책이 현실성이 떨어지는 처방이라고 할 수도 있다. 하지만 분명한 것은 지금과 같은 주재기자 제도와 관습은 분명 개방과 개혁의 새로운 지역시대를 열어가는 대명제와 정면으로 어긋나는 일이다. 이에 대한 시정의 노력이 없다면 지역신문은 지역민들로부터 더 이상 신뢰를 얻지 못하고 외면당해 결국 지역에서 퇴출될 것이 분명하다.

제8장 시민 저널리즘과 지역신문 저널리즘

1. 지역신문과 시민저널리즘

"모든 시민은 기자다." 오마이뉴스 대표 오연호 기자가 자신의 저서 『대한민국특산품 오마이뉴스』에서 쓴 말이다. 그는 지난 2004년 5월 30일 터어키 이스탄불에서 개최된 제57차 세계 신문 협회(World Association of Newspapers) 총회에서 "뉴스룸(News Room: 편집국) 혁명"이라는 포럼에서 "20c의 저널리즘의 종말 - 21세기는 누구나 시민기자"라는 주제로 발표해 전 세계에서 모인 많은 신문인들의 이목을 집중시킨 적이 있다. 그들은 처음에는 오연호 대표의 시민기자론에 반신반의하는 입장을 취했지만 곧 그들은 미래의 저널리즘이 결국 시민이 참여해 움직이는 방식으로 진화할 것이라는 믿음을 갖게 되었다.

오연호 대표가 말하는 '시민'은 우리가 흔히 지금까지 인식해왔던 그런 '시민'이 아니었다. 권력의 행위 대상이었던 시민은 이제

권력 행위의 능동적 주체자로 전면에 떠오르게 된 것이다. 21세기를 살아가고 있는 모든 시민은 과거 권위주의시대의 시민처럼 더 이상 권력 행위의 대상으로서의 시민이 아니라는 것이다.

권위주의 시대의 지도자는 시민을 통치(government)해왔지만 세상의 환경이 사뭇 달라진 현재, 이제 디지털 혁명의 주체로 급부상한 시민은 더 이상 통치의 대상이 아니라 협치(governance)의 카운트파트너(count partner)로 등장했다는 의미다. 즉 시민은 지배의 대상으로부터 지배의 주체이자 권력의 원천으로 탈바꿈하기 시작했고 시민이 직간접적으로 참여하고 개진하는 정치적 의사는 국가의 정책으로도 반영된다는 것을 뜻한다(김민남, 1998).

하지만 시민의 목소리와 의지가 여론화하고 제대로 공중에 전달되기 위해서는 필연적으로 언론이 바뀌고 개혁되어야 한다. 언론이 바뀌지 않은 상태에서 시민의 위상은 격상되지도 않거니와 격상되었다 하더라도 이는 아무런 의미가 없는 것이다. 언론개혁은 곧 신문과 방송을 주축으로 하는 미디어와 그 시스템의 개혁을 의미한다. 이를 위해서는 인터넷에서처럼 자유로운 여론과 언론의 민주주의가 보장되는 새로운 매체환경을 필요로 한다. 그러한 새로운 매체환경은 단순한 미디어 테크놀로지의 신장만을 뜻하는 것이 아니라, 진정한 의미에서의 언론의 민주화와 자유로운 커뮤니케이션의 진보를 말하는 것이다.

지역신문도 마찬가지이다. 지역주민 스스로 지역의 문제를 고민하고 해결하는 주체, 즉 지역 현안의 일차적인 관리자이자 운영자가 되어야 한다는 뜻이다. 과거에 지역 지도자층의 독단적이고 폐쇄적인 결정만으로 추진되어왔던 지역의 행정, 경제, 문화, 교육 등

삶의 모든 영역은 이제 지역시민이 지역의 언론 매체들과 함께 직접 참여해 그들의 이해와 관심을 스스로 적극 표명하고 그 의지가 정책에 반영되도록 협치의 동반자가 된다. 이것이 시민저널리즘 (civic journalism)[35]의 개념이자 곧 본령이다.

시민저널리즘은 사회의 기득권 시각 위주의 정보나 뉴스 차원을 벗어나 시민의 자발적이며 특히 사회적 약자나 소외계층의 권익을 위한 정보제공을 가능케 한다는 점에서 시민저널리즘에 참여하는 시민기자들은 큰 사명감을 갖게 된다. 그들은 사회의 기득권층이 특별한 관심을 보이지 않는, 소위 틈새 공동체나 소공동체와 관련된, 비록 '작은' 뉴스이지만 소수의 당사자에게는 '소중한' 뉴스를 제공하는 특징을 갖는다. 따라서 시민저널리즘이 다루는 뉴스는 자칫 보잘 것 없는 '시시콜콜'한 이야기처럼 들릴지 모르지만 '작은' 사람들에게는 정겹고 따뜻한 뉴스가 될 수 있다.

또한 시민저널리즘은 거대집단 지향적 정보나 뉴스보다 오히려 소집단 지향적 정보나 뉴스를 더 다룸으로써 개인과 개성 그리고 다양성을 존중하는 보도 편집 전략을 중시한다. 거대조직 특유의 강박성과 획일성이 배제된, 자유롭고 자발적이며 자기 주도적인, 그래서 자기 계발적인 뉴스를 생산하는 것이 곧 시민저널리즘의 역할이기도 하다.

---

35) 시민저널리즘(civic journalism)을 혹자는 공공저널리즘(public journalism)으로 지칭하는 학자들도 있다. 이 두 개념은 공히 시민이 언론과 더불어 공동체주의적 입장에서 펼치는 새로운 운동을 포괄하고 있다. 언론, 특히 신문사들은 독자를 확장하려는 전략적 차원에서 시민독자들을 저널리즘의 현장으로 동참케 해 잠재적 수용자 개발과 함께 궁극적으로 경영의 개선을 꾀하려는 의도도 갖고 있지만 시민독자의 입장에서 보면 시민/공공 저널리즘에의 참여는 자기가 살고 있는 지역사회와 지역공동체를 혁신 발전시키고자 하는 새로운 공동체적 사회개혁운동으로 이해된다.

뿐만 아니라 시민저널리즘은 기존의 전통적 대중매체의 메커니즘에 따른 소품종 다량생산 방식의 인식으로부터 탈피하여 다품종 소량생산 방식의 마인드로의 전환을 의미한다. 작지만 특이함을, 좁지만 다양함을 추구하는 정보생산이 곧 시민저널리즘의 영역에서 생동감 있게 창출되는 콘텐츠인 것이다. 결국 시민저널리즘은 지역신문사로서도 유익한 것이고 참여하는 지역시민으로서도 큰 보람을 느끼게 하는 것이다. 굳이 표현하자면 일종의 상호간 원-윈 전략인 셈이다.

하지만 이처럼 시민저널리즘의 이상적 목적과 취지가 일사천리 방식으로 늘 성공적으로 진행되지는 않는다. 모든 정책이나 제도가 새로이 도입되고 시행될 때 어려움과 한계가 있듯이 지역의 시민저널리즘도 몇 가지 해결해야 할 과제가 있다.

시민저널리즘은 한마디로 프로가 아닌 아마추어다. 그래서 혹자는 아마추어리즘식 저널리즘이라고 비꼬아 말하기도 한다. 특히 디지털파워와 인터넷 포털의 위력을 앞세운 시민저널리즘이 기존의 신문사들을 전방위적으로 위협해가는 상황에서 기득권적 지위를 수구하려는 '전통적 신문'들로서는 시민저널리즘이라는 뉴페이스가 썩 반가운 존재만은 아닐 것이기 때문이다. 오히려 기존의 신문들은 시민저널리즘이 기존에 자신들이 관리 유지해온 지역신문 시장을 침식시킬 수도 있다는 일종의 불안감을 느끼고 이를 배척의 대상으로 여길 수도 있다. 시민저널리즘이 극복해야 할 가장 큰 난제 중의 하나이기도 하다.

특히 시민저널리즘의 등장을 경계의 시선으로 바라보는 기존의 신문업계의 인식이 큰 문제이다. 기존의 신문시장에 나름대로 잘

적응해왔고 그 업계에서 누리는 이득과 권리를 잘 관리해온 기존의 신문업계로서는 의도적으로 제도권 저널리즘과 비제도권 저널리즘을 구분하고 차별화하려는 전략을 구사할 가능성도 있다.

전통적 신문업계의 주장대로 사실 시민저널리즘의 주체는 조직적으로나 재정적으로 넉넉하지 못하기 때문에 늘 어려움을 겪고 있다. 국가로부터 승인받는 문제부터 시작해 재원보조에 이르기까지 시민저널리즘을 추구하는 매체로서 넘어야 할 고비가 많은 것이다. 일종의 사명감 같은 것이 없다면 실제로 시민저널리즘은 그 생명력을 가질 수 없다.

그러나 무엇보다 중요하면서 어려운 점은 과연 기존의 주류 매체들에 의한 의제설정 영향력으로부터 시민저널리즘이 얼마나 자유롭고 독립적으로 뉴스와 정보를 충실히 생산해낼 수 있는가의 문제이다.

여기에서 우리는 시민저널리즘의 운용방식을 대략 두 가지로 구분해서 생각해볼 수 있다. 그 하나는, 기존의 주류신문들이 시민과 시민단체의 참여와 협조로 좀 더 새롭게 단장한 저널리즘 생산방식 체제를 갖추는 것이고, 다른 하나는 기존의 주류신문들과는 전혀 관계없이 그들과 협력적 관계를 맺지 않고 온전히 독립적으로 저널리즘 생산방식 체제를 갖추는 형태이다. 전자는 기존의 저널리즘 시스템에 시민 저널리즘이 자연스럽게 동화되는 것을 뜻하고 후자의 경우는 기존의 시장진입이나 기득권층의 높은 벽을 넘어야 하는 과제를 안고 있다.

그러면 시민저널리즘은 기본적으로 어떻게 형성되고 또 무엇을 구체적으로 구현해야 할지의 과제가 있을 것이다. 먼저 시민저널리즘을 움직이는 원동력은 본질적으로 시민의 자발성으로부터 출발해야 한다는 점을 전제로 한다는 것이 중요하다. 시민저널리즘의 주체는 그 본연의 정신을 잃지 않으면서 제도권 저널리즘의 한계를 극복해야 한다. 즉, 자유와 독립 그리고 다양성의 정신을 구현하면서 의제를 설정하는 것이 무엇보다 중요하다. 시민저널리즘 특유의 지향점이 대다(大多)지향성보다는 소소(小少)지향성을 추구한다는 것을 염두에 두어야 한다.

즉, '작고' '시시하며' 심지어 '보잘것없는' 뉴스와 정보야말로 그동안 오래도록 주류 지역신문이 외면해왔던, 그러나 정작 지역주민들로서는 알고 싶었고 필요로 했던 지역밀착형 보도의 원천이자 진정한 시민저널리즘의 과제라는 것을 명심해야 할 것이다. 문종대(2004)도 강조하듯 시민저널리즘 또는 공공저널리즘에서 가장 필요로 하는 파워의 원천은 결국 시민이며 그들이 참여하는 단체나 다양한 이익단체 등의 여론과 의견인 것이다(17-18쪽). 시민이 자기결정권을 언론이라는 공론장을 통하여 여론화하고 그 효과를 시민사회와 공동체의 이익을 위해 투입하도록 하는 것, 바로 그것이 시민저널리즘의 목적이자 존재이유이다.

하지만 이러한 논리와 이론이 의도한대로 현장에 적용돼 지역신문의 활성화에 실질적인 도움이 될 것인지에 대해서는 아직 그 누구도 섣불리 장담하기 쉽지 않다. 시민저널리즘이 우리사회에 도입되고 본격적으로 그 실체를 드러낸 지 그리 오래되지 않았기 때문이다. 그럼에도 불구하고 시민저널리즘에 거는 기대가 작지 않은 이유는 시민저널리즘이 현재 한국사회에 미치고 있는 영향력이 크다고 판단되기 때문이다.

그 구체적 근거로서 우리는 지난 2002년 월드컵 대회를 치르는 과정에서 나타난 거대한 시민의 자발적인 움직임을 경험했고, 2008년 한미FTA협상과정에 발발한 독자적인 시민의 시위를 보았기 때문이다. 그 과정에서 기존의 신문과 방송은 물론 인터넷 포털과 첨단 디지털 장비를 동원한 이른바 '현장 저널리즘'이 시민의 자발적이고 적극적인 운동을 통해 출현했다는 점을 들 수 있다.

비록 소수였지만 촛불시위 현장에서 웹캠이 부착된 모바일 인터넷으로 실시간 현장의 긴박한 상황을 중계했던 점, 기존의 방송사도 미처 카메라에 담지 못했던 용산 참사현장의 과잉진압 의혹 장면을 어느 시민단체가 촬영해 인터넷에서 모든 네티즌들에게 폭로한 사실 등은 바로 그러한 대표적 사례들에 해당한다.

기존의 거대한 대중매체가 해내지 못했던 신속하고 상세한 뉴스와 정보가 이른바 시민기자들의 전천후적 취재보도활동을 통해 온라인 네트워크의 세계 곳곳으로 전달돼 가히 혁명적 뉴스 정보 시스템을 구현한 것이다. 이를 계기로 심지어 오프라인 공간에도 전국적으로 백만 인파를 운집케 한 그 저력의 원천은 바로 시민과 시민저널리즘의 역동적 행위의 결과가 있었기 때문이다.

시민저널리즘은 이제 지역사회에서도 지역공동체를 움직이고 변화시킬 하나의 분명한 원동력으로 나타나기 시작했고 지역 언론들도 그들의 잠재력과 힘을 결코 가벼이 볼 수 없다는 현실을 인식하게 된 것이다. 그리고 지역신문이나 방송은 지역시민의 존재 없이는 앞으로는 더욱 자신들도 존재하기 어려울 것이라는 판단을 하게 된 것이다.

특히 일부 개혁적인 지역신문들은 그러한 일련의 시민들의 움직

임을 시민기자 운영과 같은 실험적 프로젝트를 통해 함께 경험하면서 지역시민과 주민들이 곧 지역신문의 존재근거라는 사실을 인식하게 했다. 지역시민과 주민 없이 지역신문 역시 존재하기 어렵다는 것을 더욱 절감했기 때문이다.

시민저널리즘은 대도시든 소도시든, 온라인이든 오프라인이든 지역신문의 잠재성을 일깨울 수 있는 구동력이다. 지역신문들이 비록 초기에는 지역기자단을 꾸려가면서 지역독자의 확장과 시민의 눈높이에 맞는 다양한 지역 뉴스와 정보를 제공하겠다는 소박한 취지로 출발했지만 머지않아 그 작업결과와 파급력은 당초 예상했던 것보다 훨씬 클 것이라는 예측도 가능하다. 문제는 향후 지역신문이 시민저널리즘을 통해 지역신문의 잠재성을 어떻게 본격적으로 일깨울 수 있을지가 관건이다.

실제로 현재 시민저널리즘의 성공적 사례가 구체적으로 나타난 지역의 몇몇 신문사들의 경험을 보면 좀 더 이 논의를 구체적으로 이해할 수 있을 것이다.

예컨대 대구에 소재하는 영남일보의 경우 시민기자 제도를 도입해 나름대로 시민사회의 관심을 불러일으킨 흥미로운 사례가 있다. 종이신문과 더불어 홈페이지에도 시민기자 섹션을 마련하고, 특히 '동네 늬우스'라는 정감어린 타이틀로 지면편집을 단행하여 지역사회의 시민들에게도 좋은 반향을 일으키기도 했는데, 이 사례로 지역신문발전위원회가 주최한 2008년 지역신문 컨퍼런스에서 대상이라는 영예를 수상하기도 했다.

같은 지역의 경쟁지 매일신문도 '시민기자' 제도(초기에는 '나도 기자' 제도)를 도입하고, '시민 동영상 기자' 제도 또한 가동하는 등 시민참여로 함께 제작한 기사와 동영상으로 시민을 능동적으로 찾아가고 있다. 이는 현재 신문사 자체로부터도 긍정적인 평가를 받고 있으며 이를 통한 시민저널리즘 구현에 지역신문들이 적극적으로 동참하고 있는 모습을 찾을 수 있었다. 그들이 취재하고 편집해 올리는 기사와 동영상은 지역시민에 의한, 지역시민의 눈높이에 맞는 다양한 생활밀착형 지역 뉴스와 정보이다.

이러한 시민저널리즘의 실험적 운용을 통해 신문사측에서도 그들이 미처 따라잡지 못했던 참신한 이슈나 아이템에 시민기자들이 접근할 수 있다는 점에서 그 평가는 상당히 고무적인 것으로 알려졌다. 특히 지난 지방선거 때 '참언론대구시민연대'가 주관하여 대구지역의 여러 언론단체들과 시민단체들 그리고 신문사들이 공동으로 추진했던 '희망여론 프로젝트'는 공정선거보도라는 지역사회 공동의 희망에 따라 지역신문들이 불필요한 과당경쟁을 절제하고 공정한 선거보도와 올바른 선거문화 정착을 실현하며, 지역시민의 정치의식 앙양과 민주시민의식 제고라는 효과를 거둘 수 있었던 매우 건강한 시민저널리즘의 한 형태로 평가받은 바 있었다.[36]

지역의 시민저널리즘으로 나름대로 좋은 평가를 받았던 시도는 이외에도 충북 보은의 보은신문이 운영하는 '해피통신', 전북일보의 '시민기자 특화운영' 그리고 대전의 중부매일의 '시민기자 활성화' 프로젝트들을 손꼽을 수 있으며 이 밖에도 전국의 적지 않은 지역신문들이 다양한 방식으로 시민저널리즘을 시도하고 있다.

---

36) '희망여론 프로젝트'는 대구·경북기자협회, 대구·경북언론노조협의회, 참언론대구시민연대 등 지역언론과 시민연대가 참여해 2006년 5.31 지방선거시기에 '선거보도분석 단체'를 발족하여 공정한 선거보도와 올바른 선거문화정착 그리고 민주시민역량 제고를 위해 시도했던 실험적 프로젝트였다.

지역신문들이 도입하고 있는 시민저널리즘을 더욱 체계적으로 운용하고 성공적인 사례로 만들기 위해 어떠한 방식으로 어느 분야에 접목을 시도할 수 있을지를 고민하는 것도 역시 중요하다.

우선 시민저널리즘은 지역신문 자체적으로만 운영하기에는 운영 재원 등의 어려움이 따르므로 지역신문발전위원회의 지원 등과 같은 정책적 지원을 통해 단계적으로 시행하는 방식이 필요하다. 그리고 그 운용에 있어서도 지역신문 단독으로 하기 보다는 지역 내 기자협회와 언론노조 그리고 다양한 시민단체, 대학의 언론관련 학과 등이 공동으로 추진하는 것이 바람직하다. 지역의 지자체나 공공기관들이라고 예외는 아니다. 그들도 할 수만 있다면 어떤 식으로라든지 적극 동참할 수 있다. 중요한 것은 지역사회의 공공성과 공익성을 증진하고 지역의 현안과 이슈에 지역민들의 관심을 이끌어 지역신문에 대한 애착과 애정을 유도하는 것, 그것이 바로 지역신문이 지향해야 할 시민저널리즘이다.

2. 지역신문의 지속적 발전을 위한 제언

"지역신문 육성, 선택의 문제 아니다." 지역신문발전지원특별법안이 국회상임위도 통과되지 못하고 계류돼 있었을 때 어느 지역신문에 기고한 칼럼 제목이다. 우여곡절 끝에 법제정은 됐고 벌써

시행 5년차가 거의 다 지나가고 있다. 그동안 나름대로 지원성과가 있었고 지역신문들도 우량한 신문을 만들기 위해 적극적으로 협조하여 시스템을 새로이 정비하면서 상당부분 체질개선의 효과가 나타나고 있다. 긴 안목에서 보면 지난 5년간의 지원은 이제 시작의 첫 걸음에 불과한 것이다. 국가의 지원이 정당하고 합당하다는 것은 이미 여러 공론장의 논의를 거쳐 검증되고 충분히 수용 가능한 것으로 사회적 합의과정을 거쳤다.

그런데 6년이라는 한시적 효력을 갖고 탄생한 지역신문발전지원특별법이 이제 그 효력이 1년을 채 남기지 않은 상황에서 벌써부터 지역신문 지원제도와 기구에 관한 이런 저러한 논의로 논란이 가시지 않고 있다. 물론 계속적인 지원이 큰 흐름을 타고 있지만 그 과정에서 혹이나 진정성이 결여된 정치적 발언이나 주장들이 제기돼 법의 진정한 의미를 훼손시키는 일이 발생해서는 안 된다. 이미 각 정당들은 계속적인 지원을 전제로 하는 법안발의를 해 놓은 상태에 있고 한시기간 연장이든 일반법 전환이든 여야 간의 지원방식은 약간 달라도 큰 틀에서는 새로운 법을 통해 지원의 연속성을 이어갈 것으로 전망된다.

지역신문업계로는 아무튼 반가운 소식이 아닐 수 없다. 지역신문과 지역분권 그리고 지역사회의 개혁과 발전을 도모하는 목소리들이 여야의 정치적 노선과 무관하게 지역신문과 이구동성으로 나오고 있다는 것은 분명 지역사회를 개혁하고 변화시키려는 사회적 합의가 적극적으로 이루어져 있다는 것을 의미한다. 게다가 최근 정부 국정감사에서 유인촌 문화체육관광부장관이 지역신문발전지원 특별법의 6년 연장에 대해 '긍정적'이라고 말해 일단 법시효의 연장은 공식적으로 확인된 셈이다. 아무튼 반가운 일이다.

현재 각 정당들로부터 제출된 법안은 크게 두 가지다. 그 하나는 법을 6년 연장하자는 쪽이고 다른 하나는 아예 이 기회에 일반법으로 전환해 영구적인 지원방안을 마련하자는 안이다. 전자는 한나라당과 민주당에서 발의된 내용이고 후자는 자유선진당에서 발의된 것이다. 물론 지역신문업계 측으로 본다면야 당연히 일반법으로의 영구전환 하는 것을 선호할 것이고 또 사실 서구의 많은 나라들의 경우를 보더라도 일반법으로 시행하고 있는 나라들이 많다는 것을 알 수 있다.

현재 우선지원대상사들에게 지원되는 예산은 불과 연간 150억 원 정도로서 이는 결코 넉넉한 규모가 아니다. 현재의 이 법이 시행되고 5년이 지나면서 전문가들은 어느 정도 지원의 기본적인 형식과 틀을 다졌다고 판단하고 있고 이를 바탕으로 향후 지속적으로 일반법에 의한 영구적 지원이 이루어져야 한다고 보고 있다. 발전지원기금도 더 확대되어야 한다는 것이 중론이다. 거듭 강조되는 말이지만 지원은 그 어떤 정치적 고려나 판단이 개입되어서는 안 되며 완전히 독립적이며 자율적인 시스템을 통해 지원되어야 한다.

일단 현재로서는 6년 한시법이 그 시효를 마감하고 최소한 6년 연장이라는 방안이 확보된 셈이다. 그동안 지역신문발전지원특별법 연장에 대해서 문화체육관광부는 지역신문들의 강한 요구에도 확실한 답을 피해왔다. 일각에서는 법 효력이 종료되는 2010년 9월 한국언론진흥재단(가칭) 산하에 지역신문지원 부서를 만들어 그 기능과 역할을 축소시키려는 것은 아니냐는 의혹의 제기돼왔다. 실제로 문화체육관광부 미디어정책국장이 참석한 한 토론회[37)에서 그와 같은 우려가 논란이 되기도 했기 때문에 역할과 기능축소의 의혹이 전혀 없는 것은 아니다. 이러한 의혹과 우려가 있던 차에 이번에 소속부처 장관이 직접 그와 같은 의견을 개진했다는 것은 지역신문들로서는 매우 희망적인 일로 받아들이고 있다.

지역신문발전지원법을 둘러싼 연장논의는 단순히 지역신문을 더 지원해 살리도록 하자는 것이 아니며, 만일 그런 식의 논리로 접근한다면 이는 대단히 위험한 발상이다. 현실적으로 어떻게 합리적으로 지원해 법의 궁극적인 목적인 건강하고 우량한 신문을 만들 것인지, 또 법의 목적과 취지에서도 밝히고 있듯이 지원을 통해 어떻게 지역균형발전과 지역신문의 활성화를 이룰 것인지 진지하게 고민해야 한다.

중요한 것은 지역신문을 활성화하여 그 신문들을 통해 참된 지역여론의 형성기능을 하도록 다양성 향상의 방향으로 지원을 해야 한다. 또 지역신문의 건전한 역할과 기능이 작동하여 지역의 정치와 선거민주주의를 정착하는 데도 도움이 되도록 지역신문을 지원해야 한다. 그러기 위해서는 지역신문의 역량과 경쟁력이 확보되어야 한다. 그리고 그러한 경쟁력은 지역신문들에 대한 차별화지원정책을 통해서 지원이 이루어지도록 해야 한다. 즉 선택과 집중이라는 당초의 취지대로 건강하고 우량한 신문을 만드는 데 노력하는 신문을 적극 지원하고 그렇지 못한 무능하고 불량한 신문들은 자연스럽게 지역신문시장에서 퇴출시키도록 유도하는 것이 필요하다.

사실 지난 5년간 지역신문발전위원회가 지원 사업을 추진해온

---

37) 2008년 9월 5일 개최된 '신문 산업 발전방안 모색을 위한 토론회'에 참석한 각 기관 관계자들은 지원기구의 통합에 반대한다는 입장을 밝혔다.

과정도 이러한 배경에서 이루어진 것이다. 궁극적으로 미래에 모든 지역이 균형 있게 골고루 성장하고 지역 간 격차나 차별 없이 발전하여 모든 지역신문들이 안정적인 기반에서 정론역할을 수행해 진정으로 지역이 발전하고 다양한 여론형성의 기능을 갖추도록 하는 것이 가장 중요한 과제이기 때문이다.

그러나 지역신문들이 국가적 지원의 정당성만을 주장한 채 무사안일한 태도로 지원에 의존해서는 곤란하다. 물론 지난 5년 동안 우선지원대상사로 선정된 지역신문들 중 그러한 안일한 자세를 보인 신문은 한 군데도 없었을 것으로 안다. 지역신문들도 혁신적으로 거듭나기 위해서는 특히 다음과 같은 몇 가지 점에 주목하고 지역신문발전에 동참해야 할 것이다.

첫째, 지역신문은 지역혁신이라는 국가적 과제에 적극 동참하여 지역 언론으로서의 참된 이미지를 지역사회에 인식시켜야 한다. 그러기 위해서는 지역신문발전위원회가 지향하는 바대로 정론역할을 이뤄낼 수 있는 내외적 시스템을 정비하고 체질개선에 주력해야 한다. 편집과 경영의 독립은 물론 편집규약의 현실적 운용, 지역신문의 투명한 경영, 민주적 절차와 선진언론경영에 따른 제도적 장치의 개선 등 신문이 올바른 방향으로 발전할 수 있도록 시스템을 정비하고 체제를 건실하게 개선하는 것이 중요하다.

둘째, 지역신문은 지역혁신이라는 국가적 과제에 적극 참여하고 그 실천방안으로 지역의 혁신체제의 운영에 동참해야 한다. 지역의 혁신 구성체인 산업과 행정 그리고 연구기관들과 유기적으로 연합해 지역의 역량을 극대화할 수 있도록 지역혁신 네트워크의 조정자의 역할을 해야 한다. 중앙정부와 지자체 등의 공공기관들은 물론 지역 내 대학과 연구소 그리고 언론 및 시민단체들과도 상시적이고 유기적인 연결망을 형성하여 지역의 혁신을 위한 협의체를 구성하고 실질적인 개혁과 혁신을 이루도록 조직 간의 상호작용을 유도하는 역할을 해야 한다.

셋째, 지역신문도 내적으로 혁신의 고삐를 늦추지 말아야 한다. 지역신문의 혁신은 외적 환경과 내적 여건이 조화를 이룰 때 무엇보다 그 효과를 배가시킬 수 있다. 아무리 훌륭한 지원제도가 마련돼 있어도 지역신문 스스로 내적 합리화와 결속을 이루지 못한다면 어떠한 지원도 가능하지도 않고 또 지원되었다 하더라도 그 효과를 기대하기 어렵다. 내적 혁신이란 구체적으로 경영의 합리화를 위한 규모의 경제 실천, 신문의 질적 제고를 위한 전문성 강화 등이 필요하다. 경영개선을 위해서는 필요시 각고의 자구적 노력이 전제되어야 하고 좋은 내용을 담은 신문을 만들기 위해서는 기자의 교육과 연수 그리고 자발적 연구 등을 통한 전문성 제고 노력이 전제되어야 한다.

넷째, 비(非)신문 부문의 다각화 전략이 필요하다. 신문이 전통적인 방식대로 신문 고유의 기능만을 추구하는 시대는 점차 지나고 있다. 신문이 취재활동을 통해 정보와 뉴스를 수집·정리·편집하여 독자에게 제공하고 일정한 지대를 받으며, 광고주와의 계약을 통해 광고를 싣고 대가를 받는 경제적 기능 등이 기본적으로 가장 중요하지만, 신문도 이제 더욱 새로운 변화를 모색해야 한다. 예컨대 신문의 전통이 강한 나라 독일의 경우 최고의 정론 고급지 중의 하나로 평가받는 '프랑크푸르트 알게마이네 짜이퉁(FAZ: Frankfurter Allgemeine Zeitung)'은 이미 70년대부터 부대사업 다각화 전략에 눈을 뜬 신문으로 잘 알려져 있다. FAZ는 신문발행 외에 도서출판 사업에 뛰어들어 나름대로 성공을 거둔 후 미디어환경의 급속한 변화를 예측하고 이미 그 당시 CD/DVD 제작 등과 같은 첨단 멀티미디어 사업에 뛰어들기도 했었다. 최근에는 공연, 전시, 기획 등 사회의 각종 문화 사업에 진출하여 지역사회와 신문의 교감을 찾는 전략을 추구해 신문이 새로운 독자들을 개발하고 또 기존의 독자들과의 유대관계를 더욱 돈독히 했다는 평가를 받고 있다.

강준만(2006)도 역설했듯이 지역신문이 옛날의 그럴 듯 했던 전통만을 움켜쥔 채 '점잔 빼고 있을 이유가 없다'는 것이다(120-122쪽). 최근에는 찻집경영부터 칼국수집에 이르기까지 그 부대사업 영역도 다양해졌다. 얼마 전 어느 제법 규모가 큰 지역신문이 상조사업을 시작했다는 이야기를 들었을 때 잠시 허탈한 웃음이 나오기도 했지만 삶과 죽음이란 것이 결국 인간사의 가장 중요한 부분이고 또 장례문화라는 것도 이제 문화의 한 고유한 영역으로 자리 잡아가고 있는 상황에서 그럴 수도 있겠다는 생각이 들었다.

아무튼 지역신문의 운명과 미래는 어느 누구 한 사람만의 노력과 의지로 결정되거나 좌우되는 것은 아닐 것이다. 신문의 사주는 경영을 합리화하고 투명하게 해야 할 책무를 가져야 하고 신문의 편집인은 지역민이 필요로 하는 뉴스와 정보를 제공할 수 있도록 철저한 지역밀착형 보도로 승부를 걸어야 할 것이다. 미디어 정책을 기획하고 추진하는 소속부처나 위원회의 역할 역시 막중하다. 그들의 결정 하나 하나가 한국의 모든 지역신문들의 나아가야 할 정책적 방향과 좌표가 결정될 수 있기 때문이다.

지역신문을 학문적으로 연구하는 교수나 연구원들도 마찬가지이다. 그들은 이론을 바탕으로 과학적 근거를 적용하여 지역신문의 문제와 현상 그리고 대안을 제시하는 역할에 충실해야 한다. 물론 그들 역시 지역신문에 대해 누구보다 잘 알고 또 애정을 가진 사람들이어야 한다. 이론과 현실을 조화롭게 잘 연결하여 가교를 잇는 역할을 해야 한다.

그리고 앞에 언급한 삼자, 즉 지역신문인, 미디어 정책가, 지역신문 연구자 이들은 서로 긴밀한 교류와 논의를 통해 지역신문과 지역혁신의 미래를 구상하고 실천해야 한다. 이 과정에는 어떠한 정치적, 독단적, 자사이기주의적 이해와 편견이 개입되어서는 안 된다. 또한 지역신문이 원만하게 발전하고 진흥되느냐 또는 몰락하느냐 하는 문제는 지역분권의 성패에도 결정적으로 영향을 미친다.

언론개혁 역시 마찬가지이다. 언론이 개혁되지 못하면 지역의 혁신 또한 가능하지 않다는 것을 우리는 지난 수십 년 동안 직접 체험해왔다. 언론개혁은 언론 스스로 추진해가는 것이 가장 바람직하고 효율적이지만 언론에게만 그 의지와 결단을 기대한다는 것은 현실적으로 어렵다. 지역 언론에 직간접적으로 영향을 미치는 모든 관계자는 언론개혁이라는 사회적 책무로부터 자유롭지 못하다.

진정한 언론개혁과 지역신문의 발전은 지역분권과 지역경제의 회생, 지역신문의 자생적 노력과 지역신문에 대한 연구 등이 상호 유기적으로 맞물려 이루어져야 한다. 그러나 그 발전 모델의 가장 중요한 핵심적 구동축은 무엇보다 지역신문 그 자체이다. 지역신문의 개혁은 곧 성공적인 지역자치제와 지역분권을 위한 전제조건이다.

21세기는 지역화 시대이다. 건강한 지역화 시대의 아젠다를 창출할 수 있는 지역신문으로 거듭날 수 있도록 이제 지역신문의 발전

과 지원을 위한 제2의 도약기로 접어들었다. 지금은 지역신문의 운명을 결정지을 수 있는 결정적인 시기이다.

지역신문의 활성은 지역혁신 시대와 균형발전 시대를 위한 필수조건이지 결코 선택의 문제가 아니다. 어려운 시장상황에서도 대부분의 지역신문들이 언론의 정도를 지키기 위해 고군분투하고 있음을 잘 알고 있다. 지역신문의 자정노력은 곧 개별 신문사 발전으로 이어지고 이는 궁극적으로 지역사회 발전에도 큰 동력으로 작용하리라 믿고 있다. 지역신문의 건투와 건승을 기대한다.

참고문헌

강준만(2006). 신문위기 시대의 지역신문 경영방안. 호남언론학회(편). 『지역언론과 지역문화』(108-126쪽), 서울: 커뮤니케이션북스.

권혁남(1994). 지역신문의 현황과 문제점, 그리고 발전방안. 『한국언론학보』, 31권 봄호, 5-28.

권혁남(2006). 지방신문의 지역주재기자 운영 실태와 과제. 호남언론학회(편). 『지역언론과 지역문화』(10-29쪽), 서울: 커뮤니케이션북스.

고영철(2003). 지방신문의 현황과 위기 대처방안. 전국언론노동조합 주최 지역언론활성화를 위한 순회토론 발제문.

고영철·최낙진·강성보(2006). 지역신문발전기금 우선지원신문사 선정 시행 1년 평가; 제주지역을 중심으로, 『지역신문 정책과 지원효과』, 한국언론재단.

김덕모·우희창(2008). 지역신문 지원제도의 정책목표와 평가 모델에 관한 연구. 『언론과학연구』, 제8권 4호, 114-158.

김민남(1998). 『공공 저널리즘과 한국언론』. 서울: 커뮤니케이션북스.

김선남(2001). 지방신문의 양적 팽창과 문제점. 『한국언론정보학보』, 16권 봄호, 7-33.

김선남(2006). 지역 언론인의 현황과 특성. 호남언론학회(편). 『지역언론과 지역문화』(30-42쪽), 서울: 커뮤니케이션북스.

김성완(2006.4.12). "지역비리 언론인 225명 구속, 벼랑 끝 지역신문 활로는 없나", 『미디어오늘』.

김세철(1997). 지역사회와 지역언론에 대한 이해. 김세철 외. 『지역사회와 언론』(21-31쪽), 서울: 커뮤니케이션북스.

김승수(2002). 세제 혜택과 재정 지원 검토할 때. 『신문과 방송』, 1월호. 21-25.

김영욱(2000). 지역공동체와 저널리즘: 지역신문 내용분석. 서울: 한국언론재단.

김영욱(2001). 한국 지방일간지의 지역성: 중앙일간지와 지면 비교분석. 서울: 한국언론재단.

김영욱 외(2005). 『위기의 한국신문 : 현황 문제점 지원방안』. 한국언론재단.

김영호(1997). 지방화 시대의 주간 지역신문. 김세철 외. 『지역사회와 언론』 (197-221쪽), 서울: 커뮤니케이션북스.

김영호(2002). 지방자치와 지역신문. 한국언론재단 (편), 『한국의 지역신문』(150-175쪽), 서울: 한국언론재단.

김영호 · 강준만(1995). 『현대사회와 지역언론』. 서울: 나남.

김영호(2007). 지역신문지원 3년 자생력 갖춰야 할 때, 『신문과 방송』 3월호. 124-127.

김원정(2008.9.24). "신발위-지발위 업무 중복성 없다". [인터뷰] 최경진 부위원장. 『미디어오늘』.

김주환(2007). 『대한민국 지역신문 기자로 살아가기』. 서울: 커뮤니케이션북스.

김중석(2004). 『지방분권과 지방언론』. 금강출판사.

김창남(2009.10.07). "ABC제도 개정 지역신문 고사". 기자협회보.

김창룡(2003a). 지방언론육성방안에 대한 연구. 전국언론노동조합 주최 『신문시장 정상화와 지역언론활성화 방안을 위한 토론회』. 2003. 03.07. 대구.

김창룡(2003b). 지역언론 독자관리 전략. 호남언론학회(편). 『지역언론과 지역문화』 (30-42쪽), 서울: 커뮤니케이션북스.

문종대(2004). 『지역언론의 발전과 개혁』. 서울: 커뮤니케이션북스.

미디어경영연구소(2007). 『2006 신문경영 종합분석(지방신문)』.

미디어인포(2008.06.16). 2007년 신문산업 건강지수 종합평가. 189호. 미디어경영연구소.

민주언론시민연합(2005). 『신문시장 신문고시 준수 실태 조사』.

류한호(2003). "지역 혁신을 위한 지역 언론의 역할과 혁신 과제". 대구사회연구소/한국지역사회학회 공동주최 지방분권시대 지역혁신 대토론회 발제문, 2003.12.09.

박민(2007). 지역신문발전지원법 3년 평가와 바람직한 개정방향. 전국언론노동조합주최 토론회. 2007.11.05.

박진우(2007). 프랑스의 지역신문 지원제도. 차재영 외(편). 『지역신문 정책과 지원효과』(144-145쪽), 한국언론재단.

성욱제(2001). 프랑스 신문 시장질서와 지원제도. 『세계언론 법제동향』, 10권 2001년 하, 162-189.

신문유통원(2009). http://www.konecs.or.kr 10월 현재 기준.

심영섭(2001). 독일의 신문관련 법규와 언론정책. 『세계언론 법제동향』, 9권 2001년 상, 52-76.

심영섭(2007). 『세계의 신문 공동 배달 제도에 대한 연구』. 신문유통원.

심영섭(2009). 북유럽 및 네덜란드의 신문지원 제도. 『'한국형 신문 지원 제도 모색' 세미나』. 서울 2009.10.8.

안경숙(2009.05.27). "신문유통원, 공배센터 600호 경북 풍기에 개소". 『미디어오늘』

안경숙·최훈길(2009.04.22). "기금은 깎고 정부광고는 전국지에 몰아줘". 『미디어오늘』

양문석(2007). '지역신문지원특별법이 일반법으로 가기 위한 조건'. 지역신문협회 주관 『'지역신문발전지원특별법 시행 3년 평가 및 향후 과제' 토론회』. 서울 2007.5.30.

오연호(2004). 『대한민국특산품 오마이뉴스』. 서울: 휴머니스트.

우희창(2007). '지역신문 지원사업의 성과와 한계'. 지역신문협회 주관 『'지역신문발전지원특별법 시행 3년 평가 및 향후 과제' 토론회』. 대구 2007.3.29.

이사벨 페르난데스 알론소 외(편)(2007). 『유럽의 신문지원제도』. 신문발전위원회.

이상기(2008). 조성호 신임 지역신문발전위원회 위원장 인터뷰. 『신문과 방송』

이용성(2006). 지역신문발전기금의 효율적인 지원방식에 대한 검토. 차재영 외(편) 『지역신문정책과 지원효과』(115-139쪽). 한국언론재단.

이은주(2007). 『지역신문의 경영구조 개선방안』. 한국언론재단.

이정환(2009.07.06). "올해 들어 미국 신문 105개 문 닫았다". 『미디어

오늘』.

임동욱(200. 지역신문발전지원특별법 개정방향과 필요성. 차재영 외(편)
『지역신문정책과 지원효과』(75-114쪽). 한국언론재단.

장호순(2001). 『작은 언론이 희망이다』. 서울: 개마고원.

장호순(2002). 지역언론 현실과 제도적 개선책. 한국기자협회 주최 지방
언론활성화 토론회. 2002.07.11. 국회

장호순(2006). 지방분권시대의 지역신문. 호남언론학회(편).『지역언론과
지역문화』(190-218쪽), 서울: 커뮤니케이션북스.

정상윤(2009). 지역성. 미디어공공성포럼(편).『미디어 공공성』(86-91
쪽), 서울: 커뮤니케이션북스.

정연구(2006). 지역신문 배달 서비스 개선방안. 호남언론학회(편).『지역
언론과 지역문화』(63-79쪽), 서울: 커뮤니케이션북스.

주형일(2009). 프랑스의 신문 지원 제도의 특징과 시사점.『'한국형 신
문 지원 제도 모색' 세미나』. 서울 2009.10.8.

지역신문발전위원회(2005).『지역신문 구독자 조사』.

지역신문발전위원회(2005).『2005 우선지원대상사 선정을 위한 지원기준』.

지역신문발전위원회(2005).『2006 우선지원대상사 선정을 위한 지원기준』.

지역신문발전위원회(2006).『2007 우선지원대상사 선정을 위한 지원기준』.

지역신문발전위원회(2007a).『제1기 지역신문발전위원회 백서. 지역신문
지원 3년, 성과와 과제』.

지역신문발전위원회(2007b).『지역신문발전기금 우선지원대상사 구성
원·독자만족도 조사결과』.

지역신문발전위원회(2007c).『2008 우선지원대상사 선정을 위한 지원기준』.

지역신문발전위원회(2008).『2009 우선지원대상사 선정을 위한 지원기준』.

지역신문발전위원회(2009). [내부자료].

지역신문발전위원회(2009). http://www.cln.or.kr 10월 현재 기준.

지역신문발전지원특별법(개정 2005.3.24법률 제07418호)

지역신문발전지원특별법시행령(제정 2004.10.5 대통령령 제18559)

최경진(2003). 지방언론 활성화 및 육성지원을 위한 제언. 전국언론노동
조합 주최 신문시장 정상화와 지역언론활성화 방안을 위한 토론
회. 2003.03.07. 대구.

최경진(2004.01.26). "추락 지역경제 탈출 해법찾자-언론의 역할". 매일신문. 9면.

최경진(2004). 지역신문 활성화 방안에 관한 연구-정책 및 법제 차원을 중심으로. 『한국언론정보학보』 여름(통권 제25호), 163-198.

최경진(2009). 지역신문. 미디어공공성포럼(편), 『미디어 공공성』(182-192쪽), 서울: 커뮤니케이션북스.

최경진(2009). 2009년 지역신문경영전망-지역신문발전기금 확대와 자구 노력 절실. 『신문과 방송』 1월호, 32-34.

최정수(2007). '기금 지원 3년, 이대로는 안 된다'. 지역신문협회 주관 『'지역신문발전지원특별법 시행 3년 평가 및 향후 과제' 토론회』. 광주 2007.4.26.

최진순(2007.09.28). "뉴스 서비스 무료전환 어떻게 봐야 하나?". 『한국기자협회보』.

최훈길(2009.10.08). "MB 정부, '자전거 일보' 직권조사 '0건'". 『미디어오늘』.

한국언론재단(2004). 『2004 한국의 지역신문』.

한국언론재단(2005). 좌담 "지역신문발전기금 우선지원대상 선정과 바람직한 지원 방향 - 구독료 지원 등 직접 지원 늘려야". 『신문과 방송』, 10월호, 80-88쪽.

한국언론재단(2006). 『2006 언론수용자 의식조사』.

한국언론재단(2007a). 『지역신문 광고시장 구조 분석』.

한국언론재단(2007b). 『지역신문 경영실태 조사』.

한국언론재단(2007c). 『지역신문 지원사업의 성과 분석』.

Bardoel, J. & van Reenen, B.(2002). Medien in den Niederlanden. In Hans-Bredow-Institut (Ed.), *Internationales Handbuch Medien 2002/2003* (pp. 444-460). Baden-Baden: Nomos Verlag.

BDZV(Bundesverband Deutscher Zeitungsverleger e.V.; 2009). IVW 2/2009.Available:http://www.bdzv.de/schaubilder+M58ecc40af83.html (2009.10.12)

BDZV(Bundesverband Deutscher Zeitungsverleger e.V.; 2009). Reichweitenentwicklung regionaler Abonnementzeitungen in Deutschland 1999-2009 in

Prozent nach Altersgruppen [ag.ma /BDZV/ZMG] http://www.bdzv.de/
schaubilder+M526cbc1f844.html

Haller, Michael(2006). Informationsfreiheit und Pressevertrieb in Europa:
zur Funktionsleistung des Grosso-Systems in ausgewählten Staaten
der Europäischen Union. 2. Überarbeitete Auflage. Baden-Baden:
Nomos Verlagsgesellschaft.

Jönsson, A. M.(2002). Das schwedische Mediensystem. In Hans-Bredow-Institut
(Ed.), *Internationales Handbuch Medien 2002/2003* (pp. 537-548).
Baden-Baden: Nomos Verlag.

Kepplinger, H. M.(1994). Kommunikationspolitik in der Bundesrepublik.
In E. Noelle-Neumann & W. Schulz & J. Willke (Eds.), *Publizistik
Massenkommunikation* (pp. 119-134). Frankfurt a. M.: Fischer.

Miège, B.(2002). Das Mediensystem Frankreichs. In Hans-Bredow-Institut
(Ed.), *Internationales Handbuch Medien 2002/2003* (pp. 309-320).
Baden-Baden: Nomos Verlag.

Østbye, H.(2002). Das Mediensystem Norwegens. In Hans-Bredow-Institut
(Ed.), *Internationales Handbuch Medien 2002/2003* (pp. 460-472).
Baden-Baden: Nomos Verlag.

부록

■ 지역신문발전지원특별법

제1조(목적)

이 법은 "지역신문"의 건전한 발전기반을 조성하여 여론의 다원화, 민주주의의 실현 및 지역사회의 균형발전에 이바지함을 목적으로 한다.

제2조(정의)

이 법에서 "지역신문"이라 함은 정기간행물의등록등에관한법률 제2조제2호 내지 제6호에 해당하는 신문으로서 일부 특별시·광역시·도 또는 시·군·구 지역을 주된 보급지역으로 하는 신문을 말한다.

제3조(지역신문의 자율성 보장)

국가 및 지방자치단체는 지역신문의 취재 및 보도의 자유를 보장하고 자율성을 존중하여야 한다.

제4조(국가 및 지방자치단체의 책임)

① 국가 및 지방자치단체는 지역신문의 건전한 발전을 위하여 필요한 시책을 강구하여야 한다.

② 국가 및 지방자치단체는 지역신문의 육성과 지원을 위한 시

책을 실시하기 위하여 필요한 법제·재정·금융상의 조치를
할 수 있다.

제5조(지역신문의 책임)

지역신문은 정확하고 공정하게 보도하고 지역사회의 공론의 장
으로서 다양한 의견을 수렴하여야 한다.

제6조(지역신문의 발전지원계획 수립)

① 문화관광부장관은 매 3년마다 지역신문의 발전과 신문산업으
　　로서의 기반을 강화하기 위하여 지역신문의 발전지원계획을
　　수립·시행하여야 한다.

② 지역신문의 발전지원계획에는 다음 각 호의 사항이 포함되어
　　야 한다.

　　1. 지역신문의 언론자유 증진과 자율성 보장

　　2. 지역신문 발전지원의 기본방향

　　3. 지역신문의 발전을 위한 중장기 및 연도별 지원계획

　　4. 지역신문의 유통구조 개선을 위한 기반조성지원에 관한 사항

　　5. 지역신문의 발전을 위한 조사·연구·기술개발·교육 및
　　　　인력양성 지원에 관한 사항

③ 그 밖에 지역신문 발전지원계획의 수립·시행을 위하여 필요
　　한 사항은 대통령령으로 정한다.

제7조(지역신문발전위원회의 설치)

지역신문의 발전을 지원하기 위하여 문화관광부에 지역신문발전

위원회(이하 "위원회"라 한다)를 둔다.

제8조(위원회의 구성)

① 위원회는 위원장·부위원장 각 1인을 포함한 9인 이내의 위원으로 구성한다.

② 위원장은 위원 중에서 호선하며, 부위원장은 위원회의 동의를 얻어 위원장이 위촉한다.

③ 위원은 지역사회의 발전과 지역신문에 관하여 전문성과 경험이 풍부하고 덕망이 있는 자 중에서 문화관광부장관이 위촉하되, 다음 각 호에 해당하는 자를 포함하여야 한다. 다만, 위촉 당시 현직 언론인은 이를 배제하여야 한다.

  1. 국회 문화관광위원장이 각 교섭단체 간사와 협의하여 추천하는 인사 3인

  2. 한국신문협회·한국기자협회 및 한국언론학회가 추천하는 인사 각 1인

④ 위원의 임기는 3년으로 하되 연임할 수 있다.

⑤ 위원에 결원이 있는 때에는 결원된 날부터 30일 이내에 제2항 및 제3항의 규정에 의하여 그 결원된 위원을 위촉한다. 보궐위원의 임기는 전임자의 잔여기간으로 한다.

제9조(위원회의 직무)

① 위원회는 다음 각 호의 직무를 수행한다.

  1. 지역신문의 발전지원계획의 수립에 관한 자문

  2. 지역신문의 발전지원에 관한 주요시책의 평가

3. 제13조의 규정에 의한 지역신문발전기금의 조성과 운용에
   관한 기본계획의 심의

4. 지역신문발전기금 지원대상의 선정 및 지원기준에 대한 심의

5. 지역신문발전기금 지원대상의 심의 및 실사

6. 지역신문 발전을 위한 교육·연구·조사

7. 지역신문 발전 업무의 협력·조정

8. 그 밖에 문화관광부장관이 지정하거나 위원회의 목적수행
   을 위하여 필요한 사항

② 위원회는 필요한 경우 분야별 업무를 처리하기 위하여 소위
원회를 설치·운영할 수 있다.

③ 위원회의 운영을 위하여 필요한 예산은 국고에서 지원할 수
있다.

제10조(위원의 대우)

위원회 위원은 명예직으로 한다. 다만, 예산의 범위 안에서 직무
수행에 필요한 경비 등 실비를 지급할 수 있다.

제10조의2(위원의 결격사유)

다음 각 호의 어느 하나에 해당하는 자는 위원이 될 수 없다.

1. 국가공무원법 제2조 및 지방공무원법 제2조의 규정에 의
   한 공무원

2. 정당법에 의한 당원 또는 당원의 신분을 상실한 날부터 2
   년이 경과되지 아니한 자

3. 정기간행물의등록등에관한법률 제2조제1호의 규정에 의한

정기간행물의 발행 업무에 종사하는 자

4. 국가공무원법 제33조 각호의 어느 하나에 해당하는 자

[본조신설 2005.1.27]

제11조(회의 등)

① 위원회의 회의는 위원장이 이를 소집한다. 다만, 재적위원 과반수의 찬성으로 회의소집을 요구한 때에는 위원장은 지체없이 위원회를 소집하여야 한다.

② 위원회는 재적위원 과반수의 출석과 출석위원 과반수의 찬성으로 의결한다.

③ 위원회의 회의는 공개한다. 다만, 위원회가 특히 필요하다고 인정하여 의결한 경우에는 그러하지 아니하다.

④ 위원회는 내부규정이 정하는 바에 따라 회의록을 작성하여야 한다.

제12조(자료제출 협조 등)

① 위원회는 제9조의 규정에 의한 직무의 수행을 위하여 필요한 때에는 관계 행정기관·지방자치단체 그 밖의 관련단체에 자료의 제출을 요청하거나 연구를 위탁할 수 있다.

② 그 밖에 위원회의 조직 및 운영 등에 관하여 필요한 사항은 대통령령으로 정한다.

제13조(기금의 설치 및 조성)

① 지역신문의 발전과 지원을 위하여 지역신문발전기금(이하 "기

금"이라 한다)을 설치한다.

② 기금은 다음 각 호의 재원으로 조성한다.

1. 정부의 출연금

2. 다른 기금으로부터의 전입금

3. 개인 또는 법인으로부터의 기부금품

4. 기금의 운용으로 생기는 수익금

5. 그 밖에 대통령령이 정하는 수입금

제14조(기금의 관리 · 운용)

① 기금은 문화관광부장관이 관리 · 운용한다.

② 문화관광부장관은 기금의 관리 및 운용에 관한 사무를 대통령령이 정하는 바에 따라 언론관련 법인 또는 단체에 위탁할 수 있다.

③ 그 밖에 기금의 관리 · 운용 등에 관하여 필요한 사항은 대통령령으로 정한다.

제15조(기금의 용도)

기금은 다음 각 호의 사업에 사용한다.

1. 지역신문의 경영여건 개선을 위한 지원

2. 지역신문의 유통구조 개선에 관한 지원

3. 지역신문의 발전을 위한 인력양성 및 교육 · 조사 · 연구

4. 지역신문의 정보화 지원

5. 그 밖에 지역신문의 경쟁력 강화와 공익성 제고를 위하여 필요한 사업으로서 대통령령이 정하는 사업

제16조(기금의 지원 등)

① 문화관광부장관은 제15조의 규정에 의하여 다음 각 호에 해당하는 지역신문에 기금을 지원할 수 있다.

  1. 지원대상 선정당시 계속하여 1년 이상 정상적으로 발행하는 경우

  2. 광고 비중이 전체 지면의 2분의 1 이상을 넘지 아니하는 경우

  3. 사단법인 한국ABC협회에 가입한 경우

  4. 지배주주 및 발행인·편집인이 지역신문 운영 등과 관련하여 대통령령이 정하는 사항에 대해 금고이상의 형을 받지 아니한 경우

② 제1항의 규정에 의하여 기금을 지원받고자 하는 지역신문은 전년도 경영실적, 재무상태 그 밖에 대통령령이 정하는 사항을 문화관광부장관에게 제출하여야 한다.

③ 제1항의 규정에 의하여 지원하는 지역신문 중 편집자율권 및 재무건전성의 확보 등 대통령령이 정하는 기준에 해당하는 지역신문에 대하여 기금을 우선 지원할 수 있다.

④ 문화관광부장관은 지원대상 지역신문의 발행주기에 따라 각각 별도의 지원기준을 수립하여 지원할 수 있다.

⑤ 기금의 지원을 받은 지역신문은 지원당시 지정된 목적 외의 용도에 이를 사용하여서는 아니 된다.

제17조(공표 및 결과보고서)

① 문화관광부장관은 기금 지원사업을 평가·감독하고 그 결과를 공표하여야 한다.

② 기금을 지원받은 자는 지원사업이 종료된 날부터 3월 이내에 사업결과보고서를 문화관광부장관에게 제출하여야 한다.

제18조(벌칙적용에 있어서의 공무원 의제)

위원회의 위원 중에서 공무원이 아닌 자와 제14조 및 제19조의 규정에 의하여 권한을 위탁받은 사무에 종사하는 자는 형법 제129조 내지 제132조의 적용에 있어서는 이를 공무원으로 본다.

제19조(권한의 위임·위탁)

문화관광부장관은 대통령령이 정하는 바에 의하여 이 법에 의한 권한의 일부를 특별시장·광역시장·도지사에게 위임하거나 언론관련 법인 또는 단체에 위탁할 수 있다.

제20조(벌칙 등)

① 거짓 그 밖의 부정한 방법으로 기금을 지원받은 자는 3년 이하의 징역 또는 1천만 원 이하의 벌금에 처한다.

② 제16조제5항의 규정에 위반하여 지원당시 지정된 목적 외에 다른 용도로 기금을 사용한 자는 1년 이하의 징역 또는 500만 원 이하의 벌금에 처한다.

③ 문화관광부장관은 제1항 또는 제2항의 규정에 따라 유죄의 확정판결을 받은 자로부터 지원금을 모두 환수하여야 하고, 당해 확정판결을 받은 자에게는 그 확정판결일부터 3년간 기금을 지원하여서는 아니 된다.

④ 문화관광부장관이 제3항의 규정에 의하여 지원금을 환수하는

때에는 국세징수의 예에 의한다.

부칙 〈제7206호, 2004.3.22〉

① (시행일) 이 법은 공포 후 6월이 경과한 날부터 시행한다.
② (유효기간) 이 법은 시행일부터 6년간 효력을 가진다.
③ (다른 법률의 개정) 기금관리기본법 중 다음과 같이 개정한다.

별표2에 제137호를 다음과 같이 신설한다.
　　137. 지역신문발전지원특별법

부칙 〈제7367호, 2005.1.27〉

① (시행일) 이 법은 공포 후 3월이 경과한 날부터 시행한다.
② (위원의 결격사유에 관한 적용례) 제10조의2의 개정규정은 이
　　법 시행 후 최초로 선임되는 위원부터 적용한다.

부칙 〈제7418호, 2005.3.24〉
제1조(시행일) 이 법은 공포한 날부터 시행한다.

제2조(지역신문발전기금의 2005년도 기금운용계획안의 수립시기
　　에 대한 특례)

① 문화관광부장관은 이 법 시행 후 지체 없이 지역신문발전위
원회의 심의를 거쳐 2005년도 기금운용계획안을 수립하고 이
를 기획예산처장관에게 제출한다.

② 기획예산처장관은 제1항의 규정에 의하여 마련된 2005년도
기금운용계획안을 이 법 시행 후 30일 이내에 국회에 제출하
여야 한다. 이 경우 [기금관리기본법]의 규정에 불구하고 기
금운용계획안이 심의·확정된 것으로 본다.

■ 지역신문발전지원특별법 시행령

제1조(목적)

이 영은 지역신문발전지원특별법에서 위임된 사항과 그 시행에
관하여 필요한 사항을 규정함을 목적으로 한다.

제2조(지역신문의 발전지원계획 수립)

① 문화관광부장관은 지역신문발전지원특별법(이하 "법"이라 한
다) 제6조의 규정에 의한 지역신문의 발전지원계획을 수립하
고자 하는 때에는 미리 법 제7조의 규정에 의한 지역신문발
전위원회(이하 "위원회"라 한다)의 의견을 들어야 한다.

② 문화관광부장관은 지역신문의 발전지원계획을 수립하고 시행
하기 위하여 필요한 때에는 관계 중앙행정기관의 장, 특별시
장·광역시장·도지사 또는 언론 관련단체의 장에게 필요한

협조를 요청할 수 있다.

제3조(위원장의 직무)

① 위원회의 위원장(이하 "위원장"이라 한다)은 위원회를 대표하고, 위원회의 직무를 통할한다.

② 위원장이 부득이한 사유로 직무를 수행할 수 없을 때에는 부위원장이 그 직무를 대행하며, 위원장과 부위원장이 모두 직무를 수행할 수 없을 때에는 위원장이 미리 지명한 위원이 그 직무를 대행한다.

제4조(소위원회)

① 위원회에는 법 제9조제2항의 규정에 따라 기금의 용도, 지원의 대상 등 위원회가 정하는 분야별로 소위원회를 둔다.

② 소위원회의 위원은 위원회의 위원 중 위원장이 지명하는 3인 이상의 위원으로 구성하며, 그 밖에 각 소위원회에 5인 이내의 비상근 전문위원을 둘 수 있다.

③ 소위원회는 분야별로 위원회에서 지정한 사항에 대하여 직무를 수행하고 그 결과를 위원회에 보고하여야 한다.

④ 제2항의 규정에 의한 비상근 전문위원에 대하여 예산의 범위 안에서 수당과 여비를 지급할 수 있다.

제5조(의견의 청취)

위원장은 위원회의 심의사항과 관련하여 필요하다고 인정하는 때에는 관계전문가 또는 이해관계인 등의 의견을 들을 수 있다.

제6조(운영세칙)

이 영에 규정된 사항 외에 위원회 및 소위원회의 구성과 운영에 관하여 필요한 사항은 위원회의 의결을 거쳐 위원장이 정한다.

제7조(기금의 관리 · 운용)

문화관광부장관은 법 제13조제1항의 규정에 의한 지역신문발전기금(이하 "기금"이라 한다)의 수입과 지출을 명확히 하기 위하여 한국은행에 지역신문발전기금계정을 설치할 수 있다.

제8조(기금의 관리 · 운용의 위탁)

문화관광부장관은 법 제14조제2항의 규정에 따라 기금의 관리 · 운용에 관한 사무 중 다음 각 호의 사무를 민법 제32조의 규정에 따라 설립된 법인으로서 문화관광부장관이 정하여 고시하는 언론 관련 법인(이하 "기금수탁기관"이라 한다)에 위탁한다. 이 경우 기금수탁기관이 수탁한 사무 처리에 필요한 경비는 기금의 부담으로 한다.

   1. 기금의 출납

   2. 기금의 여유자금 운용

   3. 기금결산보고서의 작성

   4. 그 밖에 기금의 관리 · 운용에 관하여 문화관광부장관이 정하는 사무

제9조(기금의 회계기관 등)

① 기금수탁기관의 장은 제8조의 규정에 따라 기금의 관리 · 운

용에 관한 업무를 위탁받은 경우에는 상임이사 중에서 기금
수입담당이사·기금지출원인행위담당이사를, 직원 중에서 기
금지출직원·기금출납직원을 임명하고, 이를 문화관광부장관
에게 보고하여야 한다. 이 경우 기금수입담당이사는 기금수
입징수관의 업무를, 기금지출원인행위담당이사는 기금재무관
의 업무를, 기금지출직원은 기금지출관의 업무를, 기금출납직
원은 기금출납공무원의 업무를 행한다.

② 문화관광부장관은 제1항의 규정에 의한 회계기관의 임명사항
을 감사원장 및 한국은행총재에게 각각 통보하여야 한다.

제10조(기금의 운용계획안의 수립 등)

① 문화관광부장관은 매 회계연도마다 위원회의 심의를 거쳐 기
금운용계획안을 수립하여야 한다.

② 제1항의 규정에 의한 기금운용계획안에는 다음 각 호의 사항
이 포함되어야 한다.

　1. 기금의 수입 및 지출에 관한 사항

　2. 사업별 기금사용계획

　3. 기금의 관리·운용에 필요한 비용

③ 기금수탁기관은 매분기 말일 현재 기금의 출납 및 기금운용
상황을 매분기 다음달 10일까지 문화관광부장관에게 보고하
여야 한다.

제11조(기금의 지원 등)

법 제16조제1항 제4호에서 "대통령령이 정하는 사항"이라 함은

다음 각 호의 사항을 말한다.

    1. 정기간행물의등록등에관한법률의 위반과 관련하여 다음 각목에 해당하는 행위

      가. 동법 제3조제1항 내지 제4항의 규정을 위반한 행위

      나. 동법 제4조의 규정을 위반하여 신고를 하지 아니하고 재산의 출연을 받은 행위

      다. 동법 제7조제1항의 규정을 위반하여 등록을 하지 아니하고 정기간행물을 발간한 행위

      라. 동법 제12조제1항·제2항 및 제12조의2제1항의 규정에 의한 처분에 위반하여 정기간행물을 발행한 행위

      마. 동법 제15조제1항의 규정에 의한 허가를 받지 아니하고 국내에 외국정기간행물의 지사 또는 지국을 설치한 행위

    2. 근로기준법 제42조 또는 노동조합및노동관계조정법 제81조의 규정을 위반한 행위

    3. 독점규제및공정거래에관한법률 제3조의2(시장지배적지위의 남용금지)제1항·제19조(부당한 공동행위의 금지)제1항·제23조(불공정거래행위의 금지)제1항·제26조(사업자단체의 금지행위)제1항 또는 제29조(재판매가격유지행위의 제한)제1항의 규정을 위반한 행위

    4. 형법 제283조제1항(협박)·제284조(특수협박)·제285조(상습범)(제283조제1항 및 제284조의 죄에 한한다)·제286조(미수범)(제283조제1항·제284조 및 제285조의 죄에 한한다)·제347조(사기)·제349조(부당이득)·제350조(공갈)·제351조(상습범)(제347조·제349조 및 제350조의 죄에 한

한다)·제352조(미수범)(제347·제350 및 제351조의 죄에
한한다)·제355조(횡령, 배임) 제356조(업무상의횡령과배임)
·제357조(배임수증죄)·제359조(미수범) 또는 특정경제범
죄가중처벌등에관한법률 제3조의 죄에 해당하는 행위

5. 변호사법 제109조 또는 제111조의 규정에 의하여 처벌되
는 행위

6. 직업안정법 제32조의 규정을 위반하여 금품 그 밖의 이익
을 받은 행위

제12조(제출서류)

① 법 제16조제2항에서 "그 밖에 대통령령이 정하는 사항"이라
함은 다음 각 호의 사항을 말한다.

1. 법 제16조제1항 각호에 해당되는지 여부를 확인하기 위한 사항

2. 제13조제1항 각호에 해당되는지 여부를 확인하기 위한 사항

3. 별표의 기준에 따라 평가하기 위하여 필요한 자료

4. 지원금의 사용계획서

② 법 제16조제2항의 규정에 따라 제출하여야 하는 구체적인 서
류에 관하여는 위원회의 심의를 거쳐 문화관광부장관이 정하
여 고시한다.

제13조(우선지원 기준)

① 문화관광부장관은 법 제16조제3항의 규정에 따라 다음 각 호
모두에 해당하는 지역신문중 위원회가 별표의 기준에 따라
평가한 결과 선정된 지역신문에 대하여 기금을 우선 지원할

수 있다.

1. 발행인과 편집종사자 대표가 동등하게 참여하여 편집에 관한 규약을 제정·시행하는 등 편집자율권을 보장하고 있을 것

2. 기금지원을 신청한 날 전 1년 이내에 지역신문 운영과 관련하여 당해 지역신문사, 지배주주, 발행인, 편집인 그 밖의 임·직원이 제11조제2호 내지 제6호에 해당하는 행위로 벌금형 이상의 형사처벌(제11조제3호의 경우 시정조치 또는 과징금처분을 포함한다)을 받지 아니하였을 것

3. 기금지원을 신청한 날 전 1년 동안 종사자에 대한 건강보험·국민연금보험·고용보험 및 산업재해보상보험의 보험료의 미납액이 없을 것

② 제1항의 규정에 의한 평가의 배점기준 및 비율, 기금지원 대상 선정의 구체적인 방법과 절차 등에 관하여 필요한 세부적인 사항은 위원회의 의결을 거쳐 위원장이 정한다.

제14조(권한의 위탁)

문화관광부장관은 법 제19조의 규정에 따라 다음 각 호의 업무를 민법 제32조의 규정에 따라 설립된 법인으로서 문화관광부장관이 정하여 고시하는 언론관련 법인에 위탁한다.

1. 법 제16조제1항 및 제3항의 규정에 의한 기금의 지원에 관한 업무

2. 법 제16조제2항의 규정에 따라 제출하는 서류의 접수에 관한 업무

3. 법 제17조제2항의 규정에 의한 사업결과보고서의 접수에
   관한 업무

부칙 〈제7206호, 2004.3.22〉

① (시행일) 이 영은 공포한 날부터 시행한다.

② (유효기간) 이 영은 2010년 9월 22일까지 효력을 가진다.

우선지원대상 지역신문의 선정을 위한 배점평가기준(제13조 제1항 관련)

1. 일간신문·주간신문에 공통으로 적용되는 기준

   가. 최대주주 및 그와 특수한 관계에 있는 자(방송법시행령 제3조제1항 각호의
       규정에 의한 특수 관계자를 말한다)의 주식소유 비율의 정도
   나. 부채비율의 정도
   다. 위원회의 조사·연구 및 연수사업에의 참여 정도
   라. 비영리 공익사업을 통하여 지역사회 발전에 기여한 정도
   마. 신문의 제작·취재·판매·광고 등에 관한 윤리강령 등 자율강령의 준수
       정도
   바. 지방자치단체가 홍보를 목적으로 지역신문을 구매하여 주민에게 배포하는
       행위에 응하여 지역신문을 판매하는지 여부
   사. 시민단체나 지역인사로 구성된 자문위원회를 구성하여 정기적으로 운영하는
       지 여부
   아. 제12조제1항 제4호의 규정에 의한 지원금 사용계획서 내용의 타당성·실현
       가능성 및 효과성

---

2. 일간신문에 추가로 적용되는 기준

　　가. 기자[주재기자(駐在記者)를 포함한다. 이하 같다] 채용 및 인사관리의 투명
　　　　성 및 공정성의 정도
　　나. 기자에 대한 재교육 등 교육 훈련제도의 합리적인 운영 정도

3. 주간신문에 추가로 적용되는 기준

　　가. 조세의 체납 여부
　　나. 유상(有償)으로 판매되는 신문부수의 비율
　　다. 신문발행의 지속기간

■ 지역신문발전기금 우선지원대상사(2005~2009)

〈2005년〉

□ 일간지(5개사)

경남도민일보, 국제신문, 부산일보, 인천일보, 한라일보.

□ 주간지(37개사)

강진신문, 고양신문, 구로타임즈, 나주신문, 남해신문, 뉴스서천, 당
진뉴스, 당진시대, 목포투데이, 보령신문, 보은신문, 부천자치신문,
부평신문, 새여수신문, 서울동부신문, 설악신문, 성주신문, 송파신
문, 순창신문, 순천시민신문, 시흥자치신문, 안양시민신문, 양산시민
신문, 옥천신문, 용인시민시문, 용인신문, 울산여성신문, 원주투데
이, 자치안성신문, 장성군민신문, 진주신문, 청양신문, 충청리뷰, 태

안신문, 평택시민신문, 해남신문, 홍성신문.

〈2006년〉

□ 일간지(18개사)

강원도민일보, 경기일보, 경남도민일보, 경상일보, 경인일보, 국제신문, 매일신문, 무등일보, 부산일보, 새전북신문, 영남일보, 인천일보, 전남일보, 제민일보, 중부매일, 충북일보, 충청투데이, 한라일보.

□ 주간지(41개사)

강진신문, 경주신문, 고양신문, 광주시민의소리, 구로타임즈, 군포시민신문, 군포신문, 나주신문, 뉴스서천, 담양주간신문, 당진뉴스, 당진시대, 목포투데이, 무진장신문, 보령신문, 부안독립신문, 부평신문, 새여수신문, 서해안신문, 설악신문, 성주신문, 송파신문, 순창신문, 순천시민의신문, 안양시민신문, 양산시민신문, 영광신문, 옥천신문, 용인시민신문, 울산여성신문, 원주투데이, 자치안성신문, 장성군민신문, 진주신문, 청양신문, 충청리뷰, 태안신문, 평택시민신문, 한산신문, 해남신문, 홍성신문.

〈2007년〉

□ 일간지(21개사)

강원도민일보, 강원일보, 경기일보, 경남도민일보, 경남신문, 경상일보, 경인일보, 국제신문, 매일신문, 부산일보, 새전북신문, 영남일보,

인천일보, 전남일보, 전북도민일보, 전북일보, 제민일보, 중부매일신
문, 충북일보, 충청투데이, 한라일보

※ 인천일보, 새전북신문은 현안문제가 해결되기 이전까지는 기
금지원을 잠정 유보.

□ 주간지(38개사)

강진신문, 경주신문, 고양신문, 고창신문, 구로타임즈, 군포시민신
문, 군포신문, 나주신문, 뉴스서천, 담양주간신문, 당진뉴스, 당진시
대, 무진장신문, 보령신문, 부안독립신문, 서귀포신문, 서울동부신
문, 서천신문, 설악신문, 성주신문, 송파신문, 순창신문, 순천시민의
신문, 시민의소리, 양산시민신문, 옥천신문, 용인시민신문, 울산여성
신문, 원주투데이, 자치안성신문, 장성군민신문, 진주신문, 청양신
문, 충청리뷰, 평택시민신문, 한산신문, 해남신문, 홍성신문

〈2008년〉

□ 일간지(20개사)

강원도민일보, 강원일보, 경남도민일보, 경남신문, 경상일보, 경인일
보, 국제신문, 매일신문, 부산일보, 영남일보, 전남일보, 전북도민일
보, 전북일보, 제민일보, 중도일보, 중부매일신문, 충북일보, 충청타
임즈, 충청투데이, 한라일보

※ 다음 신문사는 평가 결과, 상대적으로 높은 점수를 받아 우선
지원대상 신문사로 선정 되었으나, 지역신문발전지원특별법
제16조 및 동법 시행령 제11조의 규정에 직접적으로 저촉되

지는 않지만 이와 유사한 내용의 행위로 법적 제재를 받았거나, 언론으로서 지켜야 할 윤리 규범 준수에 문제가 있는 것으로 확인되어 일부 사업의 지원에 제한을 받게 됩니다.
△경남도민일보 △전남일보 △전북도민일보 △전북일보 △중부매일신문 △충청투데이

□ 주간지(42개사)

강진신문, 거제신문, 경산신문, 경주신문, 고양신문, 광양신문, 광주시민의소리, 구로타임즈, 군포시민신문, 군포신문, 나주신문, 뉴스서천, 담양주간신문, 당진시대, 목포투데이, 보은신문, 부안독립신문, 부평신문, 서귀포신문, 서울동부신문, 설악신문, 순천시민의신문, 시흥자치시문, 안산신문, 안양시민신문, 양산시민신문, 영광신문, 영천시민신문, 옥천신문, 용인시민신문, 원주투데이, 자치안성신문, 장성군민신문, 진안신문, 진주신문, 청양신문, 충청리뷰, 태안신문, 평택시민신문, 한산신문, 해남신문, 홍성신문

〈2009년〉

□ 일간지(21개사)

강원도민일보, 강원일보, 경남도민일보, 경남신문, 경북일보, 경상일보, 경인일보, 국제신문, 매일신문, 부산일보, 영남일보, 전남일보, 전북도민일보, 전북일보, 제민일보, 중도일보, 중부매일신문, 충북일보, 충청타임즈, 충청투데이, 한라일보

☐ 주간지(37개사)

강진신문, 거제신문, 경산신문, 경주신문, 고양신문, 고창코리아, 광양신문, 구로타임즈, 군포신문, 나주신문, 뉴스서천, 당진시대, 목포시민신문, 목포투데이, 보은신문, 부평신문, 서귀포신문, 서라벌신문, 서울동부신문, 설악신문, 성주신문, 순천시민의신문, 시민의소리, 시흥자치신문, 영광신문, 영천시민신문, 옥천신문, 용인시민신문, 원주투데이, 자치안성신문, 장성군민신문, 진안신문, 청양신문, 평택시민신문, 한산신문, 해남신문, 홍성신문

(이상 위에 나열된 모든 신문사는 가나다 순)

■ 지역언론개혁연대

지역언론개혁연대 출범선언문

국민적 여망인 지방분권을 실현하기 위해서는 지역언론의 역할이 매우 중요하다. 지역사회 발전을 위해서는 지역현안에 대한 정보를 교환하고, 여론을 조성-수렴하여, 이를 정책에 반영할 수 있어야 하기 때문이다. 또한 지방권력의 감시와 견제도 지방분권에 필수적이다. 따라서 지역언론의 활성화는 지방분권의 전제조건이라 할 수 있다. 그러나 지역언론의 현실은 암울하기 짝이 없다. 전체 언론시장 규모의 90%를 이른바 중앙언론이 차지하고 있고, 나머지 10%만을 지역언론이 차지하는 극심한 불균형을 보이고 있다.

지역언론 부실의 원인은 크게 두 가지이다. 첫째는 일제식민지와

군사독재를 거치며 자행된 언론탄압 정책 때문이다. 과거 독재권력은 국민의 비판과 감시를 차단하기 위해 언론을 엄격히 통제해왔다. 그 결과 소수의 중앙언론은 정부의 특혜 속에서 성장할 수 있었던 반면, 대다수 지역언론은 부실을 면키 어려웠다. 자연 지역주민들의 알권리는 외면당해왔고, 지역사회의 경쟁력은 뒤떨어질 수밖에 없었다.

둘째는 지역언론의 개혁의지 부족이다. 중앙집중적 시각을 거부하고, 지역주민들의 입장에서 보도하는 지역언론은 그리 많지 않았다. 지역사회의 권력층을 감시하고 비판하기보다는, 오히려 각종 부조리에 개입하면서 개혁주체가 아닌 개혁대상으로 전락한 언론사도 적지 않았다. 그 결과 지역언론과 지역주민들 간에 신뢰관계가 형성되지 못했고, 지역주민은 지역언론을 외면하고, 지역언론의 경영은 부실해지는 악순환이 계속되어 왔다.

그러나 지역주민이나 지역언론사만이 지역언론 부실의 피해자인 것은 결코 아니다. 지역언론의 부실은 국가사회 전반에 걸쳐 성장과 발전을 가로막고 있다. 자신들이 살고 있는 지역의 정보와 뉴스를 접할 수 없는 국민들은 자연 지역사회 현안에 대해 무관심할 수밖에 없다. 자신의 이익과 직결된 문제가 아니고는 지역사회의 문제해결을 위해 관심을 갖거나 적극적인 참여를 하지 않는 것이다. 그 결과 지역 간의 갈등이나 지역 내의 갈등 가릴 것 없이 합리적인 해소가 어려워, 민주주의의 위기를 맞고 있는 것이다.

국민들이 간절히 바라는 정치개혁이 지지부진한 원인도 지역언론의 부실에서 찾을 수 있다. 민주정치는 기본적으로 지역단위로 이루어진다. 대통령 한 사람을 제외하고는 각 지역마다 선출하는 정치인이 다르다. 의회민주주의를 실천하는 선진국에서 지역언론이 전국언론보다 훨씬 더 큰 비중을 차지하고 있는 이유도 여기에 있다. 지역언론 덕분에 선진국의 정치인들은 저비용 고효율 미디어 선거를 치를 수 있다. 반면 지역언론이 부실한 대한민국에서 선거를 치르는 정치인들은 여전히 돈과 조직에 매달릴 수밖에 없다. 결국 막대한 정치자금이 필요하고, 이를 조달하기 위해 부정과 부패가 발생할 밖에 없는 구조이다.

우리는 지역언론의 개혁을 통해 건전한 지역언론의 토대를 만들고, 나아가 지역주민의 알권리를 충족시키며, 지역 간의 균형발전을 도모하여, 궁극적으로 국가전반의 건강성과 경쟁력을 높일 수 있다고 확신한다. 지역언론개혁연대가 이러한 목표를 달성하기 위해 선택한 방법은 두 가지이다. 첫째는 지역언론의 개혁을 과감히 추진하는 것이고, 둘째는 건전한 지역언론의 발전을 제도적으로 지원하는 것이다.

지금까지 누적되어온 지역언론의 병폐를 과감하게 도려내는 지역언론에 대해서는 제도적 장치를 마련해 건강하게 성장할 수 있도록 도와주어야 한다. 물론 이러한 지원은 언론의 공정성과 중립성을 해치지 않도록 신중하게 이루어져야 한다. 한편 언론의 정도를 거부하는 지역언론에 대해서는 엄격한 법적, 제도적 조치를 통해서 지역사회에서 퇴출되도록 유도해야 한다. 이러한 목표가 달성된다면 지역주민의 알권리가 보장되고, 지역사회의 경쟁력이 향상

되며, 지역 간의 불균형이 해소되어, 명실상부한 선진 민주주의 국가를 실현할 수 있다고 우리들은 확신한다.

이에 우리는 지역언론인들이 지역언론 개혁에 적극 앞장설 것을 강력히 촉구한다. 지역언론의 자기반성과 자체 개혁 없이는 지역사회의 신뢰를 회복할 수도 없고, 지역언론에 대한 제도적 지원 역시 지역언론을 위한 특혜로 전락할 것이 명백하기 때문이다. 또한 지역주민들도 언론의 정도를 걷고자 하는 지역언론사들이 지역사회에서 건강하게 성장할 수 있도록, 지역언론 되살리기 운동에 적극 동참할 것을 권고한다. 또한 정치인들도 지역신문발전지원법을 조속히 제정하여, 국가균형발전과 정치개혁을 도모할 제도적 토대를 마련할 것을 당부한다.

2003년 6월 21일
지역언론개혁연대 창립대의원 일동

■ 바른지역언론연대

회원사 현황

<서울·경기권>
구로타임즈, 자치안성, 안양시민신문, 군포시민신문, 평택시민신문, 용인시민신문, 화성신문, 김포뉴스, 고양신문

<강원권>

원주투데이, 설악신문

<충청권>

옥천신문, 충남시사신문, 당진시대, 태안신문

<전라권>

해남신문, 진안신문, 광양신문, 순천시민신문, 담양주간신문, 나주신문, 담양곡성타임스, 장성군민신문, 완도신문

<경상권>

경주신문, 영주시민신문, 경산신문, 한산신문, 양산시민신문, 남해신문, 성주신문, 거제신문

<제주권>

서귀포신문

윤리강령 및 윤리실천요강

● **윤리강령**

우리 지역언론인은 자유롭고 책임 있는 언론을 통해 참다운 지방자치의 실현에 기여하는 것이 우리에게 주어진 사명임을 믿는다. 우리는 이러한 신념에 따라 윤리규범을 준수하고 품위를 지키고자 1996년 4월 20일 윤리강령을 채택한 바 있다. 이러한 정신을 바탕으로 바른지역언론연대는 윤리강령의 구체적인 실천을 위한 요강

을 새롭게 작성하면서, 기존의 윤리강령을 부분적으로 수정하여 다시 채택한다.

제1조(언론의 자유와 책임) 우리는 지역주민의 알권리를 실현하는 일이 지역언론인에 주어진 막중한 책임임을 느끼고 이를 침해하는 일은 단호히 거부하며 언론의 자유를 지켜나갈 것을 다짐한다.

제2조(편집권의 독립) 우리는 기자가 자기 양심에 따라 보도활동을 할 때 가장 진실한 기사를 얻을 수 있다고 믿는다. 따라서 우리는 권력과 자본으로부터 편집권이 독립되고 기자의 자유로운 취재활동이 보장될 수 있도록 노력할 것을 다짐한다.

제3조(공정보도 실현) 우리는 모든 사실에 대하여 진실을 바탕으로 바르게 보도, 평론하고 주민의 여론을 폭넓게 수용함으로써 건전한 여론형성에 기여하기 위해 노력한다. 우리는 개인의 명예와 독자의 반론권을 존중하고 언론이 상업주의와 선정주의에 물드는 것을 배격하며 오직 주민과 함께 하는 언론이 될 것을 다짐한다.

제4조(언론인의 품위) 우리는 지역사회의 바른 기풍을 조성하기 위하여 양식과 긍지를 지닌 언론인으로서 모든 언론활동에 임한다. 또한 언론활동과 관련하여 어떠한 형태의 금품이나 부당한 이익을 얻지 않으며, 다른 출판물의 내용을 표절하지 않고, 특권의식에 사로잡힌 언행도 하지 않을 것을 다짐한다.

제5조(건전한 경영풍토 확립) 우리는 지역신문의 경영권이 사유화되지 않도록 하며, 주민의 신문이라는 공유의식을 바탕으로 건전

한 경영풍토를 조성할 것을 다짐한다. 또한 신문판매나 광고판매
활동에 있어서도 상도의를 지키며 건전한 영업풍토를 진작시킬 것
을 결의한다.

제6조(사내 민주주의 확립) 우리는 지역신문사에서 일하는 모든
사람들이 자유롭고 창의적인 활동을 할 수 있도록 보장하고, 각자
의 권한과 책임이 민주적으로 어우러지는 사내문화를 조성할 것을
다짐한다.

제7조(시행) 본 윤리규정은 1999년 11월 6일 바른지역언론연대
확대개편대회에서 채택한 날로부터 시행한다.

● **윤 리 실 천 요 강**

우리 바른지역언론연대 회원들은 윤리강령을 구체적으로 실행하
기 위하여, 다음과 같이 실천요강을 채택하고 이를 준수할 것을 다
짐한다. 이 실천요강은 1996년 4월 8일에 한국신문협회, 한국신문
방송편집인협회, 한국기자협회가 공동으로 제정한 신문윤리실천요
강을 지역언론의 실정에 맞게 수정, 보완한 것이다.

제1조 언론의 자유와 책임
1.(정치 · 경제 · 사회 세력으로부터의 자유) 지역언론인은 언론의
　자유를 실현하기 위해 정부나 정당 등 정치권력과 단체나 종파
　등 사회세력, 그리고 기업 등 경제세력의 부당한 압력과 청탁
　을 거부해야 한다.
2.(사회적 책임) 지역언론인은 지역사회의 건전한 여론 형성과 주

민 복지 향상을 위하여 주요한 공공 문제를 적극적으로 다루어야 한다.

제2조 일반 보도준칙

1.(사실과 의견의 구분) 기자는 사실과 의견을 명확히 구분하여 보도기사를 작성해야 하며, 보도기사가 사실의 전모를 충실히 전달할 수 있도록 기자는 노력해야 한다.

2.(보도자료의 검증) 취재원의 구두발표와 보도자료는 확인을 거친 후 보도하는 것을 원칙으로 한다.

3.(미확인보도 금지원칙) 기자는 확인되지 않은 사실은 보도하지 않아야 하며, 부득이 보도할 경우에는 그러한 점을 분명히 밝혀야 한다.

4.(선정보도의 금지) 기자는 성범죄나 폭력 등의 위법적이거나 비윤리적인 행위를 보도할 때 선정적이거나 저속하게 표현해서는 안 된다.

5.(답변의 기회) 보도 기사가 어떤 개인이나 단체에 대한 비판적 내용을 포함할 때에는 상대방에 해명의 기회를 주고 그 내용을 반영해야 한다.

제3조 취재원의 명시와 보호

1.(취재원의 명시와 익명조건) 기자는 취재원을 밝히는 것이 원칙이지만 공익을 위해 부득이 필요한 경우 취재원이 요청하는 익명을 받아들일 수 있다. 이 경우에도 그 취재원이 익명을 요청하는 이유, 그의 소속기관, 일반적 지위 등을 밝히도록 노력해야 한다.

2.(제3자 비방과 익명 보도 금지) 기자는 취재원이 제3자를 비판하거나 비방하는 경우 그의 익명 요청은 원칙적으로 받아들여서는 안 된다.

3.(취재원과의 비보도 약속) 기자가 취재원의 비보도 요청에 동의한 경우 취재원이 비윤리적 행위 또는 불법행위의 당사자인 경우를 제외하고는 보도해서는 안 된다.

4.(취재원 보호) 기자는 취재원의 안전이 위협받거나 불이익을 당할 위험이 있을 경우 그 신원을 밝혀서는 안 된다.

제4조 범죄 및 사법 보도 원칙

1.(피의 사실의 검증보도) 지역언론인은 수사기관이 제공하는 피의 사실은 진실여부를 확인해야 하며 특히 피고인 또는 피의자 측에 해명의 기회를 주어야 한다.

2.(형사 피의자 및 피고인의 명예 존중) 기자와 편집자는 형사 사건의 피의자 및 피고인에 대해서는 무죄추정 원칙에 따라 경칭을 사용하는 등 그의 명예와 인격을 존중해야 한다.

3.(정신 이상자의 익명 존중) 기자나 편집자는 범죄에 연루된 사람이 정신이상자 또는 박약자일 경우 신원을 밝히는 데 신중해야 한다.

4.(성범죄와 무관한 가족 보호) 기자나 편집자는 성범죄와 무관한 가족의 신원을 밝혀서는 안 된다.

5.(미성년 피의자 신원 보호) 기자나 편집자는 미성년(18세 이하)의 피의자 또는 피고인의 신원을 밝혀서는 안 된다.

6.(피의자 및 참고인 등의 촬영 금지) 기자는 당사자의 동의 없이

형사 사건의 피의자나 참고인, 또는 증인을 촬영하거나 사진이
나 영상을 보도해서는 안 된다. 다만 현행범과 공인의 경우는
예외로 한다.

7.(재판에 대한 부당 영향 금지) 기자는 재판에 부당한 영향을 미
치는 취재, 보도, 평론을 해서는 안 되며, 판결문, 결정문, 공소
장 및 기타 사법적 문서를 사전에 보도, 평론해서도 안 된다.

제5조 평론의 원칙

1.(진실 근거 원칙) 평론은 항상 진실에 근거해야 하고, 균형과
절제를 잃지 말아야 하며, 고의적 편파와 왜곡을 삼가야 한다.

2.(사설의 정론성) 사설은 소속 언론사의 정치적 입장을 표현해야
하며, 언론사의 상업적 이익이나 특정 세력과 단체의 이권을
대변해선 안 된다.

3.(정치적 평론의 자유) 사설 등 평론은 실정법을 위반하지 않는
한 언론사의 정치적 입장을 자유로이 표현하되, 논쟁적 문제에
대해서는 다양한 공중의 의견을 수용하여 건전한 여론의 형성
에 기여해야 한다.

4.(반론의 기회) 사설 등 평론이 개인 또는 단체를 비판하는 경우
비판받은 당사자의 적절한 해명과 반론의 기회를 주도록 노력
해야 한다.

제6조 편집지침

1.(편집의 독립) 편집자는 사내·외의 압력이나 청탁으로부터 자
유로워야 하며 공개된 편집 기준에 따라 독립적으로 편집해야
한다.

2.(표제의 원칙) 신문의 표제는 기사의 내용을 대표해야 하며 기
  사내용을 과장하거나 왜곡해서는 안 된다.

3.(편집 변경 및 선정주의 금지) 편집자는 사내·외의 부당한 요
  구에 따라 기사를 없애거나 기사의 위치나 크기 및 그 내용을
  바꾸어서는 안 되며 음란하거나 잔혹한 내용을 강조하여 선정
  적인 편집을 해서도 안 된다.

4.(미확인 사실 과대 편집 금지) 편집자는 확인되지 않은 사실을
  부득이 보도할 경우 과대하게 편집해서는 안 된다.

5.(기고 기사의 변경 금지) 편집자는 기고자의 동의 없이 기고기
  사의 실체적 내용을 변경해서는 안 된다.

6.(기사의 정정) 편집자는 사실의 오류를 발견하거나 알게 되었을
  경우 그 내용을 신속히 그리고 분명하게 게재해야 한다.

7.(관계 사진 게재와 조작 금지) 보도 사진은 원칙적으로 기사의
  내용과 직접적으로 관련을 가져야 하며, 부득이하게 기사와 간
  접적 관련이 있는 사진을 사용할 경우에는 그 사실을 밝혀야
  한다. 또한 편집자는 보도사진의 실체적 내용을 삭제 첨가 변
  형하는 등 조작해서는 안 된다.

제7조 명예와 신용 존중

1.(개인의 명예와 신용 훼손 금지) 기자는 의도적·비의도적인
  오보나 공익과 무관한 사실 보도 등으로 개인이나 단체의 명예
  나 신용을 훼손해서는 안 된다.

2.(저속한 표현에 의한 명예 훼손) 기자는 개인이나 단체를 저속
  하게 표현하여 명예를 훼손해서는 안 된다.

제8조 사생활 보호

1.(사생활 영역 침해 금지) 기자는 개인의 주거 등 사생활 영역에 허락 없이 침입해서는 안 된다.

2.(전자개인정보 무단 검색 등 금지) 기자는 컴퓨터 등 전자통신 기기에 입력된 개인정보를 소유주나 관리자의 승인 없이 검색하거나 출력해서는 안 된다.

3.(사생활에 대한 사진 촬영 및 보도 금지) 기자는 개인의 사생활을 동의 없이 촬영하거나 취재 보도해서는 안 된다. 다만 공인의 경우는 예외로 한다.

제9조 어린이 보호

1.(어린이 취재 보도) 기자는 부모나 기타 보호 책임자의 승인 없이 어린이(13세 미만)를 대상으로 인터뷰나 촬영을 해서는 안 된다.

2.(성범죄와 유해 환경으로부터의 어린이 보호) 기자나 편집자는 어린이나 어린이의 가족이 성범죄에 연루된 경우 그 어린이의 신원을 밝혀서는 안 된다. 또한 폭력, 음란, 약물 사용의 장면을 미화하거나 지나치게 상세하게 보도하여 어린이에게 유해한 환경을 조성하지 않도록 특별히 경계해야 한다.

3.(유괴 보도 제한 협조) 기자나 편집자는 어린이가 유괴된 경우 무사히 생환하는데 모든 협조를 다해야 하며 특히 유괴된 어린이가 범인의 수중에 있는 때에는 가족이나 수사기관의 보도 제한 요청에 응해야 한다.

제10조 언론인의 품위

1.(금품 수수 및 향응 금지) 언론사와 언론인은 취재. 보도. 평론. 편집과 관련하여 이해당사자로부터 금품, 향응, 무료여행 초대, 취재여행의 경비, 제품 및 상품권, 고가의 기념품 등 경제적 이익을 받아서는 안 된다. 다만 서평을 위해 받은 서적은 예외로 하며, 제품 소개를 위해 받은 제품은 공공 목적을 위해 사용해야 한다.

2.(부당한 금전 지불 금지) 언론인은 반사회적 범죄자에게 금전을 제공하는 등 비윤리적 방법에 의해 취재하거나 기타 자료를 취득해서는 안 된다.

3.(정보의 부당 이용금지) 기자는 취재과정에서 얻은 정보를 본인, 친인척 또는 기타 지인의 이익을 위해 사용하거나 다른 개인이나 기관에 넘겨서는 안 되며, 특히 취재 과정에서 얻은 개발과 관련한 부동산 정보, 주식 및 증권 정보를 이용한 거래에 참여해서는 안 된다.

4.(취재 준칙) 기자는 취재를 위해 개인 또는 단체를 접촉할 때 필요한 예의를 지켜야 할뿐 아니라 비윤리적이거나 불법적인 방법을 사용해서는 안 된다.

5.(신분 사칭 및 위장, 문서반출 금지) 기자는 신분을 사칭하거나 위장해서는 안 되며, 문서, 자료, 컴퓨터 등에 입력된 전자정보, 사진 등을 소유주나 관리자의 승인 없이 검색하거나 반출해서는 안 된다.

6.(전화 취재) 기자는 전화로 취재할 때 먼저 신분을 밝혀야 하며, 취재원이 취재 요청을 거절할 경우 반복적인 통화로 취재

원을 괴롭혀서는 안 된다.

7.(도청 및 비밀촬영 금지) 기자는 개인이나 단체의 전화 도청이
나 비밀 촬영 등 사생활을 침해해서는 안 된다.

8.(재난, 병원 등 취재) 기자는 재난이나 사고의 피해자, 병원에
입원 중인 환자를 취재할 때 인간의 존엄성을 침해하거나 취재
원의 치료를 방해해서는 안 되며 피해자 및 환자의 보호자에게
적절한 예의를 갖추어야 한다.

9.(표절 금지) 기자는 타 언론사의 보도나 출판물을 표절해서는
안 되며, 인용하거나 참조할 경우에는 먼저 저작자의 동의를
받아야 하고, 반드시 출처를 밝혀야 한다.

10.(사진 등의 저작권 보호) 기자는 개인이나 단체의 사진, 그림,
작품 등의 저작권을 보호해야 하며, 보도나 평론에 사용할 경
우 그 출처를 밝혀야 한다.

제11조 건전한 경영풍토 확립

1.(편집과 경영의 분리) 경영과 편집은 엄격히 분리해야 하며, 경
영적 문제로 인하여 신문의 내용에 영향을 미치는 일이 없어야
한다.

2.(경영진의 부당 행위 금지) 언론사 경영진은 신문을 언론외적인
사업의 보호나 이권 획득을 위해 이용해서는 안 된다.

3.(강요 및 부당 압력 금지) 광고 영업 및 판매에 있어서 언론의 특
권을 이용한 강요, 부당한 압력 등이 있어서는 절대로 안 된다.

4.(광고와 기사의 분리) 광고주가 취재원인 경우, 광고로 인해 보
도기사에 영향을 받지 않도록 공정성을 지켜야 하며, 또한 보

도기사가 광고 수주에 영향을 미쳐서도 안 된다.

5.(기자의 영업행위 금지) 기자는 취재, 보도, 편집 외의 영업행위를 해서는 안 되며, 경영진은 이를 강요해서도 안 된다.

6.(불건전 광고의 배제) 광고도 기사의 일부라는 정신으로 불건전 광고, 청소년 유해 광고, 사회적으로 물의를 일으킬 수 있는 광고 등은 배제시키도록 한다.

7.(적절한 처우 보장) 기자를 비롯한 직원들에게 언론인으로서의 긍지와 품위를 유지할 수 있도록 적절한 수준의 처우가 보장되어야 한다.

제12조 사내 민주주의 확립

1.(의사결정의 절차) 편집회의를 비롯한 모든 의사결정은 해당 구성원들의 의사가 최대한 반영될 수 있도록 민주적 절차에 따라 진행한다.

2.(기자와 간부간의 견해차에 따른 절차) 취재 내용의 편집, 보도에 있어서 취재기자와 경영진 및 편집간부 간에 견해가 다를 경우 1차적으로는 취재기자의 의견을 존중하고, 중대한 견해차에 대해서는 사원 총의의 결정에 따르도록 한다.

3.(신분 보장과 공정한 인사) 사원들은 업무상 과실로 인한 책임을 제외하고는 불이익을 당하는 일이 없도록 신분상의 보장과 공정한 인사가 이루어져야 한다.

바른지역언론연대 표준 편집규약(안)

OOO신문사의 경영진과 편집국 전 직원은 바른 지역신문으로서의 역할을 충실히 수행하며, 외부의 압력으로부터 자유롭고 독립적인 언론을 보호하고 신문사의 내적 언론자유를 보장하기 위해 이 규약을 제정한다.

'경영진'은 발행인으로 대표되는 주주 등 소유주 전체를 의미한다. 주식회사의 경우 이 규약은 주주총회 혹은 이사회에서 추인을 받을 필요가 있다. 신문사의 사정에 따라 '경영진' 대신 '발행인'으로 표시할 수 있다.

'편집국 전 직원'은 기자와 논설위원 등 신문 내용과 관련되는 전 직원을 말한다. 여기에 총무, 회계 등을 맡은 직원은 제외되나, 편집, 그래픽, 컴퓨터 편집을 맡은 직원은 포함된다. 여기서 말하는 직원에는 정규직, 비정규직 (임시직)을 막론하고, 상근하는 모든 사람을 말한다. 노동조합은 편집규약의 체결 주체로는 부적절하다. 노동조합 속에는 신문제작과 무관한 사람이 포함되어 있고, 편집국장 등 신문제작에 종사하는 사람이 제외될 수 있기 때문이다.

제1조(편집기본방향)

OOO신문사는 외부의 어떤 기구나 단체로부터 독립된 종합신문으로, 지역주민들이 자신의 삶에 주인이 되는데 필요한 정보를 최대한 충실하고 공정하게 제공하며, 대한민국 헌법이 보장한 기본권과 질서를 존중하고, 민주적인 지역공동체를 지향한다. OOO 신문사는 바지연 윤리강령을 준수한다.

편집규약의 기본 정신은 사주/경영진/발행인(이하 발행인)과 기자들이 편집 기본방향에 동의하고, 그 범위 내에서 기자들이 편집의 자율권을 갖는다는 것이다. 발행인은 신문의 내용이 이 기본방향에 어긋날 경우 개입할 수 있어야 한다. 따라서 가장 중요한 것이 편집기본방향으로 이 내용은 제1조에 규정될 필요가 있다 (부록: 독일 SZ 편집규약 참조). 편집기본방향은 신문사별로 다르게 표현할 수 있다.

제2조(편집권)

(1) 편집권은 기자를 포함한 편집국 전 직원이 공유하며 최종 권한과 책임은 편집국장에게 있다.

(2) 편집국장은 편집권 행사에서 기자를 비롯해서 편집국 전 직원의 참여를 보장해야 한다.

(3) 편집국장은 신문사의 이해관계에 주의를 기울인다. 신문사의 경영에 중대한 영향을 미치는 사안에 대해서 편집국장은 경영진과 상의를 해서 결정한다.

편집국장은 신문사의 경영에 중대한 사안이 있을 경우, 경영진과 협의를 해야 한다. 예를 들면 거액의 손해배상을 해야 할 가능성이 있는 기사를 실을 경우가 그렇다.

제3조 (편집국총회)

(1) 기자를 비롯한 신문 내용 제작에 참여하는 전 직원은 편집국총회를 구성한다. 편집국총회는 정규직 및 기타 신분으로 상

시적으로 일하는 기자, 논설위원, 그래픽 및 편집 기술 담당
자 등 신문 내용 제작에 참여하는 모든 직원을 포함한다.

　신문사의 주체를 크게 경영진과 편집국 직원으로 구분할 수 있
고, 편집국 직원은 다시 편집국장과 그 외 편집국 직원으로 구분할
수 있다. 편집국장은 경영진이 신문 경영을 위해 임명한 사람으로,
한편으로는 신문 내용 제작에 관한 편집국 직원의 이익을 대변하
지만, 다른 한편으로는 경영진의 신문사 경영 기본 목표를 실현시
킬 의무가 있다. 따라서 편집국장을 어느 정도 견제하며, 편집국
직원 전체를 대변할 할 수 있는 장치가 있어야 한다. 이 표준안에
서는 이를 위해서 가칭 '편집국총회'의 설치를 규정했다. 편집국총
회에는 편집국장이 포함되지만, 그 대표가 될 수는 없다.

(2) 편집국장과 근무를 시작한 지 3개월이 넘지 아니하는 직원은
　　편집국총회 회의에 참석해서 발언을 할 수 있으나 표결에는
　　참석할 수 없다. 편집국총회는 편집국 내 전 직원으로 구성외
　　기 때문에 편집국장도 포함되어야 한다. 하지만 편집국장에
　　대한 거부권 결의에서는 이해관계 당사자라는 점 등에서 의
　　결권은 제한할 필요가 있다. 또한 입사한지 얼마 되지 않는
　　직원에게도 의결권을 제한할 필요가 있다. 의결권을 갖는 시
　　기를 이 표준안에서는 3개월로 규정했으나, 이는 신문사별로
　　조정할 수 있다.

(3) 편집국총회는 편집국장이 아닌 자 중에서 대표 및 부대표
　　1-3인을 선출한다. 대표 및 부대표는 편집국총회 대표단을
　　구성한다. 대표단에는 최대한 부서장과 평기자, 필요한 경우
　　에는 직능이 고르게 분포되도록 한다. 편집국총회 대표단은

편집위원회와 같은 기능을 수행한다. 따라서 그 명칭도 '편집위원회'로 부를 수 있다. 단, 이 위원회는 편집국 직원 전체를 대표하는 기능을 갖고 있다.

(4) 편집국총회 대표는 편집국총회 회의를 소집하며, 그 의장이 된다. 부대표는 대표를 보좌하며, 대표 유고시 그 임무를 대신한다.

(5) 편집국총회의 대표단은 편집국 전 직원의 의견을 수렴해서 보도방향과 의제설정에 대해 편집국장에게 의견을 제출할 수 있으며, 편집국장은 이를 존중해야 한다.

(6) 편집국총회의 구성과 대표 및 부대표 선출 및 기타 운영에 필요한 자세한 내용은 편집국총회가 규칙으로 정한다.

제4조 (편집국장 임면)

(1) 편집국장은 언론인으로서의 소양과 경험을 갖춘 자 중에서 경영진이 임명하되, 사전에 내정자를 편집국 총회에 통보하고 그 의견을 반영해야 한다. 경영진은 편집국장 임명 이유를 서면으로 밝혀야 한다.

(2) 편집국총회는 편집국장 내정자를 통보받은 날로부터 10일 이내에 구성원 과반수의 결의를 통해 거부권을 행사할 수 있다. 거부권을 행사할 때에는 그 이유를 경영진에게 서면으로 제출해야 한다. 거부권이 행사되면, 경영진은 5일 이내에 재임명 절차를 밟아야 한다. 경영진이 거부된 편집국장을 다시 내정하는 경우에, 편집국총회는 10일 이내에 구성원 3분의 2의 결의를 통해 이를 거부할 수 있다. 이 경우에 경영진은 거부

된 편집국장을 다시 내정할 수 없으며, 새로운 편집국장에 대한 임명 절차를 밟아야 한다. 신문사를 기업의 측면에서 본다면, 편집국장은 생산의 책임을 진 사람이다. 따라서 기본적으로 경영진이 임명할 수 있어야 한다. 물론 경영진이 스스로 이 권한을 포기하고 이를 직원들에게 위임할 경우는 다르다. 그 경우에는 편집규약에 상응하는 내용을 명시할 수 있다. 다른 한편으로 경영진이 편집에 대한 부당한 간섭을 하기위한 통로로 편집국장을 활용할 위험이 있다. 따라서 편집국 직원이 편집국장을 거부할 수 있는 권한을 주어야 한다. 거부를 위한 조건으로 과반수는 너무 약하며, 3분의 2는 너무 강하다. 따라서 이 표준안에서는 이를 절충하는 방식을 택했다. 즉, 최초 거부는 과반수로, 최종 거부는 3분의 2이다.

(3) 편집국장의 임기는 3년으로 하되, 연임할 수 있다.

(4) 편집방침과 편집국 내 인사 편집국장의 편집국 운영에 중대한 결함이 있다고 판단한 편집국총회 구성원 3분1 이상의 발의가 있으면, 편집국총회 대표는 편집국장에게 시정을 요구하는 편집국총회 회의를 소집한다. 이 회의에서 참석자 과반수의 결의로 편집국장의 시정을 요구할 수 있고, 편집국장은 이에 대한 입장을 서면으로 밝혀야 한다.

(5) 편집국장이 시정 요구를 받아들이지 않거나, 실제 시정을 하지 않는다고 판단되면, 편집국총회 대표는 편집국장 불신임을 결의하기 위한 회의를 소집할 수 있다. 이 회의에서는 편집국총회 구성원 3분의2의 결의로 편집국장 불신임을 결정할 수 있다. 편집국장에 대한 불신임 결의는 편집국장 임명 및

재임명 후 1년이 경과해야 한다. 편집국장 불신임 결의안이 거부된 경우에도 1년이 경과한 후 그 편집국장에 대한 불신임 결의를 할 수 있다.

(6) 편집국총회에서 불신임 결정이 내려지면, 경영진은 지체 없이 새 편집국장 임명절차를 밟아야 한다.

편집국장은 경영진은 물론이고 편집국 직원들에게 인기 없는 결정을 내릴 수 있어야 한다. 또한 편집국장은 어느 정도 장기적 계획을 갖고 편집국을 운영할 수 있어야 한다. 따라서 이 표준안에서는 편집국장의 임기를 3년으로 했다. 임기는 신문사의 사정에 따라 조정할 수 있다. 편집국 간부가 모두 한 번은 편집국장을 할 수 있는 '순환제적' 인사는 장기적으로 신문의 발전에 도움이 되지 않는다. 표준안은 또한 편집국장의 '인기주의'를 방지하기 위해서 편집국장의 재신임 투표를 정기적으로 하는 규정을 두지 않았다. 그 보다는 편집국 총회가 편집국장의 편집국 운영에서 나타나는 중대한 결함에 대해 의견을 개진할 수 있도록 하면서, 그렇게 개진된 의견을 무시할 경우, 불신임 투표를 할 수 있도록 했다. 불신임 결의는 편집국장에게 유예기간을 주기 위해 임명 혹은 재임명 후 1년이 지나야 가능하다. 또한 편집국장 불신임 투표를 통해 3분의 2의 찬성을 얻지 못한 경우에도, 1년이 지나야 다시 불신임 투표를 할 수 있도록 해서 편집국장이 안정적으로 일을 할 수 있도록 했다.

제5조 (편집국 내 인사)

편집국 내 인사는 편집국장의 소관사항이다. 편집국 내 부서장 인사는 편집국장이 편집국총회 대표단과 협의한 후 경영진의 동의를 얻어 실시한다. 편집국 내 일반 직원에 대한 인사는 편집국장이 부서장의 동의를 얻어 실시하고 이를 경영진에게 보고한다.

편집국 인사는 편집국장이 편집국을 운영할 수 있는 중요한 수단이다. 부서장 인사의 경우는, 경영진의 의견과 편집국총회 대표단의 의견을 청취할 필요가 있다. 신문사 사정에 따라서, 편집국장이 부서장 인사에서 경영진과 협의만 하는 것으로 규정할 수도 있다. 일반 직원의 인사는 편집국장이 자신이 임명한 부서장의 동의를 얻을 필요가 있다.

제6조 (양심보호)

(1) 기자는 자신의 양심에 따라 취재, 보도할 자유가 있다.

(2) 기자는 자신이 작성하지 않고 자신이 원하지 않은 기사에 자신의 이름이 기명되는 것을 거부할 권리가 있다.

(3) 기자는 내·외부의 압력에 의한 축소·왜곡·은폐는 물론 특정세력의 이익을 위한 것으로 판단할 상당한 이유가 있는 상관의 지시에 불응할 권리가 있다.

(4) 기자는 바지연 윤리강령을 어기는 지시를 거부할 권리가 있다.

제7조 (효력발생)

(1) 신문사 소유관계의 변화가 이 규약의 효력에 영향을 미치지 아니한다.

(2) 이 규약은 경영진 대표, 편집국총회 대표 및 편집국장이 서명함으로 효력을 발생한다.

▌약 력

독일 뮌스터(Münster) 대학교 저널리즘학 전공 졸업
독일 뮌스터(Münster) 대학교 대학원 저널리즘학 석사 수료
독일 뮌스터(Münster) 대학교 대학원 저널리즘학 박사(Dr. phil)
독일 함부르크(Hamburg) 대학교 저널리즘학과 객원교수

대구가톨릭대학교 언론광고학부 교수(현)
대구가톨릭대학교 홍보실장(현)

대구경북언론학회 회장
한국방송학회 감사(현)
한국방송학회 기획이사
한국방송학회 <영상미디어교육> 연구회장(현)
한국방송학회 <방송과 정치> 연구회장
<한국언론정보학보> 편집위원(현)
<한국방송학보> 편집위원
<사이버커뮤니케이션학보> 편집위원
<Communication Insights> 편집위원(현)
독일 KAAD Scholarship
독일 KomTech Institute 연구원

문화체육관광부 지역신문발전위원회 부위원장(현)
방송위원회 제17대대통령선거방송심의위원회 위원
2004 총선미디어감시국민연대 미디어평가단장
언론개혁시민연대 정책위원(현)
(사)언론인권센터 정책위원(현)
대구·경북 기자상 심사위원장(현)

KBS-1TV 미디어 비평 프로그램<미디어포커스>
            고정 패널 출연 및 자문위원장
MBC-TV 독일주재통신원
SBS-Radio 독일주재통신원
TBC대구방송 시청자위원회 부위원장
KBS대구 <PD리포트 시선>MC
매일신문 독자위원회 위원장

▌주요 저서 및 논문

『Medien-Selbstberichterstattung als Medienjournalismus』 (저)
『Flimmerndes Asien: Die Fernsehentwicklung eines Kontinents im Aufbruch』 (공저)
『독일 언론학 연구』 (공역)
『<미디어비평>과 한국TV저널리즘』 (공저)
『2004 한국의 지역신문』 (공저)
『미디어 공공성』 (공저)
「KIM IL-SUNG und Dschutsche: Fernsehen in Nordkorea」
「미디어저널리즘의 자기관련성」
「'미디어 저널리즘'에 대한 미디어 담당기자의 역할인식에 관한 연구」
「한국의 정부와 언론의 갈등적 관계에 관한 일 고찰」
「지역신문 활성화 방안에 관한 연구: 정책 및 법제차원을 중심으로」
「Selbst – Regulationen für die journalistische Ethik und ihre Grenzen」
「방송인력 양성을 위한 미디어 교육의 의미 고찰」
「신문윤리의 자율규제 규범과 실천에 관한 연구」
「IPTV 이용동기와 태도가 브랜드 자산에 미치는 영향 연구」
　외 다수

▌저자와의 대화(Email): choimike@hanmail.net

초판인쇄 | 2009년 11월 30일
초판발행 | 2009년 11월 30일

지은이 | 최경진
펴낸이 | 채종준
기 획 | 문진현
디자인 | 양은정
편 집 | 박재규
마케팅 | 김봉환

펴낸곳 | 한국학술정보㈜
주 소 | 경기도 파주시 교하읍 문발리 파주출판문화정보산업단지 513-5
전 화 | 031) 908-3181(대표)
팩 스 | 031) 908-3189
홈페이지 | http://www.kstudy.com
E-mail | 출판사업부　publish@kstudy.com
등 록 | 제일산-115호(2000. 6. 19)

ISBN　978-89-268-0553-4 03070 (Paper Book)
　　　　978-89-268-0554-1 08070 (e-Book)

이담 Books 는 한국학술정보(주)의 지식실용서 브랜드입니다.